HOLGER SCHULZ

BOTEN DES WANDELS

Den Störchen auf der Spur

ROWOHLT POLARIS

Originalausgabe
Veröffentlicht im Rowohlt Taschenbuch Verlag,
Reinbek bei Hamburg, März 2019
Copyright © 2019 by Rowohlt Verlag GmbH,
Reinbek bei Hamburg
Redaktion Evelin Schultheiß
Copyright © Karten Holger Schulz, Rosemarie Scheller
Copyright © Fotos (Tafelteil) Holger Schulz,
Foto 6 Zoo Basel (Torben Weber), Foto 9 Luka Jurinović
Umschlaggestaltung Hauptmann & Kompanie Werbeagentur, Zürich
Umschlagabbildung MedioTuerto / Getty Images
Gesamtherstellung CPI books GmbH, Leck, Germany
ISBN 978 3 499 63370 6

Für Stefanie und Patrick

INHALT

9 | VORWORT

15 | VOM THEMA ZUR PASSION:
DER WEISSSTORCH

39 | MIT STÖRCHEN REISEN:
UNTERWEGS AUF DER OSTROUTE

101 | AUF UMWEGEN INS STORCHENDORF

145 | KONTROVERSE STORCHENSCHUTZ

163 | ABENTEUER FORSCHUNG:
STORCHENBEGLEITUNG AUF DER WESTROUTE

213 | AUF DER SPUR DER STÖRCHE
DURCH WESTAFRIKA

265 | DIE FORSCHUNG GEHT WEITER

VORWORT

Er gilt als der Superstar unter den Vögeln, zumindest in Europa: der Weißstorch – Ciconia ciconia. Und er muss für alles Mögliche und Unmögliche herhalten: Flaggschiff für den Naturschutz, Kinderbringer und Fruchtbarkeitssymbol, Frühlingsbote und Beschützer der Häuser, auf denen er brütet. Er hat sich dem Menschen enger angeschlossen als irgendein anderer Großvogel. Allein die vielen aus Märchen, Fabeln und Alltagssprache bekannten Namen – Klapperstorch, Adebar, Vetter Langbein, Stelzbein, Rotschnabel, Heilebart und Kalif Storch – geben Zeugnis für diese enge Bindung. Dort, wo der Weißstorch in Kultur und Volksglaube verankert ist, wird er verehrt und geliebt und ist oft auch Teil des lokalen Brauchtums. Es werden Storchenfeste gefeiert, Storchenprinzessinnen gekürt und Eheschließungen oder die Geburt eines Kindes mit Storchensymbolen verkündet. Jedes Jahr aufs Neue fiebern die Menschen den gefiederten Frühlingsboten entgegen. Kehrt dann der erste aus seinem Überwinterungsgebiet zurück und nimmt klappernd sein Nest in Besitz, bricht ein regelrechter «Storchenhype» aus.

Die Verehrung der Störche reicht zurück bis in die Antike. Für die alten Griechen und Römer war der Weißstorch ein tief im Glauben verwurzelter frommer Vogel, ein Sinnbild von Dankbarkeit und Fürsorge der Kinder für ihre Eltern, von denen sie aufopferungsvoll großgezogen wurden. In der Türkei gilt der Weißstorch bis heute als heiliger Pilgervogel Hadschi Leklek. Nicht nur wegen der angeblichen Pilgerreise, sondern auch, weil er in islamischen Ländern gerne auf den Dächern und Minaretten der Moscheen brütet. Unsere Tradition kennt die Störche als Glücksboten, sorgen sie doch dort, wo sie sich ansiedeln, für Kinderreichtum, Wohlstand und Sicherheit. Für diesen Mythos steht der Name Adebar, der sich ableitet vom althochdeutschen Ode Boro, was so viel bedeutete wie «Glücksträger». Über lange Zeit galt er als Sinnbild für eheliche Treue, und in volkstümlichen Reimen und Liedern gaben Kinder Bestellungen für neue Geschwisterchen auf: «Klapperstorch, du Guter, bring mir einen Bruder, Klapperstorch, du Bester, bring mir eine Schwester.» Um diesen Wunsch zu bekräftigen, wurde ein Stück Würfelzucker auf die Fensterbank gelegt, das bald darauf verschwunden war. Der Klapperstorch hatte es geholt, vielleicht als Anzahlung für die erbetene Leistung.

Nun könnte man meinen, dass für den Ornithologen, der die Biologie der Störche mit wissenschaftlichem Anspruch erkundet, solche Aspekte keine Rolle spielen. Aber ist es denn wirklich so? Tatsächlich war ich bei meiner Feldforschung mit der Rolle des Storchs als Mittler zwischen Natur und Kultur gelegentlich doch konfrontiert. Sei es in Afrika, wo sich in Gesprächen mit Hirten und Bauern letztlich nur die Idee vom «Kinderbringer» Storch als schlagendes Argument gegen die Bejagung erwies. Oder in Japan, wo ich mit Prinz Akishino, einem Sohn des Kaisers, den Schutz des Schwarzschnabelstorchs diskutierte. Sein Stammhalter sei genau an dem Tag zur Welt gekommen, erzählte er, an dem er als Schirmherr einen im Gehege aufgewachsenen Jungstorch ausgewildert habe. Seitdem sei ihm der Schutz der vom Aussterben bedrohten Störche eine Herzensangelegenheit.

Mehr als 30 Jahre lang habe ich mich als Biologe intensiv mit dem Weißstorch befasst. Von Anfang an war mir dabei bewusst: Wer das Verhalten der Störche wirklich verstehen will, wer wissen will, wie sie leben, wodurch sie gefährdet sind und welche Maßnahmen für ihren Schutz erforderlich sind, der muss sich mit ihnen auf Reisen begeben. Als Forscher habe ich die Vögel deshalb vor allem auf ihrem Zug begleitet, von Europa bis in die Südspitze Afrikas. Die wissenschaftlichen Daten aus dieser Feldforschung beantworteten viele offene Fragen und offenbarten manch spektakuläre Erkenntnis. Hunderte Tagebuchseiten füllte ich unterwegs, nicht nur mit biologischen Aufzeichnungen, sondern auch mit meinen persönlichen Erlebnissen auf der Spur der Störche. Grandiose Landschaften lernte ich kennen, faszinierende Menschen und fremde Kulturen. Und bald stellte ich fest, dass der Storch, allen Unterschieden zwischen den Völkern zum Trotz, immer wieder sympathisch wirkender Auslöser war für Verständnis und freundliche Begegnungen. Ob wagemutige Expeditionen fernab jeder Straße, wütende Sandstürme in der Wüste, funkensprühende Blitze in den Drakensbergen oder Autopannen in von Aufständischen bedrohten Gebieten in Westafrika – in meinen Gedanken sind all diese Abenteuer untrennbar mit der wissenschaftlichen Arbeit an den Störchen verbunden.

Über die Weißstörche wurde bereits viel geschrieben. Das meiste davon, auch das, was ich selbst zu Papier gebracht habe, ist Fachliteratur. Als der Rowohlt Verlag mich im Jahr 2017 fragte, ob ich meine Forschungsarbeit über den Weißstorch in einem neuen Buch vorstellen möchte, stand für mich außer Frage: Es sollte kein weiteres Fachbuch werden, sondern ein Buch über meinen langen Weg zu und mit den Störchen. Der begann bereits, als ich im zarten Alter von 16 Jahren auf dem Reetdach eines Hauses nahe der Ostseeküste hockte und einem Beringer, es war der bekannte Ornithologe Theodor Mebs, bei seiner Arbeit über die Schulter schaute. Und dieser Weg ist bis heute, nach etlichen Touren um die halbe Welt, nicht abgeschlossen. In diesem Buch nehme ich den Leser mit auf meine Reisen. Mit jeder meiner Begegnungen kommt er den Störchen näher, lernt sie und ihre

Biologie kennen, erfährt, wie sie «funktionieren», und erlebt die Abenteuer der Feldforschung hautnah mit. Er begleitet mich auf einem «Roadtrip» mit den Störchen – durch Europa, Nahost und Afrika.

Vieles hat sich seit meinen ersten Gehversuchen auf der Spur der Störche verändert. Während ich dieses Buch schreibe, führen meine alten Notizen es mir wieder vor Augen: Anfangs, in den 1980er Jahren, stand zu befürchten, der Weißstorch könne bis zur Jahrtausendwende ausgestorben sein, zumindest im Westen Deutschlands. Damals ging es um den Schutz jedes einzelnen Vogels. Zehn Jahre später drehte sich das Blatt, und heute haben die Bestände sich vielerorts erholt. Auch die Herausforderungen an die Feldforschung haben sich seit den ersten Expeditionen dramatisch verändert. Vor 30 Jahren war ein Telefonat vom Sudan nach Deutschland nur mit viel Glück im Postamt der Hauptstadt möglich. Ganz selten mal boten mir Entwicklungshelfer ihr Funkgerät an, damit ich mit meiner Familie ein paar Worte wechseln konnte. Heute ist es selbstverständlich, in den abgelegensten Ecken der Welt per Handy, Satellitentelefon oder E-Mail zu kommunizieren. Es gab keinen Laptop, keine digitalen Karten, kein Google Earth und vor allem kein GPS für die Navigation. Wer sich in fremdem Gelände zurechtfinden wollte, war auf ortskundige Führer angewiesen. Auch viele Straßenverbindungen wurden verbessert. Noch im Jahr 2001, auf unserer Expedition in den westafrikanischen Sahel, quälten wir uns Hunderte Kilometer über sandige Pisten und mussten am Spülsaum des Atlantiks die Sahara umfahren. Inzwischen führt eine durchgehend asphaltierte Straße von Marokko bis nach Senegal. Andererseits wären manche der im Buch geschilderten Expeditionen heute nicht mehr möglich. Aufgrund politischer Wirren und islamistischen Terrors müssen Forscher auf Reisen durch Krisenregionen verzichten, zum Beispiel in Mali. Selbst die

Vorwort | 13

Bundeswehr bezeichnet ihren Einsatz dort als den gefährlichsten der Welt. Vielleicht war meine Feldforschung in manchen Ländern Afrikas die letzte Chance, vor Ort Näheres über den Zug und die Biologie der Störche zu erfahren.

Mehr als 30 Jahre Arbeit an den Störchen – über einen Zeitraum, in dem die rasante Entwicklung der neuen Technologien die Welt verändert hat. Wie kommt man dazu? Wurde ich danach gefragt, dann lautete meine Antwort stets: «Es hat sich einfach so ergeben.» Während der Recherchen für dieses Buch wurde mir bewusst, dass es mehr war als das: Viele Umstände und Personen haben meinen Weg maßgeblich mitbestimmt. Eltern, Familie und Freunde, die an mich glaubten, aber auch Bücher, Erlebnisse und die Freude daran, Unbekanntes und Neues zu erkunden. In diesem Buch beschreibe ich deshalb auch meinen ganz persönlichen Weg zur Natur und letztlich zu den Störchen. Und meine Forschung? Sie war niemals nur Selbstzweck. Die Motivation, über Jahre hinweg und vielen Widrigkeiten zum Trotz beharrlich beim Thema zu bleiben, entsprang immer vor allem einem Ziel: die Weißstörche, diese faszinierenden Vögel, auch den kommenden Generationen zu erhalten. Mit unserer Forschung, davon bin ich überzeugt, haben wir Weichen gestellt für ein besseres Verständnis ihrer Biologie und für ihren erfolgreichen Schutz. Gemeinsam mit vielen Kollegen in ganz Europa haben wir unseren Beitrag geleistet, dass es dem Weißstorch als Art wieder ein bisschen besser geht.

Meine Forschung am Weißstorch und damit auch dieses Buch wären ohne die tatkräftige Unterstützung zahlreicher Kollegen und Freunde nicht möglich gewesen. Vielen von ihnen begegnet der Leser in diesem Buch. Aber nicht allen konnte ich den gebührenden Platz einräumen: Ich danke dem gesamten Vorstand und den Mitarbeitern der Gesellschaft Storch Schweiz, die die Forschungen auf der Westroute initiierte und finanzierte. Neben

Peter Enggist, dem Geschäftsführer, und seiner Frau Margrith möchte ich den Präsidenten Tobias Salathé nennen sowie Daniel Schedler, Robert Schoop, Ruggero Ponzio und Olivier Biber, denen ich mich besonders verbunden fühle. Die Mitarbeiter bei der Begleitung des Storchenzuges durch den Süden Europas im Jahr 2001 konnte ich im Rahmen dieses Buches leider nicht angemessen würdigen, trotz der großartigen Arbeit, die sie geleistet haben: Fabian Bindrich, Jan Bonse, Gudrun Hofmann, Alexander Müller, Stefan Schindler und Ulrike Toelke. Während der Forschungen in Spanien unterstützten mich vor allem Javier de la Puente von der spanischen Ornithologengesellschaft SEO, die Tierärztin Ursula Höfle Hansen von der Universität Castilla-La Mancha und Carmen Dominguez Pedrera von der Gemeinde Malpartida de Cáceres. Viele Weißstorch-Experten haben meine Arbeit mit intensiven Gesprächen und Diskussionen beflügelt, vor allem Hartmut Heckenroth und Reinhard Löhmer aus Hannover, Kai-Michael Thomsen aus Bergenhusen und Christoph Kaatz aus Loburg. Dem Rowohlt Verlag, insbesondere der Redaktionsleiterin Johanna Langmaack und der Lektorin Evelin Schultheiß, danke ich für die vertrauensvolle Zusammenarbeit bei der Entstehung dieses Buches. Maria, meine liebe Frau, hat immer Verständnis gezeigt für meinen Weg mit den Störchen und meine oft monatelange Abwesenheit während der Expeditionen geduldig ertragen. Sie war und ist meine wichtigste Stütze.

VOM THEMA ZUR PASSION: DER WEISSSTORCH

MIT STÖRCHEN IM AUFWIND

Fliegen, frei wie ein Vogel. Segeln im Aufwind mit ziehenden Weißstörchen. Lange hatte ich davon geträumt. Jetzt sollte es endlich wahr werden. Mit kräftigem Schwung zieht Ariel die Plexiglaskuppel über das Cockpit. «Auf geht's», nickt der Pilot mir zu und startet den kleinen Motor. Langsam nimmt das filigrane Flugzeug Fahrt auf. Es holpert über die schmale Piste und erhebt sich schließlich in die Luft. Zügig gewinnen wir an Höhe und lassen die weite Kulturlandschaft mit Olivenhainen, Feldern und bewaldeten Hügeln unter uns. Im Osten streift der Blick über die Golanhöhen nach Syrien. Am Horizont im Westen leuchtet das Mittelmeer. Hier, auf der Höhe von Nazareth, misst Israel in der Breite gerade mal 60 Kilometer. Millionen Zugvögel – Störche, Pelikane, Adler und Geier – nutzen den schmalen Streifen grünen Landes als Korridor für den Zug nach Süden.

Aufmerksam beobachtet Ariel den Himmel. «Wir haben sie», ruft er, zeigt nach rechts und zieht den Motorsegler in eine Kurve. Weit entfernt erscheinen ein paar weiße Punkte. Das sollen Störche sein? Der Mann muss Adleraugen haben. Schnell kommen wir näher, und dann kann auch ich sie erkennen. Weit über 1000 Vögel sind es, die sich dort in einer Thermik in die Höhe schrauben. Mit ausgebreiteten Flügeln, bewegungslos, getragen nur von der Kraft der aufsteigenden Luft.

Vom Thema zur Passion:

«Genau hier habe ich sie erwartet», meint Ariel, «der Radar in Latrun hatte recht.» Er wendet den Kopf und fragt wie nebenbei: «Do you want to ride a mustang?» Einen Mustang reiten? Ariel nimmt mein etwas ratloses Zögern als Zustimmung und drückt mir noch eben eine Papiertüte in die Hand. «Okay, dann geht's los», sagt er und schaltet den Motor aus. Nur das Pfeifen des Windes dringt durch die Kuppel. Das kleine Flugzeug legt sich in eine Kurve, und bevor ich noch irgendetwas sagen kann, trifft sie uns – unvermittelt, wie ein Faustschlag in den Bauch. In rasendem Tempo steigt das Flugzeug in der Thermik nach oben. Die Schwerkraft presst mich hart in den Sitz. Eine weitere Kurve, raus aus der Thermik, und der Flieger sackt wieder ab. Wie ein ungebremster Fahrstuhl, der dem untersten Stockwerk entgegenrast. Das üppige Frühstück, das ich vor wenigen Stunden zu mir genommen habe, drängt in die verkehrte Richtung. Deswegen Ariels Tüte. Ein paarmal noch wiederholt sich dieser wilde Ritt. Ariel zeigt auf das Variometer, das unsere vertikale Geschwindigkeit misst. Hektisch pendelt der Zeiger nach oben und unten. «Es reicht», gebe ich ihm zu verstehen. Daumen hoch – und ein paar Sekunden später segeln wir wie die Störche, gleiten sanft Schwinge an Schwinge zwischen ihnen, nutzen exakt die Kräfte wie sie und folgen den gleichen physikalischen Regeln. Die meisten Vögel huschen an uns vorbei, andere blicken gelangweilt herüber. Einer gar biegt den Kopf in den Nacken und klappert mit dem Schnabel. Angst gibt es hier nicht und auch keine Scheu. Wir sind wie in einer anderen Welt. Die tierischen Segler sind unter uns, links und rechts von uns oder ziehen schräg über uns hinweg. Zu keiner Sekunde droht die Gefahr einer Kollision. So vornehm grazil uns die Störche am Boden erscheinen – hier oben erst kommt ihre wahre Eleganz zur Geltung.

Der Höhenmesser im Motorsegler zeigt inzwischen weit über 1000 Meter an. Die ersten Störche verlassen die Thermik. Aus dem kreiselnden Flug heraus ziehen sie zielstrebig gen Süden. Noch immer getragen von der Luft unter ihren Schwingen, werden sie zunehmend schneller. Die Thermik ist gut, um Höhe zu machen. Entfernungen dagegen werden im Gleitflug überwunden. Mehr als 100 Stundenkilometer erreichen die Störche dabei und sinken stetig ab. An der Basis des nächsten Aufwinds beginnt das Spiel von vorne. Rauf und runter, wie in einer Achterbahn, und alles ohne Flügelschlag. Bis zum Niltal in Ägypten gelangen sie so und weiter in den Osten und Süden Afrikas. Ariel reißt mich aus meinen Gedanken. «Das war's für heute», quakt es aus meinem Kopfhörer. Per Funk gibt er dem Bodenteam Höhe und Richtung der segelnden Störche durch und startet den Motor. Das laute Dröhnen katapultiert mich zurück in die Realität. Die schwerelose Begegnung mit den segelnden Störchen hoch oben über der Erde hat mir vor Augen geführt, dass wir Menschen zwar die Technik zum Fliegen beherrschen, die Zugvögel aber die wahren Meister der Flugkunst sind. Nach der Landung, zurück am Boden, will ich Ariel die Papiertüte zurückgeben. Er lacht und schüttelt den Kopf. «Behalt sie als Andenken, vielleicht brauchst du sie ja beim nächsten Mal.» Ich habe zwar immer noch weiche Knie, durfte dafür aber am eigenen Leib die Kraft einer Thermik erfahren, der gewaltigen Energie, die den Störchen ihre weite Reise überhaupt erst ermöglicht.

ZUGVERHALTEN

Inzwischen sind die Störche längst weitergezogen. Im Geländewagen machen wir uns auf die Suche. Endlich, nach vielen Kilometern, bei brütender Hitze und auf staubigen Pisten, haben wir die Vögel wieder im Blick. Wie in einer gewaltigen lebenden Säule

Vom Thema zur Passion:

kreiseln die schwarz-weißen Körper aufwärts. Damit solche Thermikschläuche entstehen, muss die Sonne den Boden aufheizen. Zunehmend erwärmen sich dann die unteren Luftmassen, steigen nach oben, während vom Boden kontinuierlich weitere Luft nachströmt. Am stärksten ausgeprägt sind die Aufwinde über trockenem Boden, bei intensiver Sonneneinstrahlung während der heißesten Stunden des Tages. Auch an nach Süden geneigten Hängen ist die Chance auf gute Thermik besonders groß. Bergketten, die sich in Zugrichtung erstrecken, sind deshalb wichtige Leitlinien für die segelfliegenden Vögel. Am kühlen Morgen dagegen und vor Sonnenuntergang fehlt die Thermik. Dann fliegen die Störche nur ungern und, wenn es denn unbedingt sein muss – zum Beispiel, um einen Schlafplatz aufzusuchen –, im kräftezehrenden Ruderflug. Ausgedehnte Wassermassen wie große Seen und erst recht das Meer kann auch die stärkste Sonneneinstrahlung im Tageslauf kaum erwärmen. Die Chance, dort eine Thermik zu finden, ist für die Störche gleich null.

Eigentlich ein ganz einfaches Prinzip, ein Phänomen, so effizient, dass es die Störche und andere segelfliegende Vögel geradezu in ihre spezifischen Zugwege zwingt. Den genauen Verlauf des Zugs bestimmen – neben den Nahrungsgründen – Topographie und Wetter, also die Faktoren, die für den Thermikflug entscheidend sind. Ganz anders die meisten Singvögel: Mit ihren kleinen Flügeln kämen sie als Thermiksegler nicht weit. Die Langstreckenzieher unter ihnen bewältigen Tausende von Kilometern im energieintensiven Ruderflug. Vor allem nachts, mit ununterbrochenen Flügelschlägen. Abermillionen Singvögel aus Europa folgen stur ihrer vorgegebenen Flugrichtung und ziehen nonstop über das Mittelmeer. Als Treibstoff für diesen unfassbaren Kraftakt fressen sie sich in den Wochen vor Beginn des Zuges große Fettreserven an. Für Segelflieger wie Störche wären solche Fettdepots nur unnötiger Ballast. Vom Aufwind getragen, müssen sie Kraft lediglich dafür aufwenden, die Flügel waagrecht zu halten. Alles Weitere erledigt die Thermik. Aber wie immer im Leben hat auch dieser Energiesparmodus seinen Preis. Er verwehrt es den Störchen, den kürzesten Weg in ihre afrikanischen Winterquartiere zu nehmen. Mangels Thermik ist das Mittelmeer für sie eine unüberwindbare Barriere, weshalb sie es auf verschiedenen Routen umfliegen müssen. Die sogenannten Westzieher, Brutstörche aus Deutschland, Frankreich und anderen westeuropäischen Ländern, gelangen über Frankreich und Spanien an die Meerenge von Gibraltar. Nach Marokko ist es von dort aus nur ein Katzensprung, gerade mal 14 Kilometer trennen Europa hier von Afrika. Abertausende Störche treffen sich an diesem Flaschenhals und warten auf günstiges Wetter. Stimmt dann endlich die Windrichtung, schrauben sie sich in Thermiken empor und segeln im Gleitflug über die Meerenge. Die wichtigste Hürde ist genommen, aber das Ziel noch nicht erreicht. Von ihren Überwinterungsgebieten, gelegen im Sahel zwischen Mauretanien und dem Niger, trennt sie die lebensfeindliche Sahara. Fast 2000 Kilometer über die größte Wüste der Welt – aber mit perfekten Voraussetzungen für den Thermikflug.

Die Ostzieher, Brutstörche aus Mittel- und Osteuropa, fliegen über den Balkan und Bulgarien in die Türkei. Auch sie vermeiden größere Strecken über offenem Wasser. Dort, wo die Landmassen der Kontinente am engsten zusammenrücken, am Bosporus bei Istanbul oder am Marmarameer, gelangen sie nach Kleinasien. Im Thermikflug queren sie Anatolien in südöstlicher Richtung, erreichen den Golf von Iskenderun und folgen von dort aus der Küstenlinie nach Süden. Über Syrien, den Libanon und Israel gelangen die Störche in den Osten Ägyptens, wo ihnen das grüne Band des Niltals die weitere Zugrichtung weist. Ihre Überwinterungsgebiete liegen irgendwo zwischen dem östlichen und südlichen Afrika.

Nur wenige Störche versuchen, das Mittelmeer von Sardinien, Sizilien oder Griechenland aus nach Nordafrika zu überfliegen. Ohne Thermik und Rastplätze über die offene See. Viele stürzen bei diesem Wagnis erschöpft ins Meer und ertrinken.

Den west- und ostziehenden Weißstörchen ist ihre jeweilige grobe Zugrichtung «einprogrammiert». Während seiner Tätigkeit an der Vogelwarte Rossitten in den 1930er Jahren hat Ernst Schüz, ein renommierter Ornithologe und der «Altvater» der deutschen Weißstorch-Forschung, dies mit seinen berühmten «Verfrachtungsversuchen» nachgewiesen. Er hat mehrere hundert in Ostpreußen geschlüpfte Jungstörche, also typische Ostzieher, an verschiedenen Orten in Westdeutschland und somit im Bereich der Westzieher aufgezogen. Die Versuchsvögel, die er so früh fliegen ließ, dass sie sich den einheimischen Westziehern anschließen konnten, zogen mit diesen in südwestlicher Richtung ab. Die anderen jedoch, die er erst nach Abzug aller einheimischen Westzieher freiließ, zogen in südöstlicher Richtung ab. Die Versuche bewiesen, dass Weißstörche zwar eine genetisch fixierte Zugrichtung besitzen, die allerdings von einer sozialen Komponente überlagert wird: Die «Fremdstörche» schließen sich den einheimischen Störchen auf deren «korrekter» Zugroute an.

STORCHENZUG-VORHERSAGE

Vor einem Technik-Container in Latrun, auf dessen Dach eine kugelförmige Radarkuppel thront, treffe ich Yossi Leshem. Groß, mit freundlichem Lächeln, energischem Auftreten, kräftiger Stimme und der Kippa auf dem krausen Haar. Eine beeindruckende Persönlichkeit. Ein Mann, der weiß, was er will und schnell zur Sache kommt. Mit seiner spektakulären Forschung sorgt der israelische

Ornithologe längst über die Grenzen seines Landes hinaus für Aufsehen: Die enorme Anzahl ziehender Störche, Pelikane und Adler im engen Luftraum über Israel hatte sich zu einem ernsthaften Problem für die Luftwaffe entwickelt. Immer wieder kam es zu folgenschweren Kollisionen von Kampfjets mit den Großvögeln. Von 1972 bis 1983 wurden Hunderte solcher Vorfälle registriert, die meisten während der Zugzeit der Störche. Etliche Flugzeuge stürzten ab, Piloten verunglückten tödlich, der finanzielle Schaden war enorm. Eine Lösung musste dringend her. Yossi Leshem hatte den Vogelzug über viele Jahre eingehend studiert. Er war fest überzeugt, dass ein sicheres Miteinander im israelischen Luftraum möglich sein müsste. Hätte man eine Chance, die Zugrouten und die Auswirkungen des Wetters auf ihren Verlauf exakt vorherzusagen, dann wären Verluste weitgehend vermeidbar. Im Rahmen seiner Promotion machte sich Yossi in Zusammenarbeit mit der Luftwaffe in den 1980er Jahren an diese Aufgabe. Seitdem werden während der Zugzeit der Störche täglich Tausende Daten erhoben und der Armee in Echtzeit verfügbar gemacht, gewissermaßen als «Storchenzug-Vorhersage». In kurzer Zeit gingen die Unfälle auf weniger als ein Viertel zurück. In Sachen Vogelschlag ist Yossi Leshem seitdem ein international gefragter Experte.

«Welcome», ruft er mir entgegen und öffnet die schwere Eisentür. Drinnen erwartet uns grünliches Dämmerlicht. Im Halbdunkel sitzen zwei Mitarbeiter seines Teams vor flimmernden Radarmonitoren. Auf den Bildschirmen erkenne ich als helle Linie die Umrisse Israels, daneben Wolken weißer Punkte, die sich bei jedem Umlauf des Radars verändern. Das ist er also, der Leitstand, von dem aus Ariel, unser Pilot, am Vormittag die Positionen der Störche erhalten hatte. Yossi zeigt auf eine geschwungene Reihe von Radarsignalen: «Hier passierten 35 000 Störche heute Vormittag Tel Aviv. Und dort ...», sein Finger wandert auf einen Bereich des Monitors, auf dem die Punkte über die Küstenlinie verschoben sind, «... dort siehst du, was danach geschah. Der Ostwind hat die Vögel übers Mittelmeer verdriftet.» Jede Zugbewegung kann man hier exakt verfolgen, Richtung, Geschwindigkeit und Flughöhe der Schwärme. Sogar die Vogelarten erkennen Experten anhand des Musters der Radarsignale. «Und wo ist unser Storchentrupp jetzt?», will ich wissen. «Genau dort, in der Negev», erklärt Yossi und tippt auf den südlichsten Punkt in der langen Reihe, «und dort werden sie heute wohl auch die Nacht verbringen.» Aber nicht jede Fragestellung lässt sich mit dem Radar allein beantworten. Von 25 übers ganze Land verteilten Positionen aus beobachten seine Teams deshalb den Zug der Störche. Auch die Erkenntnisse der Zugbegleitung mit Leichtflugzeugen, mit dem Motorsegler und gelegentlich sogar mit unbemannten Drohnen fließen in die Auswertung ein. Ein gewaltiger Aufwand, der sich auszahlt. Dank zuverlässiger Vorhersagen kann die Luftwaffe sichere Flugkorridore ausweisen. In keinem anderen Land der Welt wird der Zug der Störche ähnlich gründlich überwacht.

MEIN TRAUM VOM NATURFORSCHER

«Biologe wollen Sie werden? Mit einer Vier in Mathe? Vergessen Sie's.» Abweisend blickte der «Berater» mich an. «Sonst noch was? Ich habe zu tun», knurrte er schnippisch. Damit hatte ich nicht gerechnet. Das nennt sich also Berufsberatung? Mit meinen 15 Jahren hatte ich Träume. Draußen sein in der Natur, Tiere beobachten, Pflanzen sammeln, Vögel fotografieren. So wie man sich eben als junger Waldläufer ein zünftiges Forscherleben vorstellt. Und jetzt sollte auf einen Schlag alles kaputt sein? Mein Vater, der mich begleitete, rückte unruhig seinen Stuhl und stand auf. Er hatte längst erkannt, dass es in mir mächtig brodelte. Wir waren keinesfalls immer der gleichen Meinung. Eines jedoch hatte er immer unterstützt: meine Leidenschaft für die Natur. «Dummes Zeug», schimpfte er vor sich hin, während wir die Schule verließen, «du suchst dir deinen Beruf selbst aus.» Bis heute rechne ich ihm hoch an, dass er an mich glaubte.

In der hintersten Ecke eines Regals entdeckte ich erst kürzlich wieder ein Büchlein, das mir ganz besonders ans Herz gewachsen war. *Was fliegt denn da?* steht auf der abgegriffenen Titelseite. Mein allererstes Vogelbestimmungsbuch. In krakeliger Schülerschrift hatte ich auf der Umschlaginnenseite meinen Namen und das Jahr 1967 vermerkt. Damals, vor nunmehr über 50 Jahren, hatten meine Eltern es mir zu meinem 13. Geburtstag geschenkt. Dass ich das Buch intensiv und gewissenhaft benutzt hatte, war nicht zu übersehen. Nicht nur war es hundertfach mit inzwischen längst vergilbtem Tesafilm repariert, die Buchseiten waren auch übervoll mit meinen handschriftlichen Anmerkungen. Das Bändchen war für die damalige Zeit sehr schön gestaltet: Auf jeder Doppelseite waren zwölf Vogelarten in farbigen Zeichnungen abgebildet, jeweils versehen mit einer Beschreibung besonderer Kennzeichen, Größe und Verbreitung. Hunderte dieser Vögel habe ich abgehakt, als gesehen markiert, mal mit rotem, mal mit blauem Schreibstift. Und bei vielen finden sich Notizen über die Orte, wo ich sie erstmals beobachten konnte.

Als Lehrer konnte mein Vater es sich erlauben, mehrmals im Jahr Ferien zu machen. Und die wurden stets für ausgedehnte Reisen genutzt. Immer die ganze Familie gemeinsam, die Eltern und drei, später vier Kinder. Geschlafen wurde im Auto und im Zelt. Unsere Mahlzeiten haben wir auf einem Trockenspirituskocher der Bundeswehr zubereitet. Selbst die Babynahrung musste meine Mutter über der kläglichen Flamme erhitzen. Viel kosten durften diese Ur-

Vom Thema zur Passion:

laube nicht. Mein Vater war stolz darauf, dass wir unterwegs mit weniger Geld über die Runden kamen als zu Hause. Schon als Kinder haben wir bei diesen Marathontouren ganz Europa kennengelernt, von Gibraltar bis zum Nordkap, von Irland bis ans Schwarze Meer. Und immer und überall war mein kleiner Vogelführer dabei, weil es immer und überall neue Vogelarten für mich zu entdecken gab. Selbst als kurze Zeit später der berühmte «Peterson» herauskam, ein auch von Profis benutztes Bestimmungsbuch, habe ich meine Neuentdeckungen weiter in dem zerfledderten Büchlein notiert.

Die Begeisterung für die Natur hat mich in frühester Jugend gepackt. In den üppigen Wäldern und Wiesen des Rheintals rund um das Städtchen Groß-Gerau unternahm ich mit Freunden die ersten Fahrradausflüge. Aus alten Brettern und rostigen Nägeln zimmerten wir Verstecke und beobachteten Hasen, Rehe und Rebhühner. Am Niederwaldsee wurden wir beim Schwarzfischen erwischt. Gefangen haben wir zwar nichts. Aber der alte Wildhüter konfiszierte die vorsintflutliche Angel, die ich aus unserem Schuppen stibitzt hatte. Zu Hause gab es deswegen natürlich heftigen Ärger. Auf einer anderen «Expedition» fingen wir Kaulquappen in einem Tümpel. Wir wollten beobachten, wie sie zu Fröschen heranwachsen. Leider fand meine Oma die Tierchen eklig, und sie schüttete Salz in das improvisierte Becken, sodass die armen Kreaturen kläglich verendeten. Wochenlang habe ich nicht mit ihr gesprochen.

In der Grundschule faszinierte mich vor allem das Fach Heimatkunde. Viele Unterrichtsstunden verbrachte unser Lehrer mit uns außerhalb der Stadt, bewaffnet mit Lupe und Schmetterlingsnetz. Wir haben Maikäfer und Heuschrecken gefangen, durften Blindschleichen und Frösche streicheln, in Vogelnestern die Küken bestaunen und konnten bald auch so manches Blümchen bestimmen. Später, als meine Eltern ein Haus in Berkach, einem verschlafenen Dorf außerhalb von Groß-Gerau, gebaut hatten, musste ich etwa

Der Weißstorch | 25

20 Minuten mit dem Fahrrad zur neuen Schule – jetzt das Gymnasium – fahren. Trotzdem verließ ich das Haus oft zwei bis drei Stunden vor Unterrichtsbeginn. Ich nahm dann den kleinen Umweg durch den Mischwald der Fasanerie, dessen dichtes Unterholz, Lichtungen und sumpfige Ecken ich als den reinsten Dschungel empfand. Im Frühjahr beeindruckte mich vor allem das vielstimmige Vogelkonzert: Pirol, Singdrossel, Nachtigall, Zilpzalp, Fitis und viele andere. Ich lauschte den Stimmen, prägte sie mir ein, beobachtete die Sänger und bestimmte sie. Nach etlichen Wochen schon kam ich ganz gut auch ohne Fernglas zurecht. Welch ein Glücksgefühl, allein mit dem Gehör zu erkennen, welche Vogelart im dichten Gebüsch verborgen war. Nicht nur einmal vergaß ich die Zeit und kam mit einiger Verspätung zum Unterricht.

In der Fasanerie traf ich eines frühen Morgens einen Bekannten meiner Eltern im grünen Jagdoutfit, von dem ich wusste, dass er seine gesamte Freizeit der Tierfotografie widmete. Um seinen Hals baumelte ein verschrammtes Fernglas, und an seinem Fahrrad war ein voll beladener Anhänger angekuppelt. Wir kamen ins Gespräch, und er lud mich ein, ihn bei einem seiner Fotoausflüge zu begleiten. Schon drei Tage später waren wir gemeinsam unterwegs. Günter Hüg, so hieß der vogelverrückte Fotograf, baute vor einem Nistkasten, in dem ein Trauerschnäpper brütete, sein Stativ mit Kamera und Blitzgerät auf und schraubte einen Fernauslöser ein. Wir selbst hockten uns im Unterholz auf den Boden und warteten geduldig. Plötzlich erschien der Vogel am Einflugloch. Ein Druck auf den Auslöser, ein Klick und ein heller Blitz – der Trauerschnäpper ließ sich nicht stören. Ob das Foto gelungen war, der Vogel vielleicht im entscheidenden Augenblick eine falsche Bewegung gemacht hatte, das wussten wir nicht. Das Zeitalter der digitalen Fotografie lag noch in weiter Ferne. Stundenlang lauerten wir in unserem Versteck, bevor wir, mit Beginn der Dämmerung, den Rückweg antraten. Von da an hing ich rettungslos am Haken. Das Jagdfieber hatte mich gepackt. Tierfotografie, das wollte auch ich lernen. Dass während der endlosen Warterei etliche Zecken den Weg unter meine Klamotten gefunden und sich festgebissen hatten, tat meiner Begeisterung keinen Abbruch. Es dauerte nicht lange, bis ich selbst eine gebrauchte Spiegelreflexkamera besaß. Mit Ferienjobs verdiente ich das Geld für ein einfaches Teleobjektiv, und zu Weihnachten gab es ein Stativ. Was ich sonst noch brauchte, bastelte ich mir selbst, aus Bohnenstangen, Stahldrähten und Resten eines alten Märklin-Baukastens. Viele Tage verbrachte ich von da an in Wald und Feld mit meiner improvisierten Kameraausrüstung, immer auf der «Jagd» nach Vögeln, Damhirschen und Füchsen.

Mit meinen Eltern zusammen war ich regelmäßiger Gast bei Dia- und Filmvorträgen zu Naturthemen, die vom Deutschen Bund für Vogelschutz oder der Volkshochschule organisiert wurden. Zum Beispiel auch bei einem Vortrag von Eugen Schumacher. Er war einer der wenigen damals bekannten Tierfilmer und zeigte einen Dokumentarfilm über eine Expedition in der Arktis. Gebannt lauschte ich den Erzählungen dieses Weitgereisten und sog die faszinierenden Bilder geradezu in mich auf: Mit dem Hundeschlitten ging es hinaus in die weiße Wildnis, über Eis und im tiefen Schnee, auf der Spur von Eisbären und anderen arktischen Tieren. Entscheidend für mich war gar nicht mal so sehr das Thema; was mich faszinierte, waren die geschilderten Abenteuer. Eugen Schumacher weckte in mir den Traum, irgendwann selbst solche fremde Welten zu erkunden und über meine Erlebnisse zu berichten.

Als in einem Vortrag das Naturschutzgebiet Kühkopf-Knoblochsaue – ein großes Auwaldgebiet am Rhein nicht weit entfernt von meinem Zuhause – erwähnt wurde, machte ich mich gleich am Wochenende darauf mit dem Fahrrad auf den Weg. Im Gepäck: Fernglas, Fotoapparat, zerknitterte Landkarte, eben alles, was ich brauchte. Über schmale Pfade, zwischen Wiesen und Feldern, gelangte ich an den Altrhein, von wo eine Fußgängerbrücke hinüber ins Schutzgebiet führte. Als ich von der Brücke über den träge fließenden Altarm schaute, hörte ich das Sirren zahlloser Insekten. Wenige Minuten später bereute ich bitter, meine Expedition in kurzen Hosen angetreten zu haben. Myriaden von Stechmücken fielen über mich her, selbst durch den Stoff meiner robusten Bekleidung bohrten sie ihre Stechrüssel. Aber aufgeben und umkehren kam nicht in Frage, also: Augen zu und durch. Erstaunlich, wie schnell man sich eine gewisse Leidensfähigkeit antrainieren kann. Irgendwann spürte ich die Mückenstiche fast nicht mehr und ignorierte das Jucken.

Ich tauchte ein in den dichten Wald – und fühlte mich wie verzaubert. Von der unfassbar üppigen Vegetation, den Schlingpflanzen, die sich an Bäumen emporrankten, und dem ohrenbetäubenden Quaken unzähliger Frösche. Eine Ringelnatter, gut einen Meter lang, huschte vor mir über den Pfad. In den Baumwipfeln sang der Pirol sein kurzes Lied, die Nachtigall schmetterte ihre Strophen im dichten Gestrüpp. Durch die Schilfhalme kletterte geschickt eine Beutelmeise. Noch nie zuvor hatte ich diesen hübschen Vogel gesehen. Wenig später entdeckte ich ihr Nest. Ein filigranes Gebilde aus verwobenen Pflanzenfasern und Spinnweben, so baumelte es am Ast einer Weide. Als überraschend ein warmer Landregen einsetzte, fand ich Schutz in einer Beobachtungshütte. Freier Blick auf den Altrhein, den Schlick am Ufer und die wuchernde Vegetation. Genau so war auch die tropische Wildnis des Amazonas – zumindest in meiner Phantasie. Träge fließendes Wasser, bedeckt von Seerosen und Entengrütze, große Weiden, deren hängende Äste bis ans Wasser reichten, Libellen, die im rasenden Flug vorbeihuschten. Am Ufer lauerte reglos ein Graureiher und schnappte sich Sekunden später mit kräftigem Schnabelhieb einen Fisch. Ein Schwarzstorch landete im feuchten Gras vor der Hütte. Kaum wagte ich noch zu atmen, vor Angst, ihn zu erschrecken. Und dann der Schwarzmilan mit seinem gekerbten Schwanz, das Symboltier des Kühkopfs schlechthin. Ich war wie in Trance, zutiefst beeindruckt von der vielfältigen Vogelwelt. Fast hätte ich mal wieder die Zeit vergessen. Als ich mich eilig auf den Rückweg begab, dämmerte es bereits. Dann hörte ich im Wald, ganz in der Nähe, hektisches Grunzen und Quieken. Eine Rotte Wildsauen rumorte dort in der Suhle. Würden sie mich vielleicht angreifen? Mit weichen Knien schlich ich vorbei und konnte die wehrhaften Vierbeiner regelrecht riechen. Und natürlich kam ich zu spät nach Hause. Meine Mutter war erleichtert und verzichtete auf eine Standpauke.

Eigentlich waren meine Eltern mit meiner ungewöhnlichen Freizeitgestaltung einverstanden. Der Knackpunkt war jedoch, dass meine «Expeditionen ins Tierreich» ziemlich zeitintensiv waren. Die Schule kam folglich häufig zu kurz, was sich am Jahresende nicht mehr verbergen ließ. Die Zeugnisse belegten es schwarz auf weiß. Die Konsequenz war Hausarrest, bis ich irgendwann kapiert habe, dass es eine intelligentere Lösung geben muss. Es ist mir gelungen, mein Hobby und die Schule zumindest einigermaßen ins Gleichgewicht zu bringen.

TIERFORSCHER ODER NATURJOURNALIST

Es gab damals noch die sogenannten «Kurzschulen» als Angebot der Deutschen Gesellschaft für Europäische Erziehung. Im Rahmen eines erlebnispädagogischen Konzepts ging es darum, in jungen Menschen die «Leidenschaft des Rettens» zu wecken. Einen Monat lang, meist während der Sommerferien, konnten ganze Schulklassen bei Feuerwehr, Erster Hilfe, Bergwacht oder Seenotrettungsdienst lernen, aktiv Verantwortung zu übernehmen. Meine Klasse entschied sich für die Kurzschule Weissenhaus an der Ostsee, die in einem herrlichen Gutshaus mit großem Park untergebracht war. Jeweils zwölf Schüler wurden zu einer «Wachgemeinschaft» zusammengewürfelt, übernachteten im gleichen Raum und leisteten die täglichen Dienste gemeinsam. Kein schlechtes Konzept, das in der Praxis aber dennoch manchmal befremdlich wirkte. Schon am ersten Morgen wurden wir von unserem «Wachführer» geweckt, indem er die Tür aufriss und aus vollem Hals brüllte: «Auf, auf, reckt eure müden Leiber, die ganze Pier steht voller nackter Weiber.» Damals fanden wir pubertierenden Jungs das cool, heute würde ein solcher Auftritt den meisten dann doch einen Touch zu militärisch erscheinen.

Mich begeisterten vor allem die freiwilligen zusätzlichen Aktivitäten. Schon am ersten Tag hatte ich mich für die «biologische Arbeitsgemeinschaft» und für das Fach «Vogelkunde» angemeldet. Auf zahlreichen Wanderungen erkundeten wir die Ostküste Schleswig-Holsteins. Der zuständige Lehrer, Theodor Mebs, war ein bekannter Ornithologe, von dem ich in den folgenden Wochen sehr viel gelernt habe. Nicht nur fachlich, auch seine persönliche Begeisterung hat mich angesteckt. Als Spezialist für Greifvögel und Eulen hielt er unter anderem einen Uhu. Gebannt beobachtete ich, wie die Singvögel als Reaktion auf den Greif regelrecht aus dem Häuschen gerieten und ihn heftig attackierten. Auch meinen ersten Kontakt mit Weißstörchen habe ich Theodor Mebs zu verdanken. Auf den Exkursionen mit ihm erfuhr ich eine Menge über Biologie und Verhalten der Störche, war neben ihm, als er auf einem Dach die Jungstörche beringte und staunte über den Tot-

Vom Thema zur Passion:

stellreflex, der die Vögel für Angreifer unattraktiv macht. Viel hat Theodor Mebs mir damals auch über den Zug der Störche nach Afrika erzählt, über die Leistungen, die die weißen Segler auf ihrer langen Reise vollbringen. Damals habe ich nicht im Entferntesten geahnt, dass gerade der Storchenzug einmal mein berufliches Leben entscheidend bestimmen würde.

Von meinem ersten Tag an im Gymnasium hatte ich, über die Schule und mit Unterstützung meiner Eltern, die Zeitschrift *Der kleine Tierfreund* abonniert. Ein dünnes Heftchen, das monatlich erschien, mit tollen Geschichten und Fotos aus der Tierwelt. Ich habe jeden einzelnen Artikel, ob über Libellen, Fischadler, Geparden oder Elefanten, Satz für Satz verschlungen. Einmal, ich war gerade 17 geworden, blieb ich beim schnellen Durchblättern an einem Gewinnspiel hängen: Um teilzunehmen, musste man eine selbstgeschriebene Tiergeschichte einreichen, die mit Skizzen und Fotos versehen sein sollte. Eine Flugreise nach Afrika mit dreiwöchiger Safari in Kenia und Tansania lockte als Preis. Dafür lohnte jeder Aufwand. Tagelang habe ich an meinem Artikel über den Kiebitz gefeilt und sah mich schon im Jeep durch die Savanne brettern. Leider kam es dann doch anders. Keine Afrikareise zwar, aber immerhin hatte mein kleiner Aufsatz für einen Trostpreis gereicht: *Knaurs Kontinente in Farben – Afrika.* Ein beeindruckendes Buch im Großformat, mit vielen Details über den Kontinent. Als ich begann, das Vorwort zu lesen, blieb ich bei einem einzigen Satz hängen: «Ein beträchtlicher Teil dieses Buches wurde – wie es vielleicht auch sein sollte – auf der Ladeklappe meines Safari-Landrovers geschrieben, nach harter Tagesfahrt auf miserablen Wegen.» Das war wie ein Schuss mitten ins Herz. Blitzartig wurde mir klar: Genau das ist mein Ding. Dieser Trostpreis hat in meinem Hirn einen Schalter umgelegt. Bis heute halte ich das Buch in Ehren – und finde den schicksalhaften Satz noch immer auf Anhieb.

Der Weißstorch | 31

Naiv, wie ich damals war, schwebte mir also ein Leben als eine Art Safari-Schriftsteller vor. Als tollkühner Forscher, der seine Erlebnisse in der Wildnis in Fotos, Filmen und Büchern festhält und damit die Menschen für den Naturschutz gewinnt. Um diesen Traum in die Praxis umzusetzen, brauchte ich Erfahrung und Handwerkszeug. Für die folgenden Ferien bewarb ich mich deshalb bei der örtlichen *Heimat-Zeitung* um einen Job als Urlaubsvertretung. Ich drückte dem Chefredakteur ein paar meiner Texte in die Hand, die er mit gerunzelter Stirn las, mich dann prüfend anschaute, weiterlas – und schließlich zusagte. Fast ständig war ich in den nächsten Wochen mit Notizblock und Kamera unterwegs. Ich berichtete über Verkehrsunfälle, goldene Hochzeiten und Dorffeste – und konnte endlich auch ein paar Tiergeschichten unterbringen.

ERST MAL BIOLOGE WERDEN

In den letzten Monaten vor dem Abitur fing ich an, intensiv darüber nachzudenken, welches Studium ich angehen sollte. Biologie? Oder doch Journalismus? Kurzzeitig stand sogar Musik im Raum, schließlich hatte ich jahrelang Klavier und Orgel gespielt. Aber bei der Abwägung zwischen dem Orchestergraben und der afrikanischen Savanne hatte die Musik keine Chance. Während ich meine Zukunft plante und mich eher schlecht als recht auf die Abschlussprüfungen vorbereitete, flatterte der Einberufungsbescheid für die Bundeswehr ins Haus. Um keine Zeit zu verlieren, meldete ich mich als «Vorzeitig Dienender». Die nach der Schule folgenden 15 Monate bei der Bundeswehr, zuerst im Saarland, danach in Koblenz, waren für meinen Geschmack vergeudete Zeit. Die Orientierung im Gelände und der sichere Umgang mit Karte und Kompass – das waren die einzigen nennenswerten Lerneffekte. Viel Zeit für wenig Resultat.

Nach Abschluss der Bundeswehrzeit konnte ich endlich wieder meine berufliche Zukunft planen. Die Entscheidung für ein Studium hatte ich inzwischen getroffen. Biologie sollte es sein, mit den Schwerpunkten Zoologie und Ökologie. Doch mit meinem Notendurchschnitt im «Zeugnis der Reife» hatte ich die Hoffnung auf meinen Wunschstudienplatz zwar nicht aufgegeben, aber sehr zurückgeschraubt. Tatsächlich erhielt ich auf Anhieb auch keinen Studienplatz, schrieb mich aber übergangsweise in Agrarbiologie an der Universität Hohenheim bei Stuttgart ein. Und schon ein Jahr später war es dann so weit, und ich konnte ins Biologiestudium wechseln. Nach den eher langweiligen ersten Semestern ging es endlich an praktische Übungen, Bestimmungskurse, Exkursionen und zoologische Vorlesungen – sie erst gaben mir das gute Gefühl, tatsächlich für meine Zukunft zu lernen. Manche Dozenten verstanden es besonders gut, uns für ihre Themen zu begeistern. So wie der schrullige Zoologe Paul Bühler mit seinen Bestimmungskursen und zoologischen Exkursionen. Es gab kaum ein Tier, ob Vogel, Säugetier oder Insekt, über das er keine interessanten Details erzählen konnte. Seine winterlichen Fahrten zum Bodensee, wo wir mit Ferngläsern und Spektiven Wasservögel bestimmten, ließ ich mir nie entgehen. Übernachtet haben wir in einer Jugendherberge im Allgäu, wo beim Abendessen unsere Beobachtungen diskutiert wurden. Auf einer Insekten-Exkursion fing Paul Bühler mit der bloßen Hand eine Hornisse. Ehrfürchtig bestaunten wir seinen Mut – bis er uns am Abend erzählte, es habe sich um eine Drohne, eine männliche Hornisse, gehandelt. Die lasse sich leicht an ihren vergrößerten Fühlern erkennen und habe, im Gegensatz zu den Weibchen, keinen Stachel. Auch der Dozent Heinz Streble konnte als Spezialist für die mikroskopisch kleinen Tiere und Pflanzen im Süßwasser seine Studenten in eine ganz andere Welt entführen. Sein Bestimmungsbuch *Das Leben im Wassertropfen*, mit unzähligen von ihm selbst gezeichneten Abbildungen, gilt noch immer als Standardwerk. Mit Heinz – er war der einzige Dozent, mit dem wir uns duzten – haben wir an den oberschwäbischen Mooren unsere Campingtische aufgebaut, mit Planktonnetzen die Tümpel abgefischt und im Mikroskop die winzigen Lebewesen bestimmt. Er zeigte uns Kreaturen mit so unglaublichen Namen wie Grüne Moorkugel, Zierliche Sichel-haufenalge, Trompeten-Rädertier, Waffentierchen und Sigma-Kieselalge. Nach getaner Arbeit wurden an der Feuerstelle ein paar Würstchen gegrillt, dann krochen alle in ihre Schlafsäcke. Heinz hatte, wie immer, sein Zelt möglichst weit entfernt von den Studenten aufgebaut. Trotzdem brachte sein dröhnendes Schnarchen so manchen von uns um den Schlaf.

Das besondere Highlight war die große zoologische Exkursion nach Rovinj an der kroatischen Küste. Dort tauschten wir den Hörsaal gegen die Labors des Meeresbiologischen Instituts. Vom Kutter aus fingen wir in der Adria Fische, Seeigel, Muscheln, Seegurken und viele andere Meerestiere, die später im Labor in Aquarien verfrachtet, gesichtet, beobachtet, seziert oder im Mikroskop bewundert wurden. Auf den karstigen Hügeln rund um Rovinj bestimmten wir Vögel, Eidechsen, Schlangen und anderes Getier. Insekten wurden gefangen, in Essigäther getötet, dann mit Nadeln auf speziellen Spannbrettern fixiert und getrocknet. Noch jahrelang hingen die Schaukästen voller Insektenmumien in meinem Büro, bis irgendwann Speckkäfer und Motten die meisten Präparate zerfressen hatten.

Der Endspurt kam nach knapp fünf Jahren. Zum Abschluss des Studiums fehlte nur noch die Diplomarbeit. Unser zoologisches Institut war spezialisiert auf Neurobiologie: Laborarbeit, Hantie-

Vom Thema zur Passion:

ren mit verschiedensten Messgeräten, dem Elektronenmikroskop und allerlei Chemikalien. Ein ökologisches oder gar ornithologisches Thema, wie mir es vorschwebte, wollte unser Institutsleiter nicht zulassen. Stattdessen schlug er mir eine Studie vor, in der die Ornithologie wenigstens eine marginale Rolle spielte. Es ging um die Entwicklung der Temperaturregulation der Vögel. Widerstrebend sagte ich zu. Wochenlang sammelte ich Taubenküken unterschiedlichen Alters, deren Gehirne dann präpariert und in der Gefriertruhe für die spätere Bearbeitung im Labor aufbewahrt wurden. Von Tag zu Tag ging meine Laune weiter in den Keller. «Ich merke schon, das ist nichts für Sie», meinte der Institutsleiter nach wenigen Wochen zu mir und schlug vor, wegen einer Alternative mit dem Leiter der Arbeitsgruppe Fische zu sprechen. Mein neues Thema lautete dann: «Die Ökologie des Flüsschens Eyach auf der Schwäbischen Alb». Dort hatte man mehrere neue Kläranlagen in Betrieb genommen. Und ich durfte nun erforschen, wie sich die Fischbestände, ihre Nahrungstiere und die Wasserqualität entwickelten. Das kam meinen Vorstellungen schon deutlich näher: raus aus dem Labor und Arbeit im Gelände. Das Institut stellte einen VW-Bus und alle Messgeräte zur Verfügung. Und während der Feldarbeit konnte ich in einer idyllischen Waldhütte wohnen. Perfekte Voraussetzungen. Vor mir lag ein Sommer im Grünen.

Es wurde ein arbeitsreicher Sommer. 22 Probestellen waren über den 56 Kilometer langen Fluss verteilt, von der Quelle im Karstgestein bis zur Mündung in den Neckar. Ich maß alle möglichen Wasserparameter, mit Hilfe von Elektroden und Chemikalien, fing Fische mit dem Elektrofischgerät und sammelte und konservierte Wasserinsekten und ihre Larven. Eines Nachts schüttelte ein Erdbeben meine Holzhütte durch. Nichts Ungewöhnliches auf der Schwäbischen Alb. Aber einige der Glasröhrchen mit den

Proben, die die Grundlage meiner Diplomarbeit waren, gingen dabei zu Bruch. Und dann diese Beinahekatastrophe, die ich meiner eigenen Dummheit zu verdanken hatte: Ich saß am Mikroskop und bestimmte Insektenlarven. Vor mir auf dem Tisch stand die stabile Kiste mit meinen Büchern. Rums! Durch die Hütte hallte ein Donnerschlag, als sei eine Bombe eingeschlagen. Eine Stichflamme zuckte zur Decke. Eisenteile pfiffen durch den Raum und bohrten sich in die hölzernen Wände. Ich selbst blieb unverletzt. In der Rückseite der Bücherkiste steckten mehrere Metallsplitter. Wahrscheinlich hatte die stabile Holzkonstruktion der Kiste mir das Leben gerettet. Was war passiert? Kurz zuvor hatte ich den kleinen Kanonenofen angeheizt. Dass auf der heißen Herdplatte noch mein Spirituskocher stand, hatte ich blöderweise übersehen. Die Explosion hatte sogar Teile des Ofens zerrissen.

Am Ende des Sommers konnte ich meine Arbeit abschließen: eine Darstellung der aktuellen Fakten zum biologischen Zustand der Eyach und umfassende Empfehlungen für die zukünftige fischereiliche Bewirtschaftung. Mein erstes Forschungsergebnis. Endlich hatte ich mein Diplom in der Hand. Mit Auszeichnung bestanden. Jetzt war ich also Biologe – allen Unkenrufen zum Trotz, die ich mir als 15-Jähriger wegen einer Vier in Mathe von einem schlechtgelaunten Berufsberater anhören musste.

VON TRAPPEN ZU STÖRCHEN

Der erste Job, der sich bald darauf bot, war gleichzeitig meine Doktorarbeit: ein von der EU finanziertes ornithologisches Forschungsprojekt. Der Leiter des Naturhistorischen Museums in Braunschweig, Otto von Frisch, war mein Doktorvater. Ein Zoologe von altem Schrot und Korn – und Sohn des Nobelpreisträgers

Vom Thema zur Passion:

Karl von Frisch, der als Verhaltensforscher den Schwänzeltanz der Bienen entschlüsselt hatte. Otto von Frisch hatte für meinen Traum, in der klassischen Feldforschung zu arbeiten, vollstes Verständnis. Fünf Jahre lang untersuchte ich das Verhalten und die Ökologie der Zwergtrappe. Viel wusste man damals noch nicht über den hühnergroßen Laufvogel, der in Europa vor allem in Spanien und Portugal lebt. Meine Forschungsarbeit konnte ich somit nach eigenen Vorstellungen gestalten. Ich filmte das Balzverhalten der Zwergtrappe in Zeitlupe und entdeckte bis dahin unbekannte Details. Als einer der Ersten in Europa wendete ich die neue Methode der Telemetrie an. Die mit Sendern versehenen Trappen konnte ich mit den Peilantennen auf meinem Landrover täglich orten. Über Jahre hinweg folgte ich ihnen durch die hügelige Landschaft des Alto Alentejo. Monatelang war ich jedes Jahr im Mittelmeerraum unterwegs, forschte in Afrika und Arabien und übernahm Funktionen in internationalen Arbeitsgruppen. Im Winter arbeitete ich zu Hause im Büro, bereitete die Veröffentlichung meiner Ergebnisse vor, schrieb für Fachzeitschriften und verfasste Reportagen für populäre Tiermagazine.

Auch privat hatte sich in den vergangenen Jahren einiges ereignet, was mein Leben erheblich umkrempeln sollte. Ich hatte eine Familie gegründet. Meine Frau Maria, die wichtigste Person auf meinem privaten und beruflichen Weg, hatte ich bereits am ersten Studientag kennengelernt. Wir lebten zusammen mit guten Freunden in einer WG, studierten und feierten gemeinsam, wanderten in den Bergen und genossen die Natur. Irgendwann ließ es sich nicht mehr verbergen, dass das, was Maria und mich verband, weit mehr war als Freundschaft und gemeinsame Interessen. Wir entschieden, unser Leben gemeinsam zu meistern. Aber würde auch eine feste Beziehung funktionieren? Immerhin war bereits absehbar, dass wir aufgrund meiner beruflichen Perspektiven häufig für lange Zeiträume getrennt sein müssten. Die Generalprobe stand bald darauf ins Haus. Maria schloss erfolgreich ihr Studium ab – und hatte bereits einen Arbeitsvertrag in der Tasche – bei Helmstedt an der damaligen DDR-Grenze, fast 600 Kilometer von mir entfernt. Zweimal im Monat konnten wir uns sehen, mehr war bei der großen Entfernung nicht drin. Als ich für meine Dissertation schließlich in Braunschweig landete, nur eine halbe Fahrstunde von Maria entfernt, konnten wir endlich zusammenwohnen. Da aber meine aktuellen Feldforschungen in Südeuropa stattfanden, musste ich mich über mehrere Jahre hinweg immer im März verabschieden, um in meinem uralten Landrover nach Südfrankreich oder Portugal zu tuckern. Erst im September ging es dann wieder zurück. Keine Wochenendbeziehung, sondern eine Halbjahresbeziehung. Es war keine leichte Zeit, aber auch das konnte uns nicht auseinanderbringen. Die Feuerprobe war bestanden. 1981 haben wir geheiratet.

Nur wenige Wochen nach Abschluss meiner Dissertation rief mich der Zoologe Arndt Wünschmann an, damals Geschäftsführer beim WWF. «Sind Sie interessiert an einem Job als Projektleiter?», fragte er mich. Gerade hatte ich einen längeren Urlaub geplant. «Kommt auf das Thema an», antwortete ich. Als ich hörte, es solle um Weißstörche gehen, war ich erst mal nicht so begeistert. Störche? Da gibt es doch kaum noch was Neues zu entdecken, schoss es mir durch den Kopf. Doch dann kamen die Details: Schwerpunkt des Projekts sollte die Gefährdung der Störche auf den Zugrouten und in den Überwinterungsgebieten sein. Mit Forschungsreisen durch Afrika und den Nahen Osten. Das klang doch schon ganz anders. Ich sagte zu, verzichtete auf meinen Urlaub und steckte bald bis über beide Ohren in der Arbeit.

Vom Thema zur Passion:

Aus den Ablesungen und Rückmeldungen von beringten Störchen hatte man zwar eine grobe Vorstellung davon, auf welchen Routen sie fliegen. Aber an genaueren Informationen fehlte es hinten und vorne. Internet und E-Mail gab es zu dieser Zeit noch nicht, ich verschickte Hunderte von Briefen, um von Kollegen aus verschiedensten Ländern Details zu erfahren. Tagelang saß ich in Bibliotheken und wühlte mich durch Berge von Fachzeitschriften und Büchern. Ich wertete Ringfunde aus, zeichnete Zugrouten und Hotspots der Gefährdung in Landkarten ein. Ich reiste durch Afrika, besuchte Israel, Ägypten und die Türkei und bewertete vor Ort die Situation. Drei Jahre nach Projektbeginn erschien mein erstes Buch: *Weißstorchzug – Ökologie, Gefährdung und Schutz des Weißstorchs in Afrika und Nahost.* In der Monographie waren erstmals alle bis dahin bekannten Fakten aus dem gesamten Durchzugs- und Überwinterungsgebiet zusammengestellt. Seitdem ließen die Störche mich nicht mehr los. Auf der Spur der schwarz-weißen Segler begann ein Leben, das mich durch die ganze Welt führte.

MIT STÖRCHEN REISEN:
UNTERWEGS AUF DER OSTROUTE

EXPEDITION IN DEN SUDAN

Khartum International Airport: Als ich aus der Maschine steige, raubt mir die heiße Luft fast den Atem. Auf dem Weg zum Terminal fallen mir die Worte eines Kollegen ein: «Die wahnsinnige Hitze, der Staub, die bittere Armut und der Bürgerkrieg im Süden – willst du dir das wirklich antun?» Ja, will ich, muss ich sogar. Wer vorhat, die Störche auf der östlichen Zugroute zu begleiten, der kommt um den Sudan, das große Land im Nordosten Afrikas, nicht herum. Bedeutende Rast- und Überwinterungsgebiete der Störche liegen vor allem im Sahel, der Zone, die knapp südlich der Sahara in Ost-West-Richtung über ganz Afrika verläuft. Im Sudan erstreckt sich diese Region über etwa 900 Kilometer, zwischen der äthiopischen Grenze im Osten und dem Tschad im Westen. Der Sahel, bekannt vor allem durch häufige Dürreperioden und das Leid Millionen hungernder Menschen, ist auch für die ziehenden Störche nicht immer sicheres Terrain. Je nach Zeit, Ort und Menge von Niederschlägen variiert dort die Verfügbarkeit von Nahrung. Von ihr hängt es letztlich ab, wo genau die Störche rasten oder die Wintermonate verbringen.

Es ist das Jahr 1986: Im Rahmen des WWF-Weißstorchprojekts will ich, zusammen mit meinem Kollegen Wilhelm Kühle vom WWF und dem sudanesischen Naturschützer Ahmed Elmalik, erkunden, wie es den Störchen im Sudan ergeht. Davor müssen

Mit Störchen reisen:

Wilhelm und ich aber erst einmal ins Land kommen. Als unsere umfangreiche Ausrüstung tatsächlich auf dem Gepäckband erscheint, ist die größte Hürde genommen. Mit voll beladenem Trolley geht es weiter zur Passkontrolle. «Weshalb kommen Sie in den Sudan?», fragt der Beamte. Meine Antwort: «Störche beobachten.» Irritiert zuckt er die Schultern und reicht mir meinen Pass zurück. Das war ja einfach. Schwieriger wird es bei der Gepäckkontrolle. Die feldgrau gestrichene Holzkiste, ganz oben auf dem Trolley, interessiert die Sicherheitskontrolle besonders. «Öffnen!» Darin ein riesiges Fernglas, das wir nach einem schweren Geschütz aus dem Ersten Weltkrieg «Dicke Bertha» getauft haben. «Wozu brauchen Sie das?» – «Bird watching», meine neuerliche Antwort. Ungläubiges Kopfschütteln des Uniformierten, der wissen will, wie das Gerät funktioniert. Wir bauen es auf, zuerst das schwere Holzstativ, dann das Fernglas obendrauf. Ein Blick durch das Monstrum, und er ist begeistert. Er ruft seine Kollegen dazu, die alle einen Blick durch die Dicke Bertha werfen wollen. «Welcome to Sudan.» Man wünscht uns einen angenehmen Aufenthalt, und schon sind wir mittendrin im afrikanischen Trubel, bedrängt von Fahrern, die ihre Dienste anbieten, zwischen Kofferträgern, die unsere Ausrüstung schleppen wollen. Wir wimmeln alle Angebote ab, drängeln uns durch und winken das nächste offizielle Taxi heran.

Der Deutsche Club, eine Einrichtung des Deutschen Sudan Vereins, ist unsere Basis für die nächsten Tage. Schick sind die Gebäude nicht, aber zweckmäßig. Es gibt einen Pool und vor allem eine große, schattige Terrasse mit Plastikstühlen und verrosteten Tischen. Mehrere Plätze sind besetzt, allem Anschein nach von Entwicklungshelfern und Angehörigen von Hilfsorganisationen. Auffällig sind die Einkaufstüten unter den Stühlen. Bald wird uns klar, worum es geht: Alkohol ist im Sudan verboten. Man bestellt sich eine Cola und haucht dem pappsüßen Softdrink aus der Pulle in der konspirativen Tüte etwas Geschmack ein. Gute Idee für den obligatorischen Sundowner. Leider wussten wir davon nichts, und so genießen wir unser koffeinhaltiges Süßgetränk pur. Am Nachbartisch sitzt ein junger Europäer und blickt mich irritiert an. Er schlendert herüber und fragt: «Bist du nicht Holger Schulz?» Woher kennt der meinen Namen? Schnell stellt sich heraus, dass er in meinem Geburtsort Groß-Gerau in einer Nachbarstraße gewohnt hat. So langsam dämmert es mir. Als Kinder haben wir manchmal miteinander gespielt – und jetzt treffen wir uns in Afrika wieder. Die Welt ist wirklich ein Dorf.

Endlich sehen wir auch die ersten Vögel: Ein kleiner Erznektarvogel, schillernd bunt, mit knallgelbem Bauch und stark verlängerten Schwanzfedern, landet in einem Busch und saugt mit seinem spitzen Schnäbelchen Nektar aus den Blüten. Gegen Abend fliegt ein Schwarm von Mausvögeln im Garten ein. Eng aneinandergedrängt werden die kleinen Burschen, mit Federhaube und langem Schwanz, in einem der Bäume die Nacht verbringen. Auch mehrere Schwarzmilane haben sich das Umfeld des Deutschen Clubs als Schlafplatz gewählt, nachdem sie den Tag über wahrscheinlich auf einem der Müllplätze in Khartum nach Nahrung gesucht haben.

Vom Minarett der Moschee gegenüber ruft der Muezzin zum Gebet. Sekunden später gesellen sich weitere dazu, und bald vibriert die Luft unter den religiösen Sprechgesängen. Allmählich leert sich die Terrasse, und auch für uns ist es Zeit, in die Betten zu kriechen. 31 Grad zeigt das Thermometer im Zimmer. Immerhin zehn Grad weniger als am Nachmittag in der glühenden Sonne, aber trotzdem zu warm zum Schlafen. Die Klimaanlage ist leider defekt. Demnächst soll sie repariert werden. «Inshallah Bukra Mumkin», beteuert der Betreiber des Gästehauses lächelnd. Frei übersetzt: «Wenn Gott will, dann vielleicht morgen» – oder besser: «Mal sehen, wann's klappt.» Sei's drum. In wenigen Tagen, draußen im Busch, müssen wir ohnehin schwitzen.

Am nächsten Morgen sind wir früh auf den Beinen. Eine Menge Arbeit wartet auf uns. Als Erstes die unvermeidlichen Behördengänge. Um fotografieren zu dürfen, brauchen wir vom Ministerium für Kultur und Information eine Presse-Akkreditierung, die uns nach drei Stunden auch vorliegt. Dann stellen wir uns bei der Naturschutzbehörde vor, den Sudan Wildlife Conservation Forces. Im eiskalt klimatisierten Büro präsentieren wir unser Vorhaben und fragen, ob eine Zusammenarbeit möglich wäre. Mit Personal sei da leider nichts zu machen, aber ein geländegängiges Fahrzeug mit Chauffeur könne man uns zur Verfügung stellen. Auf meine Frage, ob das in zwei Tagen zu organisieren sei, kommt prompt die Antwort: «Inshallah.» Das versprochene Dokument, das den behördlichen Segen für unsere Feldarbeit bestätigen soll, halten wir schon zwei Stunden später in den Händen. Ein wichtiger Türöffner, wie sich in den folgenden Wochen erweisen wird. Mit dem in Aussicht gestellten Allradauto, so erfahren wir am nächsten Tag, wird man uns allerdings doch nicht helfen können. Wäre ja auch zu schön gewesen. Vier Tage lang sind wir in Khartum mit den Vorbereitungen unserer Expedition beschäftigt.

Inzwischen ist auch Ahmed Elmalik zu uns gestoßen. Der junge Sudanese, der uns begleiten wird, ist begeisterter Hobby-Ornithologe und kennt sich bestens aus in den Regionen, die wir ansteuern wollen. Arabisch und Englisch spricht er fließend, und in mehreren regionalen Dialekten kann er sich zumindest verständigen. Dank ihm werden Gespräche mit Dorfbewohnern erst möglich sein. Auch bei der Anmietung eines Geländefahrzeugs wären wir ohne ihn kläglich gescheitert. Finanziell ist mein Projekt eng gestrickt, und einer der größten Posten ist nun mal das Fahrzeug.

Nach langem Suchen finden wir einen Autovermieter, der uns zu einigermaßen akzeptablen Konditionen ein Allradfahrzeug anbietet. Eigentlich eine Schrottkarre, mit defekten Bremsen, einer maroden Lenkung und unterschiedlichen Reifen auf allen vier Rädern. Darauf angesprochen, zuckt der Vermieter nur die Schultern. Ich lasse mich wohl oder übel auf den Deal ein. Der nächste Punkt ist die Verpflegung. Drei Personen, mehrere Wochen, da kommt einiges zusammen. Ich beschließe, einen Sack Reis zu kaufen, dazu eine große Packung Brühwürfel und etliche Dosen Tomatenmark, um dem Reis beim Kochen Geschmack einzuhauchen. Notfalls kommt man damit ein paar Wochen lang über die Runden. Und mit etwas Glück können wir Gemüse oder vielleicht auch mal Fleisch bei den Bauern vor Ort kaufen.

Bevor wir in den Busch aufbrechen, möchte ich noch einmal mit meiner Familie telefonieren. Die einzige Möglichkeit dazu bietet das Postamt in Khartum. Als ich dort eintreffe, warten bereits Dutzende Menschen geduldig darauf, ihre Anrufe erledigen zu können, die meisten davon Einheimische, nur ein paar Europäer darunter. Ich reihe mich ein in die lange Schlange und erreiche irgendwann den Schalter der Telefonvermittlung. «In welches Land? Nummer des Telefonanschlusses? Name des Angerufenen? Name des Anrufers?» Der Beamte hinter dem Schalter notiert sich die Angaben. Eine gefühlte Ewigkeit später kann ich in einer der zahlreichen Kabinen meinen Anruf entgegennehmen. Ein teurer Spaß, trotz grottenschlechter Verbindung. Aber zumindest habe ich endlich mal wieder meine Frau Maria am Telefon. Gemütlich schnacken ist aber nicht. Wir tauschen die wichtigsten Nachrichten aus und stimmen uns über anstehende Entscheidungen ab. In kurzen Worten erzählt mir Maria, dass es ihr und unserer Tochter Stefanie gutgeht. Die Kleine war kurz vor meiner Abreise zur Welt gekommen. Von ihren ersten Lebensmonaten werde ich leider nichts mitbekommen. Ich erzähle, dass ich jetzt für einige Wochen nicht mehr erreichbar sein werde. Die unpersönliche Atmosphäre in der Kabine, das Gebrabbel anderer Menschen links und rechts und das Rauschen, Fauchen und Knacken in der Leitung lassen eine romantische Unterhaltung nicht im Ansatz zu. Ein paar kurze Liebesworte noch, das war es. Solche Momente machen mir schmerzhaft bewusst, wie weit ich von meinen Liebsten entfernt bin.

BEI DEN STÖRCHEN VON EL FAU

Endlich raus aus der Hauptstadt. Zum Glück kennt Ahmed den kürzesten Weg. Bald liegen die dichtbesiedelten Vororte hinter uns. Die Straße ist jetzt übersät von Schlaglöchern, nicht selten einen halben Meter tief. Mit unserer ausgeschlagenen Lenkung wird die Fahrt zu einer Zitterpartie. Anfangs hat man das Gefühl, das schwere Fahrzeug suche sich selbständig seinen Weg. Gegensteuern, die schlimmsten Schlenker abfangen, Spaß macht das alles nicht. Jeder Lkw, der mit unverminderter Geschwindigkeit vorbeibraust, bringt unser Auto zum Beben. Als ich mich irgendwann an das exotische Fahrverhalten gewöhnt habe, geht es schneller voran, stets nach Südosten. Kleine Lehmhüttendörfer säumen die Straße, Jungs kicken mit einem alten Fußball, Eselskarren kurven unberechenbar um die Schlaglöcher, und Fußgänger sind unterwegs, denen der Autoverkehr offenbar völlig egal ist. Links öffnet sich die Landschaft zum Blauen Nil. Im Flachwasser, nahe dem Ufer, rasten zahlreiche Vögel: Uferschnepfen, vielleicht kommen sie aus Europa und sind auf dem Zug nach Süden. Marabus und Nimmersattstörche staken träge durchs Wasser, und manchmal entdecken wir kleine Gruppen von Pelikanen. Weißstörche haben wir bisher nicht gesehen, ihr Rastgebiet ist noch eine ganze Ecke entfernt. Die Landschaft wird karger, Felsen ragen aus der sandigen Ebene. Dann erreichen wir Wad Medani. Eine unscheinbare Stadt aus Lehmhütten und kleinen Backsteinhäusern. Nur das Hotel am Ortseingang ist mehrere Stockwerke hoch. Am Straßenrand kleine Läden, improvisierte Autowerkstätten und Reifenflicker. Jetzt wissen wir, wo wir notfalls Hilfe bekommen, falls unser Fahrzeug uns im Stich lassen sollte.

Kaum haben wir Wad Medani verlassen und sind nach Osten in Richtung Gedaref abgebogen, da entdecken wir am Himmel die ersten etwa 100 Weißstörche. Schnell schrauben sie sich in einer Thermik empor und fliegen im Gleitflug in Richtung unserer Straße davon. Wir sind also auf dem richtigen Weg. Durch die offene Savannenlandschaft, gelegentlich unterbrochen von Hirse- und Baumwollfeldern, kommen wir zügig voran. Im trockenen Grasland neben der Straße sind Hirten auf ihren Kamelen unterwegs. Die Reiter wiegen sich majestätisch in ihren Sätteln und würdigen uns keines Blickes. Immer häufiger begegnen wir einzelnen Weißstörchen. In kleinen Gruppen schreiten sie auf der Suche nach Nahrung durchs dürre Gras. Große Scharen von Abdimstörchen stehen mit ausgebreiteten Flügeln an Wasserlöchern. Als «innerafrikanische» Zugvögel nisten sie in Afrika nördlich des Äquators und ziehen außerhalb der Brutzeit weiter nach Süden. Abdimstörche sind kleiner als unsere Weißstörche, überwiegend schwarzbraun gefärbt, mit grünlichem Glanz auf dem Rückengefieder. Ihr Bauch ist weiß, und das nackte Gesicht leuchtet während der Brutzeit in kräftigem Blau. In Afrika ist der Abdimstorch als Insekten- und Rattenvertilger beliebt. Er gilt als Beschützer der Dörfer und als Regenbringer und wird deshalb auch Regenstorch genannt. An einem kleinen Tümpel rastet mit eingezogenem Kopf ein einsamer Marabustorch. Bei den kleinen Dörfern, mit ihren runden Lehmhütten unter hutförmigen Strohdächern, lungern Schwarzmilane herum. In der Nähe der Menschen fällt auch für sie gelegentlich etwas Fressbares ab.

Nach einer Weile erscheint vor uns im Dunst eine kleine Bergkette. Rötliche Felsen, schroff und abweisend, türmen sich neben der Straße empor. Knapp davor ein ärmlicher Ort aus einfachen Backsteinhäuschen. Wir haben El Fau erreicht. Qal'at Arang oder Jebel Fau heißt das Mini-Gebirge. Es ist die erste Landmarke, an der wir nach Störchen suchen wollen. Am Fuß der Berge sind die Felsen von weißem Kot bekleckert. Vielleicht übernachten hier ja die Störche. Ganz in der Nähe errichten wir neben dem Auto unser Lager. Eine Prozedur, die uns in den nächsten Wochen in Fleisch und Blut übergehen wird. Zuerst werden die Feldbetten aufgebaut, mit den unbedingt nötigen Moskitonetzen, die an langen Bambusstangen befestigt sind. Mit der Dämmerung kommen die Mücken, vor allem jetzt, zum Ende der Regenzeit. Dass sie unangenehm stechen, ist eine Sache. Viel schlimmer ist, dass sie die gefürchtete Malaria übertragen. Die große Alukiste zum Transport der empfindlichen Ausrüstung wird zum Tisch umfunktioniert, ein paar Fotokoffer und kleinere Kisten dienen als Hocker. Dann noch der rostige Kocher, ein voluminöser Topf und die altersschwache Gaslampe.

Und schon erscheinen die ersten Störche. Glück gehabt, wir lagen richtig mit unserer Vermutung. Unser Lager befindet sich direkt unterhalb ihres Schlafplatzes. Aus allen Richtungen fliegen die Vögel heran. Zuerst einzeln, dann in kleineren Grüppchen und schließlich ein Trupp von mehreren hundert. Im kräftezehrenden Ruderflug, denn jetzt, nach Sonnenuntergang, ist die Thermik längst eingeschlafen. Auf den Felsen und toten Bäumen landen die Störche, klappern aufgeregt und balgen sich um die besten Plätze. Mindestens 500 können wir zählen, bevor die kurze

Dämmerung in die Dunkelheit übergeht. Wenn das kein gutes Omen ist für unsere Expedition. Bald kocht der Reis in der würzigen Brühe. Hungrig löffeln wir ihn aus dem großen Topf. Myriaden von Insekten, vor allem fette Motten, schwärmen um die fauchende Lampe, verbrennen und fallen zu Boden. Im Laufe des Abends stellen wir fest, dass es eine gute Idee war, stabile Schuhe zu tragen. Etliche Skorpione haben sich zwischen unseren Füßen versammelt. Die an der Lampe verglühten Insekten bieten ihnen ein wahres Festmahl. Eines ist klar: Morgen früh, bevor wir aus den Schlafsäcken kriechen, werden als Erstes die Stiefel gedreht und geschüttelt. Zum Ende der Nacht verkriechen die Skorpione sich gerne ins Dunkel. Die Schuhe kommen ihnen da gerade recht. Und einen schmerzhaften Stich zum Start in den Tag wünscht sich keiner von uns.

Nichts wie raus aus den Schlafsäcken. Als die ersten Sonnenstrahlen durch das Moskitonetz kriechen, bleibt uns gar keine andere Wahl. Es dauert nur wenige Minuten, dann wabert die unerbittliche Hitze wieder bleiern über das Land. Keine Lust, in Ruhe einen Kaffee zu kochen, geschweige denn zu trinken. Und während sich die letzten Störche vom Jebel Fau aus zu ihren Nahrungsgründen begeben, bauen wir in Windeseile das Camp ab. Für die nächsten Wochen diktiert ein volles Programm unseren Tagesablauf. Es gibt etliche Fragen, die es zu beantworten gilt: Was fressen die Störche? Wie erfolgreich sind sie bei ihrer Nahrungssuche? Wie ist ihr Tagesrhythmus, wie groß ihr Aktionsraum? Handelt es sich um Überwinterer? Oder rasten sie hier nur für kurze Zeit? Endlich ist alles verpackt, nur die Kameras, Spektive und Notizblöcke liegen griffbereit auf den Sitzen. Auf staubigen Pisten holpern wir durch die Kurzgrassavanne. Immer wieder scannen wir mit unseren Ferngläsern die endlose Weite. Überall finden wir Störche, aber niemals in größeren Trupps. Zur Nahrungssuche,

Mit Störchen reisen:

das wird uns klar, teilen die großen Schlafgesellschaften sich auf. Als Einzelvögel oder in kleineren Gruppen ziehen sie weit verteilt durch das karge Land. Irgendwann, gegen Mittag, ist es in der hitzeflimmernden Luft nicht mehr möglich, das Verhalten der Störche zuverlässig zu interpretieren. 44 Grad zeigt das Thermometer. Abbruch – niemand hat etwas davon, wenn wir alle mit Hitzschlag darniederliegen. Kein schattenspendender Baum weit und breit, also kauern wir uns in den winzigen Schatten des Autos, trinken literweise warmes Wasser und tragen unsere Daten in die Protokollbücher ein. In Afrika zu arbeiten – das war immer mein Traum. Aber hier, wo die erbarmungslose Hitze jede Aktivität im Keim erstickt, bleibt für Abenteuerromantik kein Platz.

Ich dämmere vor mich hin, bekomme aber plötzlich aus den Augenwinkeln mit, dass sich etwas tut. Sofort bin ich glockenwach. Die Störche fliegen auf, einer nach dem anderen und überall um uns herum. Sie streben nach Osten und gliedern sich in eine Thermik ein, die wie eine himmelhoch aufragende Säule über der Savanne kreist. Ganz oben verlassen die ersten Vögel bereits den mobilen Turm und gleiten eilig davon. Wie auf Kommando springen wir alle ins Auto und folgen in irrwitzigem Tempo den abziehenden Störchen. Fast eine halbe Stunde lang rumpelt unser Geländewagen über die Savanne, knallt in Schlaglöcher, hoppelt über tiefe Querrinnen und kracht und knirscht, als wolle er sich in 1000 Einzelteile zerlegen. In der Ferne sehen wir die Störche landen. Nicht Hunderte, nein, Tausende sind es, die jetzt mit baumelnden Beinen dem Boden entgegenschweben. Ein kleiner Hügel ragt aus der Savanne, ein optimaler Aussichtspunkt. Dort angekommen, bringen wir die Dicke Bertha in Position. Etwa 300 Meter vor uns, in einem Tümpel, stehen die Störche. Auf 5000 Tiere schätzen wir die riesige Schar. Während die ersten bereits mit den Schnäbeln Wasser schöpfen, kommt weiterer Nachschub von oben. Wir gehen näher heran, wollen wissen, wie sich die Vögel verhalten. Dicht an dicht rasten sie im flachen Wasser. Einige trinken, aber die meisten rühren sich nicht. Als würden sie die Abkühlung genießen, stehen sie reglos da, die Schnäbel im Hitzestress leicht geöffnet.

Was uns am meisten erstaunt: Von bis zu 1000 Weißstörchen in der Region waren wir bisher ausgegangen, aufgrund unserer Zählungen der kleinen Trupps. Ein Vielfaches davon sehen wir jetzt an der Wasserstelle. Das heißt, in der Kurzgrassavanne rund um El Fau halten sich viel mehr Störche auf, als wir bisher vermutet hatten. Tagsüber suchen die Vögel in kleinen Gruppen nach Nahrung, weit verteilt über ein großes Gebiet. Nachts finden sie sich zu größeren Schlafgesellschaften zusammen. In den heißesten Stunden des Tages jedoch, wenn die Thermik am kräftigsten ausgeprägt ist, versammeln sie sich an den Wasserstellen zu riesigen Trupps. Bei guter Thermik erreichen sie selbst weit entfernte Wasserstellen mühelos im Gleitflug. Aber warum segeln die Störche in großen Trupps auch dann im Aufwind, wenn dies offensichtlich nicht dem Ortswechsel dient? Die Erklärung liegt auf der Hand: In der afrikanischen Hitze ist das Thermiksegeln nicht nur die effizienteste Art der Fortbewegung, sondern es ermöglicht auch die optische Kommunikation über weite Entfernungen. Zum einen ist dort oben eine gute Übersicht gegeben, zum anderen sind weitere segelnde Storchentrupps auf große Distanz sichtbar. Dies könnte erklären, warum die Weißstörche es schaffen, sich in den weiten Landschaften des Sahel zielgerichtet gerade dort zu versammeln, wo ein optimales Nahrungsangebot oder eine Wasserstelle existiert.

KÖRPEREIGENE KLIMAANLAGE: BEINKOTEN

Tag für Tag verstehen wir besser, wie die Weißstörche in der Region von El Fau «funktionieren». Längst ist uns aufgefallen, dass die Beine durchweg aller Vögel nicht etwa rot sind, wie wir es aus Europa kennen, sondern weiß bekalkt. Schon seit längerem ist bekannt, dass alle Arten von Störchen unter bestimmten Voraussetzungen auf ihre Beine koten. Während dieses Verhalten früher noch als eine krankhafte Verdauungsstörung interpretiert wurde, weiß man heute, dass dem Beinkoten eine thermoregulatorische Funktion zufällt. Die Störche können zur Abkühlung nicht schwitzen wie wir Menschen, sie besitzen aber eine körpereigene Klimaanlage. Um Überhitzung zu verhindern, kacken sie sich auf die Beine. Durch die Verdunstung der weißen, wässrigen Harnsäure entsteht Kälte. Das Blut, das durch ein feines Gefäßnetz unter der Beinhaut fließt, wird abgekühlt, strömt zurück in den Körper und hält diesen ebenfalls kühl.

Durch unsere Dicke Bertha können wir dieses thermoregulatorische Beinkoten bis ins kleinste Detail beobachten. Der Vogel richtet den Körper auf und drückt den Schwanz nach unten, hebt gleichzeitig ein Bein an, bis die Zehen sich etwa auf Höhe des Intertarsalgelenks (oft fälschlich als Knie bezeichnet) befinden. Das Bein gelangt dabei dicht an die Kloake, aus der die Harnsäure abgesondert wird. Nur ein bis drei Sekunden dauert der Vorgang. Langsam rinnt die Harnsäure am Bein nach unten und erstarrt, während der Vogel schon wieder auf Nahrungssuche ist. In der Hitze bildet sich bald eine harte weiße Schicht auf den Storchenbeinen. Fester schwarzer Kot dagegen wird niemals so abgesetzt. Er fällt als kleiner kompakter Ballen hinter den Beinen auf die Erde, während der Vogel kurz stehen bleibt.

Wir wollen es noch genauer wissen: Stundenlang beobachten

Unterwegs auf der Ostroute | 51

wir durch unser Fernrohr die Störche, registrieren jedes einzelne Beinkoten, notieren sekundengenau die Zeit und erfassen gleichzeitig die Lufttemperatur und Bewölkung. Bei brüllender Hitze und mit der Zähluhr in der Hand beobachten wir also Störche beim Kacken. Bin ich dafür Biologe geworden? Ja, auch solche scheinbar stumpfsinnige Arbeit gehört zur Forschung dazu. Am Ende des Tages haben wir endlos lange Listen und können auswerten, welchen Einfluss die Temperatur auf die Frequenz des Beinkotens hat. Das Ergebnis ist eindeutig. An unbewölkten Tagen findet ab etwa neun Uhr morgens erstes seltenes Harnsäurekoten statt, eher unmotiviert und teils auf die Beine, teils auf den Boden. Ab Temperaturen von etwa 29 °C setzen die Vögel regelmäßig Harnsäure ab, und zwar ausschließlich auf die Beine. Die maximale Frequenz von etwa 1,5-mal pro Minute erreicht das Beinkoten bei Temperaturen ab 40 °C. Auffällig ist auch, dass bei bewölktem Himmel die Frequenz selbst bei Temperaturen über 30 °C nicht weiter ansteigt. Auslöser des Beinkotens ist also die hohe Temperatur, vor allem aber die direkte Sonneneinstrahlung. Und weil durch das Beinkoten Wasser verloren geht, und zwar umso mehr, je heißer es ist, bleibt den Störchen im Sudan während der Mittagszeit gar keine Wahl: Sie müssen Wasserstellen aufsuchen und trinken. In weniger heißen Regionen kommen sie gut eine Zeitlang ohne jegliches Wasser aus. Als zwischen den Jahren 1970 und 1984 der Sudan unter einer katastrophalen Dürre bei anhaltend extremer Hitze litt, häuften sich die Berichte über verdurstete Störche in der Region um El Fau. Zu Hunderten seien die Vögel nahe den ausgetrockneten Wasserlöchern verendet.

Inzwischen hat es sich bis zu den höchsten Würdenträgern der Region herumgesprochen, dass hier ein paar verrückte Europäer den Störchen hinterherlaufen. Es hilft nichts, wir müssen uns bei einem der Stammesfürsten vorstellen. Wir fahren ins Dorf Benina,

Mit Störchen reisen:

nahe El Fau, wo Sheik Ali Ibn Sheik Mohammed residiert. Er hält gerade Audienz. Viele Dorfbewohner sind um seine Behausung versammelt und verharren in ehrfürchtiger Stille. Einer von ihnen meldet uns an, und wir werden in die ärmliche Lehmhütte gebeten. Wir ziehen die Schuhe aus, wie es im gesamten arabischen Raum üblich ist. Für mich eine längere Prozedur, da ich die hochgeschnürten Buschstiefel trage. Dann betreten wir den niedrigen, erstaunlich kühlen Raum. Der Sheikh ist vielleicht 70 Jahre alt. Er sitzt auf einem Ziegenfell, das vor einem einfachen Bettgestell am Boden ausgebreitet ist. Wir verbeugen uns und nehmen auf den vor ihm drapierten Kissen Platz. Bevor er sich uns widmen kann, ist der Würdenträger allerdings noch damit beschäftigt, ein mit Koransuren beschriebenes Blatt Papier in winzige Stücke zu zerreißen. Auf Knien, den Kopf gesenkt, rutscht ein Bauer in die Hütte, bis kurz vor den Sheik. Der reicht ihm einen der Papierschnipsel, legt ihm in einer würdevollen Bewegung die Hand auf den Kopf, und dankbar kriecht der Bittsteller rückwärts wieder ins Freie. Dann sind wir dran. Durch die kleinen Fensteröffnungen beobachten die Dorfbewohner von draußen neugierig das Geschehen. Ahmed berichtet dem Sheikh auf Arabisch von unserem Projekt. Immer wieder schüttelt der fromme Mann verständnislos den Kopf und lacht in sich hinein. Ganz zu begreifen scheint er nicht, was wir Europäer hier eigentlich wollen. Ich bitte Ahmed, ihm zu erzählen, welch große Bedeutung der Weißstorch für die Menschen in Deutschland hat. Dass er auf den Häusern der Menschen brütet und sich allgemein großer Beliebtheit erfreut. Und tatsächlich, Sheikh Ali Ibn Sheikh Mohammed zeigt jetzt Verständnis. Früher, in seiner Jugend, sagt er, habe man viel mehr Weißstörche gesehen. Die ganze Ebene nahe El Fau sei voll von den Vögeln gewesen. Und dann – völlig unvermittelt – schwärmt er vom Geschmack gebratener Störche. Gerade vor einigen Tagen

Unterwegs auf der Ostroute | 53

wieder hätten ein paar Jungs aus dem Dorf ihm sechs Störche zum Essen vorbeigebracht. Das irritiert jetzt schon ein wenig. So selbstverständlich hatte ich bisher noch niemanden von der Bejagung der Störche sprechen gehört.

Für den Sheik geht das Treffen mit uns zu Ende. Er heißt uns willkommen in seinem Dorf, klatscht in die Hände und befiehlt einem Jungen, uns ein Getränk zu bringen. Man serviert uns Orangensirup mit sehr viel Zucker, verdünnt mit trübem Wasser. Vermutlich stammt es aus dem Bewässerungskanal direkt neben der Hütte. Ahmed ist Sudanese, sein Magen kann das vielleicht ab. Aber ich als verweichlichter Europäer? Ablehnen kann ich aber keinesfalls. Und auch die alte Weisheit der Afrika-Reisenden «cook it, peel it or leave it» hilft mir hier nicht weiter. Also rein mit dem klebrigen Zeug. Inständig hoffe ich, dass Montezumas Rache mich verschonen möge. Mit einer präsidialen Handbewegung entlässt uns der Sheikh. Jetzt sind wir also offiziell und haben den Segen des örtlichen Chefs. Dafür macht unser Auto wieder mal Zicken. Erneut ein Plattfuß. Als wir den Reifen wechseln wollen, stellt sich heraus, dass bereits der dritte Radbolzen gebrochen ist. Mit einem nur noch zur Hälfte befestigten Rad können wir keine Geländefahrt mehr riskieren. Also zurück nach Fau in die kleine Autowerkstatt am Straßenrand. Hier wird rein alles repariert und ersetzt, vom Reifen über Bleiplatten im Akku bis hin zum Zylinderkopf, und das alles am Straßenrand, in Staub und Dreck. Selbst ein Sandsturm kann die Mechaniker nicht bremsen. Wenn ein Ersatzteil mal wirklich nicht zur Hand ist, dann feilen die improvisationsfreudigen Monteure so lange herum, bis ein anderes passt. Bei unserem Radbolzen ist das zum Glück nicht nötig. Im Handschuhfach liegt noch ein Ersatz. Der abgebrochene Rest des originalen Bolzens wird mit roher Gewalt ausgebohrt, das neue Teil eingesetzt, der Reifen geflickt, und wir sind wieder mobil.

WAS FRESSEN STÖRCHE?

Beschäftigt man sich mit Fragen zu Gefährdung und Schutz des Weißstorchs, dann spielt natürlich die Nahrungsbiologie der Vögel eine zentral wichtige Rolle. Und dass in diesem Zusammenhang die moderne Landwirtschaft heftigster Kritik ausgesetzt ist, wundert wenig, zerstört sie doch mit ihren Anbaumethoden großflächig die natürlichen Lebensräume der Tiere. Allerdings: Befindet sich neben dem Turboacker eine offene Mülldeponie, auf der auch organische Abfälle entsorgt werden, dann wählt der Weißstorch bevorzugt den aufgehäuften Zivilisationsmüll. Als ausgeprägter Nahrungsopportunist ist er nicht wählerisch, wenn es ans Fressen geht. Und hier im Sudan entspricht sein Verhalten, wie wir noch erfahren werden, so gar nicht dem Klischee vom stolzen Vogel, der im Flachwasser der Sümpfe nach Fröschen jagt.

Was also fressen die Störche hier im Sudan? Wie viel Nahrung erbeuten sie? Und wie verhalten sie sich dabei? Mit Stoppuhr und Zählautomat in den Händen registrieren wir, wie schnell die Vögel laufen, wie oft sie nach Beute picken und wie häufig sie dabei erfolgreich sind. An den Schlafplätzen sammeln wir Gewölle, also ausgewürgte Speiballen mit unverdaulichen Nahrungsresten, und stellen fest, dass fast ausschließlich Insekten gefressen werden. Meist sind es kleinere Feldheuschrecken, maximal 4,5 Zentimeter lang. In manchen Regionen kommen sie massenhaft vor. Bis zu 30 dieser Hüpfer zählen wir pro Quadratmeter. Ununterbrochen fliegen die Insekten vor den jagenden Störchen auf oder springen in großen Sätzen zur Seite. Die Vögel laufen mit schnellen Schritten, haben den Blick stets zum Boden gerichtet und picken blitzschnell zu. Manchmal geht der Hieb ins Leere, und die Jagd wird umgehend fortgesetzt. Nur dann, wenn der Vogel nach dem Zugriff den Kopf ruckartig nach hinten wirft, war der Zugriff erfolgreich.

So wird die Beute in den Schlund befördert und verschluckt. Sekunden später setzt sich die ruhelose Suche fort. Gelegentlich jagt ein Storch einer einzelnen Heuschrecke mehrere Meter weit nach und erwischt sie erst nach etlichen Fehlstößen. Sind irgendwann andere Beutetiere häufiger oder leichter zu fangen, dann passen die Störche ihre Jagdstrategie an. Als nach einigen Tagen die Heuschreckendichte bei El Fau einbricht, verlegen die Vögel ihren Aktionsraum. Im neuen Jagdgebiet ernähren sie sich fast ausschließlich von Schmetterlingsraupen. Schon an ihrem Verhalten ist zu erkennen, dass sie nun auf andere Beute gehen. Sie laufen ohne Hast, bleiben nach einigen Schritten stehen und nehmen an Ort und Stelle bis zu fünf Raupen auf. Flexibilität ist entscheidend für den, der in unbekanntem Terrain überleben will. Und darin ist der Weißstorch ein wahrer Meister.

Auch wenn sich die Heuschreckenjagd für die Störche auf den ersten Blick als ziemlich bequeme Angelegenheit ausnimmt, ist diese Art der Nahrungsaufnahme energetisch nicht besonders effektiv. Die Vögel bewegen sich auffallend schnell, weil die Heuschrecken aufgrund der hohen Temperaturen sehr agil sind. Zwar entspricht die Frequenz der Beutestöße im Sudan der in anderen Regionen, die Erfolgsrate jedoch ist deutlich geringer. Das gleichen die Vögel aus durch eine längere tägliche Jagddauer, die häufig vom frühen Morgen bis zum späten Abend reicht – sieht man einmal ab von der Rast am Wasser in den Mittagsstunden. In Mitteleuropa dauern die Phasen intensiver Nahrungsaufnahme meist nicht länger als zwei Stunden.

Die gefürchteten Wanderheuschrecken, die im Sudan nicht selten auftreten, wären eine wesentlich ergiebigere Nahrungsressource. Zum einen sind sie deutlich größer und nahrhafter als die nicht wandernden Feldheuschrecken, zum anderen treten sie in vielfach höherer Dichte auf. Während unserer Sudan-Expedition sind wir nur kleineren Schwärmen von Wanderheuschrecken begegnet. Normalerweise lebt die Wüstenheuschrecke als Einzelgänger irgendwo am Südrand der Sahara. Nach der Paarung bohren die Weibchen ihren Hinterleib in den sandigen Boden und legen 60 bis 80 Eier. Etwa zehn Tage dauert es, bis die Larven schlüpfen. Die noch ungeflügelten Hüpfer graben sich an die Oberfläche und häuten sich mehrmals. Am Ende steht das ausgewachsene, geflügelte Insekt. Nach Regenfällen und bei günstiger Temperatur vermehren sich die Heuschrecken in riesiger Zahl. Zu den gefürchteten Wanderheuschrecken jedoch werden sie erst, wenn sie Körperkontakt mit Artgenossen haben. Sie wechseln Verhalten, Körperform und Färbung und schließen sich zu riesigen Schwärmen zusammen. Viele Milliarden Tiere umfasst so ein wandernder Schwarm, der Tausende Tonnen Pflanzen pro Tag vertilgt und somit ganze Landstriche ins Elend stürzen kann.

Schwarzmilane, Falken und andere Greifvögel folgen über Wochen hinweg den riesigen Schwärmen. Auch die überwinternden Weißstörche verstehen es, die gewaltige Nahrungsressource flexibel zu nutzen. In «Heuschreckenjahren» ernähren sie sich zeitweise ausschließlich davon. Gut genährt kehren sie in ihre Brutgebiete zurück und ziehen ungewöhnlich viele Jungvögel auf. In der Natur gibt es kein Gut und Böse. Was zählt, ist einzig das Überleben.

GIFT AUS DER LUFT

Inzwischen sind wir wieder unterwegs, nach Osten, Richtung Gedaref und der äthiopischen Grenze. Immer weiter hinein in die Region, die allen Berichten zufolge zu den wichtigsten Rast- und Überwinterungsgebieten der ziehenden Störche gehört. Wir passieren teils Kurzgrassavanne, teils Trockenbusch und gelegentlich größere Hirsefelder. Hier und da ragen einzelne Hügel aus der ansonsten topfebenen Landschaft. Störche sehen wir ebenfalls, aber seltener als in der Region um El Fau. Ein Überlandbus kommt uns entgegen, bis auf den letzten Platz besetzt und vollgestopft mit Gepäck, das schier aus den Fenstern quillt. Die verblichene seitliche Aufschrift des Busses, der sicher mal bessere Zeiten gesehen hat: Ostsee-Kurier Lübeck. Hier, in dieser gottverlassenen Ecke im absoluten Nirgendwo, erscheint sie wie ein grotesker Gruß aus der Heimat.

Nach etwa 70 Kilometern erreichen wir den Jebel Migreh. Ein lautes Dröhnen vom Himmel, und dann fegt ein metallisch glänzender Doppeldecker über den felsigen Berg. Unter den Tragflächen sind ganze Reihen von Spritzdüsen montiert. Die Maschine legt sich in die Kurve, fliegt einen Bogen und landet auf einer sandigen Piste neben der Straße. Ein paar große, verblichene Baumwollzelte, eine Reihe altersschwacher Landrover und direkt am Airstrip jede Menge verbeulter 200-Liter-Blechfässer. An der Einfahrt zum Gelände ein Schild: FAO Locust Control Emergency Campaign. Eilig werden ein paar Fässer zum Flugzeug gerollt. Mit geübten Griffen pumpen die Männer die Chemikalien in die Maschine. Und schon hebt der Flieger in einer riesigen Staubwolke wieder ab zum nächsten Einsatz.

Ein Europäer im Overall kommt uns entgegen, begrüßt uns auf Deutsch mit osteuropäischem Einschlag. Er ist der Chef des kleinen polnischen Teams, das hier im Auftrag der FAO die Schädlingsbekämpfung durchführt. Ein stattlicher Mann, mit freundlichem Lächeln. Wir erfahren, dass er und seine Kollegen in El Hawata ihr Basislager haben. Mit 35 Flugzeugen seien sie in der Region unterwegs, um Heuschrecken und sogenannte «Schadvögel» zu bekämpfen, in den großen Bewässerungsgebieten auch einen gefürchteten Baumwollschädling, die Weiße Fliege (Aleurocybotus indicus). «Wanderheuschrecken haben wir hier derzeit nicht», sagt er weiter. «Wir bekämpfen die kleineren Feldheuschrecken, die in den Sorghum-Feldern ziemlichen Schaden anrichten.» Gift gegen Heuschrecken, in einem der bedeutendsten Weißstorchgebiete des Sudan? Da die Insekten zu den wichtigsten Nahrungstieren der Störche gehören, sind auch diese durch die Pestizide gefährdet.

Der gastfreundliche Chef der Piloten lädt uns ein, in seinem Camp zu übernachten. Im Schatten des großen Gemeinschaftszeltes sitzen wir zusammen, trinken Kaffee und erfahren eine ganze Menge über die FAO-Kampagne. Das Camp am Jebel Migreh ist eine Art Meldestation. Hier können die Bauern aus der Umgebung Alarm schlagen, wenn sie Probleme mit Heuschrecken oder Schadvögeln haben. Ein Mitarbeiter des Teams begutachtet die entsprechenden Flächen und markiert die gegebenenfalls zu «behandelnden» Bereiche mit Flaggen. Den Rest erledigt der Pilot mit seinem Flugzeug. Nicht nur was Dosierung und Einsatz der Sprühmittel anbelangt, haben wir den Eindruck, dass es hier an qualifizierten Experten mangelt. Auch bei unserer Frage, welche Arten man denn bei der Schadvogelbekämpfung im Auge habe, stellt sich heraus, dass konkretes Wissen fehlt. «Na, diese kleinen Vögel eben», antwortet ein Pilot. Ein anderer erzählt, während einer Heuschreckenbekämpfung mit dem Organophosphat Diazinon habe mitten im Feld ein Trupp von mehreren hundert Weißstörchen gerastet. Die habe er einfach sprühend überflogen. Tote Störche – so versichert er mir – habe er aber nicht gesehen. Wieder ein anderer berichtet, er habe gestern «Schadvögel» bekämpft, und zwar mit dem Avizid Fenthion. Bei der Inspektion tags zuvor habe man dort ebenfalls Weißstörche gesehen. Eine gruselige Vorstellung, denn ich weiß, was Fenthion anrichten kann.

Vor ein paar Jahren, kurz nach dem Studium, hatte ich ein paar

Monate lang bei der Schadvogelbekämpfung im Niger gearbeitet –
eine der dunkleren Phasen in meinem Biologenleben. Mit meinem
Team war ich im Sahel nahe dem Tschadsee unterwegs. Die auf
dem Unimog montierte Driftsprühanlage hatten wir direkt vor
einem Schlafplatz von Blutschnabelwebern aufgebaut. Das Gerät, gewissermaßen eine riesige Hightech-Sprühdose, legt einen
feinen Giftnebel in die Flugbahn der Webervögel. Vor allem am
Abend, wenn es am Boden langsam kühler wird, verbleibt dieser
ausdauernd in der sogenannten Inversionsschicht. Fenthion oder
auch Queletox, so genannt nach dem lateinischen Namen des Blut-
schnabelwebers (Quelea quelea), ist ein für Vögel tödliches Gift.
Und nicht nur das. Aus Sicht der «Schädlingsbekämpfer» ist es
auch äußerst praktisch. Es muss von den Tieren nicht gefressen
werden, sondern wirkt schon durch Kontakt mit der Haut. Kurz
nach Sonnenuntergang trafen die sperlingsgroßen Blutschnabel-
weber in dichten Wolken am Schlafplatz ein. An diesem Abend
allein zählten wir etwa zehn Millionen Webervögel! Fallen solche
Scharen in den Hirsefeldern ein, dann bleibt für die Bauern nicht
viel übrig. Eine Urgewalt, eine lebensbedrohende Katastrophe für
die ohnehin vom Hunger geplagten Menschen.

Um den Schlafplatz zu erreichen, mussten die Webervögel
den Giftteppich durchfliegen. Ihr Schicksal war damit besiegelt.
In den folgenden Stunden kippten die meisten von ihnen tot
von den Bäumen. Stundenlang war das Geräusch der zum Boden
trudelnden Vögel zu hören. Wie steter Regen in großen Tropfen.
Aber nicht nur die «Heuschreckenvögel» waren betroffen. Das
Gift wirkt natürlich gleichermaßen auf alle Vögel, auch auf Arten,
die eigentlich gar nicht bekämpft werden sollen. Leuchtend rote
Karminspinte, seltene Trappen, Eulen und Nachtschwalben sind
dabei – aber auch viele europäische Zugvögel, wie Rohrsänger,
Grasmücken, Gartenrotschwanz und Steinschmätzer. Einem Be-

richt zufolge sollen sogar 200 Weißstörche bei einer solchen Be-
giftungsaktion verendet sein.

Am frühen Morgen nach unserem Bekämpfungseinsatz er-
schienen viele Menschen aus den umliegenden Dörfern, um die
getöteten Vögel einzusammeln. Ein paar Stunden später, bei der
Rückfahrt nach Niamey, konnte man in den kleinen Garküchen
entlang der Straße «Schaschliks» kaufen – Webervögel, auf Holz-
spieße aufgezogen und fertig gegrillt. Wie den Menschen der Genuss der kurz zuvor mit Fenthion vergifteten Webervögel bekam,
wissen wir nicht. Man müsse schon Hunderte der Vögelchen essen,
bevor man davon Schaden nimmt, so die lapidare Antwort des
Herstellers. Mir war schnell klar, das kann nicht der richtige Weg
sein, um die Felder zu schützen.

Zurück in den Sudan. Früh am nächsten Morgen brechen wir
Richtung Osten auf. Kilometerweit wird hier beidseits der Straße
Sorghum angebaut. Die Mohrenhirse, wie sie auch genannt wird,
ist das wirtschaftlich bedeutendste Getreide der Region. Auf diesen Feldern findet die Heuschreckenbekämpfung statt. Und gerade dort entdecken wir immer wieder kleine Trupps von Störchen.
Von den Piloten haben wir erfahren, dass nicht nur die Felder be-
sprüht werden, sondern auch benachbarte Savannengebiete. Obwohl sich die Areale, in denen Heuschrecken bekämpft werden,
mit dem Aktionsraum der Weißstörche decken, finden wir im gesamten Gebiet kaum tote Vögel. Die wenigen Gewebeproben, die
wir nehmen können, weisen keine signifikanten Rückstände der
bekannten Biozide auf. Mit den moderneren Insektiziden wurde
diese Gefahr offenbar deutlich reduziert.

Trotz der kräftigen Brise herrscht eine Backofenhitze. Der gelbe Himmel am Horizont verheißt nichts Gutes. Dann sehen wir
die Wolke. Wie eine riesige Walze, mindestens so hoch wie zwei
Wolkenkratzer übereinander, rollt sie heran und scheint Büsche

und Berge zu verschlingen. Und dann sind wir mittendrin im Sandsturm. Ein Inferno aus winzigen Sandkörnern, die der Wind heulend vorantreibt. Bevor wir völlig die Orientierung verlieren, finden wir Schutz hinter einem riesigen Felsblock. Trotzdem prasselt der Sand auf uns herab, raubt uns die Sicht, fegt über die Motorhaube und kriecht durch die kleinsten Lücken ins Auto. Das Atmen fällt schwer, der Sand vermischt sich mit unserem Schweiß und bildet auf der Haut eine klebrige Schicht. Der Lack wird vom Auto abgeschmirgelt, und das blanke Metall kommt zum Vorschein. Eine halbe Stunde lang dauert das gespenstische Spektakel, dann ist die Walze über uns hinweggezogen. Als der wolkenlose Himmel wieder erscheint, reißen wir die Türen auf und saugen die heiße Luft tief in unsere Lungen. Sandzungen lecken über das schmale Asphaltband der Straße, die über weite Strecken hin kaum noch zu erkennen ist. Die Wüste ist unberechenbar und verzeiht keine Fehler. Heinrich Barth und andere wagemutige Entdecker haben im 19. Jahrhundert den Norden Afrikas auf dem Rücken ihrer Kamele durchquert. Viele der Gefahren überstanden sie nur dank ihrer erfahrenen einheimischen Führer.

Dass Wetterphänomene, insbesondere starker Wind und natürlich auch Sandstürme, den Störchen gewaltig zusetzen können, ist schon lange bekannt. In Nordafrikas Wüsten hält der Chamsin, ein heißer, trockener Ostwind, zuweilen ziehende Störche am Boden fest. Hunderte, ganze Schwärme sollen verdurstet, verhungert oder durch Hitzestress ums Leben gekommen sein. Berichte über Mengen von Kadavern gibt es vor allem von der Sinai-Halbinsel. Ein ähnliches Schicksal droht Störchen, die von starken Winden in extrem unwirtliche Regionen wie die Libysche Wüste verfrachtet werden. Gelegentlich geraten solche Vögel weitab von der Zugroute und finden sich manchmal sogar überm Meer wieder, zum Beispiel vor der marokkanischen Atlantikküste. Auf der wüstenähnlichen Kanareninsel Fuerteventura sollen Hunderte verdrifteter Weißstörche verdurstet sein. Andere seien, so wurde berichtet, in Massen ins Meer gestürzt und von Haien verschlungen worden. Auch landen Störche immer wieder auf größeren Schiffen, auf denen sie als «blinde Passagiere» bis zum nächsten Festland mitreisen. In Palmietfontein in der südafrikanischen Kapprovinz trieb der Wind nach einem Hagelunwetter im Januar 1956 mindestens 470 tote Störche ans Ufer eines Stausees. Und in einem Bericht über einen Hagelsturm im Frühjahr 1931 in den Drakensbergen heißt es, das Gebiet sei «übersät» gewesen mit Tausenden im Hagel umgekommener Störche. Die Fläche habe ausgesehen wie «schneebedeckt». Selbst das Segeln in der Thermik kann gelegentlich zu bizarren Todesfällen führen. In Erdölförderanlagen am Golf von Suez in Ägypten und in der algerischen Sahara nutzen Störche zuweilen die Aufwinde über den Schloten, in denen überschüssiges Erdgas abgefackelt wird. Dutzende der Vögel, vor allem unerfahrene Jungstörche, kommen dabei den Flammen zu nah und verbrennen.

HIER BRÄT MAN SICH EINEN STORCH

Sorghum, so weit das Auge reicht. Teils mannshoch, in dichtem Bestand, teils mickrig, mit schütter wachsenden Einzelpflanzen. Weit abseits der asphaltierten Straße holpern wir auf schmalen Sandpisten durch die Felder. Wo auch immer wir anhalten, das Interesse der Menschen ist uns garantiert. Fremde kommen nicht oft in diese gottverlassene Gegend. Wir wollen Genaueres erfahren über die Storchenjagd, die hier betrieben wird. Nicht mit Feuerwaffen durch «Sonntagsjäger», wie es vor allem nahe den größeren Städten geschieht, sondern eine Jagd mit einfachsten

Mitteln. Das Fleisch der Störche gilt hier als äußerst schmackhaft. Dank diplomatischen Geschicks und seiner Sprachkenntnisse schafft Ahmed es, bei den Einheimischen das anfängliche Misstrauen zu zerstreuen. Mit jeder Begegnung, mit jedem Gespräch erfahren wir mehr, und bald finden wir auch erste klare Hinweise auf getötete Störche. Berge von Federn hinter einer Hütte, abgeschnittene Köpfe, beiseitegeworfene Flügel, Innereien. Manchmal suchen die Jäger das Weite, wenn sie mitbekommen, dass wir in den Resten ihrer Mahlzeit herumschnüffeln. Andere jedoch sind sich keiner Schuld bewusst. Zum Beispiel der Bauer, der uns unumwunden erklärt, dass ihm seine Jagdbeute morgen als willkommenes Festmahl diene. Ich bitte ihn, mir den Storch zu zeigen, da ich ihn wiegen und auf seinen Ernährungszustand überprüfen möchte. Erst zögert er, dann stimmt er zu, verschwindet in seiner Hütte und kommt mit einer verbeulten Aluschüssel zurück. Stolz präsentiert er die sorgfältig tranchierten Keulen und Brüste – und ist enttäuscht, dass ich damit nicht viel anfangen kann. Seine Einladung zum Essen lehnen wir ab.

Immer wieder sehen wir in den Sorghumfeldern einzelne Störche. Meist dort, wo die Pflanzen locker stehen und nur niedrig aufgewachsen sind, entweder weil schlechtes Saatgut verwendet wurde oder weil Insekten das Feld nach der ersten Aussaat zerstörten. Die Störche, die vom Norden her eintreffen, sind nach der Überquerung der Nubischen Wüste erschöpft. Auf der Suche nach Nahrung kommen ihnen diese nur schütter bewachsenen Bereiche gerade recht. Und allmählich verstehen wir, wie hier die Storchenjagd funktioniert. Als uns Mohammed, einer der befragten Bauern, seine Methode beschreibt, landet in Sichtweite gerade ein Storch. Nicht bewegen, gibt er uns zu verstehen. «Wir brauchen den Storch lebend», kann Ahmed gerade noch sagen, da ist Mohammed schon unterwegs. Gebückt nähert er sich im

Schutz von Sorghumpflanzen dem Vogel und geht dann auf die Knie. Auf allen vieren schleicht er sich weiter an, dicht am Boden und immer im Schutz der Vegetation. Knapp 15 Minuten dauert es, dann beträgt die Distanz nur noch einige Meter. Der Storch beäugt ihn wachsam, bereit, jeden Augenblick aufzufliegen. Dann geht alles ganz schnell. Von einer Sekunde zur anderen schnellt Mohammed empor und reißt schreiend die Arme in die Luft. Zwei, drei Sätze, der Vogel öffnet die Flügel, aber es ist schon zu spät. Hilflos baumelt er in Mohammeds Händen. Unfassbar. Als sei es die leichteste Übung der Welt, hat der Bauer innerhalb weniger Minuten mit bloßen Händen einen wildlebenden Storch gefangen. Meistens gehe es schneller, entschuldigt sich Mohammed, aber weil er den Storch unseretwegen nicht töten sollte, musste er vorsichtiger sein als sonst.

Anders ist die Methode der Hirten: Sie jagen mit dem «Safaroque», den sie selbst aus Hart- oder Wurzelholz herstellen. Er hat die Form eines Bumerangs, der längere Schenkel misst etwa 45, der kürzere etwa 25 Zentimeter. Der Winkel zwischen beiden beträgt um die 120 Grad. Das Wurfholz ist nicht kunstvoll geschnitzt wie sein australisches Pendant, sondern eher grob gearbeitet. Auch die speziellen Flugeigenschaften des Bumerangs besitzt es nicht. Eigentlich dient der Safaroque zum Treiben der Schafe und Ziegen. Die Hirten werfen ihn dicht über die Köpfe ihrer Weidetiere, wenn die sich zu weit von der Herde entfernen. Aber er ist auch eine wirksame Waffe. Mit ihm werden Trappen, Perlhühner, Kraniche und eben auch Weißstörche erbeutet. In offener Landschaft wird er auf die Vögel geschleudert und durchschlägt deren Beine oder bricht ihnen das Genick. Andere wiederum nutzen ihre Hirtenstöcke für die Jagd auf Störche. Werden Felder, auf denen die Sorghumsaat wegen Wassermangels nur schlecht aufgelaufen ist, erneut gepflügt, dann sind die Störche schnell zur Stelle, um die an die Oberfläche beförderten Nahrungstiere zu fressen. Kommt ein Vogel dabei nahe genug an einen Bauern heran, wird er mit dem Stock einfach erschlagen.

Der intensive Anbau von Sorghum begann erst in den 1960er Jahren. Seitdem kommen kurz vor der Erntezeit, die sich meist mit dem Durchzug der Weißstörche deckt, viele Saisonarbeiter aus den Städten in die Region. Die relativ starke Weißstorchbejagung zwischen Wad Medani und Gedaref wurde somit gewissermaßen durch die Intensivierung der Landwirtschaft ausgelöst. Bisweilen werden Weißstörche auch mit Schlingen gefangen. Vor allem an Tümpeln, Seen und Wasserstellen werden sie mit Fröschen und Kröten geködert, die an Schnüren aus Tiersehnen angebunden sind. Hat ein Storch einen Frosch geschluckt, verhindert ein kräftiger Ruck an der Sehne, dass er die Beute wieder ausspeit. Dann muss der Jäger den Vogel nur noch zu sich heranziehen und das Ganze zu Ende bringen.

Hunger leiden die Menschen in der «Kornkammer» des Sudan in normalen Jahren nicht. Auch die Bauern selbst sagen, dass die Jagd für sie keine Lebensnotwendigkeit ist. Aber die Beute bringt Abwechslung in den eintönigen Speiseplan und liefert zusätzliches Eiweiß. Während Trappen und Perlhühner systematisch bejagt werden, werden Weißstörche vor allem dann erbeutet, wenn sich während der Feldarbeit eine günstige Gelegenheit bietet. Auf unsere Frage, wie viele Menschen diese Jagd betreiben, hieß es regelmäßig: Das tut doch jeder! Etwa 40 000 Quadratkilometer umfasst das Rastgebiet im östlichen Sudan, von dem ein großer Teil zum Sorghumanbau genutzt wird. Mindestens 4000 Störche, so unsere vorsichtige Schätzung, könnten den Jägern alljährlich zum Opfer fallen. Wahrscheinlich aber sind es wesentlich mehr.

Nach den Tagen in den Sorghumfeldern sitzen wir vor unseren Feldbetten und reden uns die Köpfe heiß. Wie lässt sich die starke

Mit Störchen reisen:

Bejagung der Störche verhindern? Verbote sind sicher keine Lösung. Offiziell ist der Weißstorch im Sudan gesetzlich geschützt. Aber umgesetzt wird dieser Schutz in der Praxis kaum. Wäre eine Aufklärungskampagne vielleicht eine sinnvolle Alternative? Eher nicht. Im sudanesischen Rastgebiet treten die Weißstörche meist in großen Schwärmen auf. Erzählt man den Leuten, dass die Vögel bedroht sind, dann lachen sie nur. «Schau dich mal um», heißt es dann, «die sind doch hier überall. Hunderte, Tausende. Wenn wir ein paar davon essen, fällt das doch gar nicht auf.» Eher wirkt da schon das Argument, dass Störche die Heuschrecken fressen, die ihre Ernten bedrohen. Der eine oder andere Bauer kommt ins Grübeln, wenn er das hört. Erzählt man dann noch, dass auch Ratten zum Nahrungsspektrum der Störche gehören, reagieren viele entsetzt. Ihre Vorstellung, dass wie bei allen Tieren auch beim Storch die verschlungene Beute ins Fleisch übergeht, ließ gehörige Abscheu aufkommen. Auf das wirkungsvollste Argument jedoch kamen wir eher durch Zufall. Beim Gespräch mit einem Bauern stand nicht weit entfernt eine kleine Gruppe von Regenstörchen. «Werden die auch gegessen?», frage ich. Empört schüttelt der Mann den Kopf. «Niemals», betont er. Die Vögel, die zum Brüten vor der Regenzeit aus südlicheren Regionen in den Sudan ziehen, werden als «Regenbringer» betrachtet wie auch als «Wächter des Hauses», da sie in den Dörfern brüten. Und außerdem, so der Bauer, bringe der Regenstorch die Babys. Sie seien absolut tabu, niemand würde diese Vögel jemals töten.

Das könnte es sein! Als wir erzählen, dass in Europa der Weißstorch traditionell ebenfalls als Glücksbote, Kinderbringer und Symbol für Liebe und Treue gilt, sehen wir viele betroffene Gesichter. Tabus haben im Sudan, wie auch in anderen Ländern Afrikas, eine große Bedeutung. Vielerorts gelten sie als ungeschriebene Gesetze. Dass die Weißstörche in Europa dem gleichen Tabu unter-

Unterwegs auf der Ostroute | 67

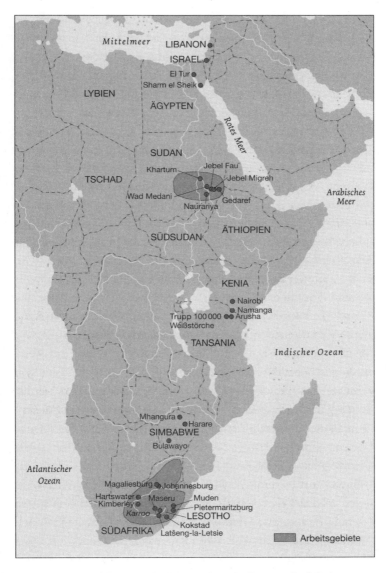

Stationen meiner Reisen durch Afrika entlang der Ostroute der Störche

liegen wie die afrikanischen Abdimstörche, macht die Menschen im Sudan sichtlich betroffen. So mancher versichert uns unaufgefordert, er würde von jetzt an keine Weißstörche mehr töten. Ich bin überzeugt, dass, wenn überhaupt, am ehesten auf diesem Weg die Weißstorchjagd langfristig beendet werden könnte.

Auch wenn das Ergebnis unserer Forschungen hier in der Region kein Grund zum Feiern ist, sind wir zufrieden mit unserer Arbeit. Viel mehr konnten wir mit den Mitteln, die uns zur Verfügung stehen, nicht bewegen. Erst einmal brauchen wir jetzt Verpflegung. Gedaref ist nicht mehr weit, und so beschließen wir, den Abstecher nach Osten zu machen. Gedaref ist kein Ort, den man unbedingt gesehen haben muss. Wellblechhütten, ein paar Backsteinhäuser und nur wenige größere Gebäude. Zumindest gibt es ein paar Läden, in denen wir das Wichtigste kaufen können: Trinkwasser, ein paar Konserven und endlich auch wieder mal Brot. Die winzige Bäckerei direkt neben einer Koranschule hat sicher schon einmal ein besseres Bild abgegeben, aber immerhin, die Brote machen einen guten Eindruck. Ein deutscher Entwicklungshelfer bietet uns an, die Nacht bei ihm zu verbringen. Nach Sonnenuntergang genießen wir den Abend auf seiner Terrasse. Über den sandigen Boden huschen große, dunkle Schemen. Was genau das ist, kann ich nicht erkennen. Ratten? «Das sind Walzenspinnen», erklärt unser Gastgeber, «die kommen vorbei, um die Insekten zu fressen, die an den Lampen verbrennen.» Zum Glück habe ich die schweren Lederstiefel an den Füßen. Walzenspinnen sind furchteinflößende Geschöpfe. Handtellergroß, mit langen, behaarten Beinen und riesigen, scharfen Mundwerkzeugen. Diese «Cheliceren» sind, gemessen an der Körpergröße, die größten im Tierreich. Giftdrüsen haben die Walzenspinnen zwar nicht, aber mit ihren Beißzangen können sie tiefe Wunden reißen, die sich entzünden und nur schlecht verheilen.

Am nächsten Tag machen wir uns auf den Rückweg nach Wad Medani. Unterwegs legen wir bei brütender Hitze eine Pause ein. Da war doch was, richtig, das leckere Brot. Ich schneide ein paar kräftige Scheiben ab. «Da ist ja sogar Mohn drin», sage ich zu Ahmed. Er schaut genauer hin, grinst mich an und beißt herzhaft zu. «Das ist kein Mohn», meint er, «das sind die mitgebackenen Mehlkäfer. Die findest du in Gedaref in jedem Brot.» Der Aufstrich, den wir ebenfalls dort gekauft haben, überdeckt die schwarzen Punkte. Der Geschmack? Undefinierbar, pappig und süß – aber wenigstens nicht nach toten Käfern.

BEI DEN TÜMPELN VON NAURARIYA

In Sennar am Blauen Nil südlich von Wad Medani beginnt für uns erneut die Suche nach den Störchen. Nicht weit von Sennar entfernt, nahe der kleinen Ortschaft Naurariya, kommt es angeblich alljährlich zu einer großen Ansammlung von Weißstörchen. Und zwar genau hier, auf einer Fläche von nur etwa 200 Quadratkilometern, so die übereinstimmenden Angaben. Seltsam, in der Region zwischen Wad Medani und Gedaref hatte man uns bislang stets nur vage Angaben gemacht. Zu Recht, wie sich meist herausstellte, denn die Aufenthaltsorte der Vögel variierten erheblich. Dass die Gegend bei Naurariya so eindeutig bestimmbar ist, kann eigentlich nur bedeuten, dass es dort irgendetwas gibt, was für Störche besonders attraktiv und außerdem über längere Zeiträume zuverlässig verfügbar ist.

Die Straße nach Sennar folgt streckenweise direkt dem Ufer des Blauen Nils. Immer wieder öffnet sich der dichte Bewuchs und gibt den Blick frei auf den träge fließenden Fluss. Auf Landzungen, die weit ins Wasser hineinragen, auf unbewachsene Inseln und steile Abbruchkanten des Ufers. Die sattgrüne Vegetation, das tropisch feuchte Klima und der vielstimmige Chor afrikanischer Vogelstimmen sorgen für eine ganz eigene Atmosphäre. Das riecht nach Afrika, das fühlt sich wie Afrika an, das ist Afrika. An einem besonders attraktiven Aussichtspunkt halten wir an. Vom steilen Ufer aus fällt unser Blick auf eine langgestreckte Sandbank. Stellenweise bewachsen, ragt sie wie eine Insel aus der Biegung des Nils. Ein paar Kraniche ziehen über uns hinweg. Sechs europäische Graukraniche sind es, wahrscheinlich auf dem Zug, und zwei kleinere afrikanische Jungfernkraniche. Gemeinsam landen sie am Rand der Insel und rasten reglos an der Wasserkante. Einige Säbelschnäbler gesellen sich dazu. Gleich darauf erscheinen zwei Klaffschnabelstörche. Mit ihren eigenartig geformten Schnäbeln sind sie unverwechselbar. Immer mehr Vögel finden sich ein: Löffler, Nimmersattstörche und schnatternde Enten, die wir so schnell nicht bestimmen können. Bei völliger Windstille und so dicht am Nil ist es unfassbar heiß und schwül. Dennoch ist dies einer der schönsten Abende unserer Expedition. Längst ist die Sonne hinter dem Horizont verschwunden. Aber so richtig dunkel will es nicht werden. Der gelbe Vollmond hüllt die rastenden Vögel in ein unwirkliches Licht.

Am nächsten Tag sind wir früh unterwegs. Werden wir die «Storchenmassen» finden, die man uns angekündigt hat? So richtig glauben können wir es noch nicht. Von Sennar aus sollten wir Richtung Singa fahren, hatte man uns gesagt. Dann die Straße verlassen und einer Piste nach Naurariya folgen. So weit, so gut. Was man uns nicht beschrieben hatte, war der Zustand der Piste. Wir gelangen in eine sehr feuchte Region, und bald verschwinden die Fahrspuren im Wasser. Es hatte viel geregnet in den vergangenen Tagen. Zum Glück lässt sich anhand der Vegetation der Verlauf des Weges erahnen. Autos kommen uns nicht entgegen. Jetzt bloß nicht festfahren. Ohne Hilfe kämen wir hier nicht heraus. Mit All-rad, viel Gas und auch ein bisschen Glück schaffen wir es selbst durch die tiefsten Passagen, und irgendwann haben wir wieder festen Boden unter den Rädern. Die Landschaft hat sich gewandelt, seit wir die Straße verlassen haben. Wir durchfahren ein Mosaik aus Grassavanne, Buschsavanne und offeneren Bereichen. Dazwischen einzelne kleine Felder, auf denen Kolbenhirse und Sorghum angebaut wird. Auffällig sind vor allem die zahlreichen Termitenhügel. Die bis zu vier Meter hohen Bauten aus rotem Lehm prägen das Bild der Landschaft. Überall hüpfen und fliegen Heuschrecken, ganze Büsche sitzen voll mit ihnen. Nahrung für die Störche wäre also vorhanden. In Naurariya fragen wir, ob wir auf der richtigen Piste sind. Sind wir. Aber man rät uns, für die weitere Strecke in Abu Ammana, dem nächsten Dorf, einen ortskundigen Führer zu engagieren. Hören wir also auf die Einheimischen. Kurz darauf zwängt sich Abdul, ein älterer Herr in weißem Gewand, samt Hirtenstock in unser ohnehin überladenes Auto.

Nach links, geradeaus, nach rechts, mit schlafwandlerischer Sicherheit dirigiert Abdul uns durch eine Ebene, auf der wir nur selten ein Stückchen Piste erkennen. Häufiger sind jetzt einzelne Störche zu sehen, auch der eine oder andere kleine Trupp. Wir passieren mehrere große Regenwassertümpel, deren Ufer wie verschneit aussehen. Sie sind gesäumt von dichten Teppichen aus Weißstorch-Kleingefieder. Es war eine sehr gute Entscheidung, den Führer zu nehmen, ohne ihn hätten wir diesen Ort niemals gefunden. Ein kurzes Stück noch, dann fliegen urplötzlich mehrere riesige Storchentrupps auf. In zwei großen Thermiksäulen kreisen sie über uns. Der Himmel ist plötzlich voll von Störchen, 1500, vielleicht 2000 segeln über unseren Köpfen, schrauben sich empor und ziehen nach Westen. Wir sind begeistert, bedanken uns bei Abdul, aber er ist noch nicht zufrieden. Er zeigt nach Westen, dort gebe es noch viel mehr Störche. Und zwar nicht nur jetzt, sondern während des ganzen Winters, von Oktober bis März.

Trotz der Mittagshitze machen wir uns wieder auf den Weg. Diesmal sind wir vorsichtiger. Es sollte doch möglich sein, die Störche zu beobachten, ohne sie aufzujagen. Abdul führt uns zu vier weiteren Tümpeln. Vorsichtig pirschen wir uns an, bleiben stets in der Deckung und bemühen uns, die Fluchtdistanz der Vögel nicht zu unterschreiten. Mit der Dicken Bertha überbrücken wir mühelos die großen Entfernungen. An allen vier Tümpeln, die wir aufsuchen, bietet sich das gleiche Bild: Dichtgedrängt, wie ein weißes Band, stehen die Vögel an der Wasserkante, viele haben die Schnäbel leicht geöffnet. Sie sind im Hitzestress. Ab und zu schöpft einer der Störche Wasser oder ordnet das Gefieder, dann rastet er wieder bewegungslos. Keine Spur von Nahrungssuche. Hier geht es nur um Wasseraufnahme und Kühlung. An die 5000 Störche sind es mindestens, die wir an den Tümpeln entdecken. Und Abdul meint, das ginge erst mal so weiter. Wenn stimmt, was er sagt, dann überwintern hier, bei Naurariya mindestens 10 000 Weißstörche. Abduls Erklärung: viele Tümpel, viele Störche. Und tatsächlich, schon auf der Karte ist das Überwinterungsgebiet eindeutig zu erkennen. Zwischen Naurariya, und der Bergkette des Jebel Moya gibt es eine auffällig starke Häufung von Regenwassertümpeln – offensichtlich ein entscheidender Faktor für die rastenden Störche. Die Kombination aus Heuschrecken und einer hohen Dichte von Wasserstellen macht die Attraktivität dieses Gebietes aus.

Nach dieser Entdeckung können wir unsere Expedition im Sudan beenden. Wir haben das Rad nicht neu erfunden und auch keine weltbewegenden Erkenntnisse über die Biologie des Weißstorchs gewonnen. Aber die Fakten, die wir zusammengetragen haben, liefern weitere Puzzlesteine zum Verständnis des Zugverhaltens dieser faszinierenden Vögel. Mit dieser Gewissheit kehren wir nach Khartum zurück. Vergessen sind Entbehrungen und Gefahren, die Schwierigkeiten mit dem Auto, die anstrengende Hitze und die Mückenstiche. Was bleibt, sind unsere Forschungsergebnisse und daraus resultierende neue Fragen. Und die Erinnerung an faszinierende Landschaften und einmalige Naturerlebnisse, an eine nun nicht mehr ganz so fremde Kultur und liebenswerte Menschen.

Verkehr und Trubel, Lärm und Hektik in Khartum. Mein erster Gang führt mich zum Postamt. Heute stehen die Menschen hier nicht Schlange. Das Telefon sei defekt, erklärt mir der nette Herr hinter dem Tresen. Aber ein Brief ist für mich hinterlegt, von Maria. Laut Poststempel ist er schon mehrere Wochen alt. Noch vor dem Postschalter reiße ich den Umschlag auf. Die ersten Sätze sind ein Schock. «Stefanie hat ihre Operation gut überstanden», steht da, «das war eine anstrengende Zeit.» Gerade zwei Wochen alt war unsere Tochter, als ich in den Sudan abgereist bin. Warum die Kleine operiert wurde, steht nicht dem Brief. «Ich muss sofort zurück nach Deutschland», schießt es mir durch den Kopf, «mit der nächsten Maschine.» Mein Flug ist aber erst für die kommende Woche gebucht. Fünf Tage noch, ohne zu wissen, wie es meiner Familie geht? Mit dem Taxi fahre ich zu Egypt Air. Umbuchen geht nicht, der nächste Flug in zwei Tagen ist ausgebucht. Und wenn es wirklich sehr eilig ist? Ein Notfall in der Familie? Die Mitarbeiterin der Airline spürt wohl meine Verzweiflung. Zwei Tage später die erlösende Nachricht von Egypt Air: «Sie haben Glück, zwei Passagiere haben ihren Flug storniert.» Ein riesiger Felsklotz poltert von meinen Schultern. Die Tickets für mich und meinen Kollegen Wilhelm werden umgeschrieben. Allmählich werde ich ruhiger. Die letzte Nacht im Deutschen Club, dann bringt uns Ahmed zum Flughafen. Ich kann es kaum glauben, als wir endlich im Flieger sitzen. Pünktlich landen wir in Frankfurt, dann noch die Zugfahrt nach Hannover. Maria und Stefanie sind am Bahnhof. Alles ist gut. Wir liegen uns in den Armen.

Unsere Tochter Stefanie musste damals tatsächlich operiert werden. Zwar nur ein Leistenbruch, aber für einen Säugling trotzdem nicht ohne. Natürlich hatte Maria mir in zwei vorausgegangenen Briefen alle Details zu Stefanies Operation mitgeteilt. Aber die haben das Postamt in Khartum nie erreicht. Heute, mehr als 30 Jahre später, kann man sich all das fast nicht mehr vorstellen. Aus dem Sudan, aus ganz Afrika telefonieren wir mit dem Handy in alle Welt.

ZWISCHEN KENIA UND SÜDAFRIKA

13 000 Kilometer. Diese unglaubliche Strecke legt ein Storch auf der Ostroute zurück, wenn er von Mitteleuropa nach Südafrika zieht. Für viele Störche ist der Sudan nur eine Episode auf ihrer langen Reise. Die Überwinterungsgebiete erstrecken sich auf der östlichen Zugroute über mehr als 13 Länder, vom sudanesischen Sahel bis in die Südspitze Afrikas. Eine Vielzahl von Landschaften mit äußerst unterschiedlichen klimatischen und ökologischen Verhältnissen. Als ausgeprägter Nahrungsopportunist nutzt der Weißstorch diese Vielfalt flexibel. Dort, wo er reichlich Nahrung findet, bleibt er für viele Wochen, oft auch während des ganzen Winters. Sind die Bedingungen schlecht, dann macht er sich auf den Weg, erkundet neue Regionen und legt dabei, ohne zu zögern, noch einmal enorme Entfernungen zurück. Letzte Woche noch im Sudan, heute in der ostafrikanischen Savanne und in drei Wochen vielleicht in den abgeernteten Getreidefeldern in der südafrikanischen Kapprovinz: Wer den Störchen auf ihrer Reise folgen will,

Unterwegs auf der Ostroute | 75

wer verstehen möchte, welche Faktoren den Zug steuern, wer wissen will, wie die Störche «ticken», der muss selbst äußerst mobil sein.

Ende Dezember 1986. Mein südafrikanischer Kollege David Allen bereitet gerade die südafrikanische Weißstorchzählung vor, die im Januar stattfinden soll. «In vielen Landesteilen finden Befliegungen statt, und wir wissen dann genau, wie viele Störche im Land sind und wo sie sich aufhalten», schreibt er. «Wäre das nicht etwas für dein WWF-Projekt?» Ein Angebot, das ich nicht ausschlagen kann. Fernglas, Kamera, Landkarten und Literatur, viel mehr brauche ich nicht. Natürlich noch mein Adressbuch mit den wichtigsten Kontaktpersonen in Afrika und ein paar Telefonate vorab. John Ledger, der Direktor des Endangered Wildlife Trust in Johannesburg, wird die Voraussetzungen für meine Feldarbeit in Südafrika schaffen. Schon ein paar Tage später bin ich in Johannesburg. David Allen holt mich vom Flughafen ab. Er wird mich auf einigen meiner Touren begleiten. Vom ersten Tag an fühle ich mich wie zu Hause. Das Klima, die Behördengänge, die Absprachen, alles ist bestens. Fast alles. Deprimierend wirkt die noch geübte Praxis der Apartheidpolitik. Dies ist mein erster Besuch in Südafrika. Ich hatte viel über die Rassentrennung gelesen, aber es ist etwas anderes, mit eigenen Augen sehen zu müssen, mit welcher gnadenlosen Konsequenz die Menschen mit dunklerer Hautfarbe hier benachteiligt werden. «Whites only»-Schilder begleiten mich während meiner Reise in Südafrika fast überall. Ich bin als Biologe hierhergekommen und werde versuchen, mich aus politischen Diskussionen herauszuhalten. Auch wenn es schwerfällt, diese unerträgliche Missachtung der Menschenrechte unkommentiert zu lassen. Zum Glück sehen das die einheimischen Kollegen ähnlich. So wie John Ledger, den ich am nächsten Morgen treffe. Die ersten Pressetermine hat er bereits auf den Weg gebracht: unter anderem eine Radiosendung, die über das Projekt informiert und die Landwirte bittet, mir alle Unterstützung zu gewähren.

Bisher aber sind kaum Störche in Südafrika angekommen. David Allen und ich klappern große Gebiete ab, Regionen, in denen die Störche sich normalerweise aufhalten. Ein paar einzelne finden wir, mal drei, mal fünf, mehr aber nicht. David hat mit etlichen Bauern telefoniert, deren Farmen in typischen Weißstorchgebieten liegen. Auch dort Fehlanzeige. Ein Gutes hat die Warterei für mich: David ist in der Ornithologenszene Südafrikas hervorragend vernetzt. Immer wieder treffen wir interessante Kollegen und führen viele spannende Gespräche. Als sich aber nach fast zwei Wochen in Sachen Weißstorch noch immer nichts Entscheidendes tut, beginne ich zu zweifeln. Lohnt sich diese Tour? Jeder Tag kostet Geld, ohne dass mein Projekt bisher vorangekommen wäre.

Auf dem Rückweg nach Johannesburg, zusammen mit David, mache ich eine Erfahrung, auf die ich gerne verzichtet hätte. Hinter einer unübersichtlichen Kurve steht quer über die Straße ein gepanzertes Militärfahrzeug. Ein paar martialisch aufgerüstete Möchtegernkrieger lungern herum. Nach offiziellen Militärs sehen die nicht aus. Einige tragen tiefgeschnallte Colts an der Hüfte, wie in einem schlechten Wildwestfilm. Andere fuchteln mit ihren Maschinenpistolen herum, als wollten sie jeden Augenblick abdrücken. Ein paar gebellte Kommandos auf Afrikaans, die ich natürlich nicht verstehe. David flüstert mir zu: «Nicht widersprechen, am besten gar nichts sagen.» Harsch werden wir aufgefordert, unser Auto zu verlassen. Einer der Machos öffnet die hintere Tür, schaut auf den Rücksitz und beginnt zu fluchen. Im selben Augenblick spüre ich den Lauf einer Waffe zwischen den Schultern. «Go, go», schreit der Typ hinter mir, und mit zitternden Knien und erhobenen Händen bewegen wir uns weg vom

Auto. Was ist los? Aber dann senkt sich die Waffe. Unter wütenden Schreien werden wir zu unserem Auto zurückgescheucht. «Einsteigen», ruft David, «wir sollen verschwinden.» Rein in die Kiste, Motor starten und weg mit Vollgas. Nach ein paar hundert Metern fühle ich mich endlich sicher. Wir leben noch. Jetzt erst mal tief Luft holen. Auch David sehe ich die Erleichterung an. «Eine private Bürgerwehr», meint er, «diese Typen sind unberechenbar.» Und er erklärt mir, warum die Situation eskalierte. Auf dem Rücksitz liegt meine Kamera mit dem 600er Novoflex-Objektiv. Ein Rohr, einen halben Meter lang, mit einem Pistolengriff zum Scharfstellen. Das hat man offenbar für eine Bazooka gehalten, eine Panzerabwehrkanone. «Sorry for that», sagt David und ist schon wieder ziemlich entspannt.

STÖRCHE IM GEBIRGE?

Mein Freund und Kollege Patrick Osborne lebt in Lesotho. Er ist Engländer, Zoologe wie ich und hat während meiner Doktorarbeit in Portugal intensiv mit mir zusammen geforscht. Jetzt arbeitet er als eine Art britischer Kulturattaché und schreibt nebenbei einen Atlas über die Vögel Lesothos. Patrick und seine Frau Barbara hatten mich eingeladen, sie während meines Südafrika-Aufenthalts zu besuchen. Ein kurzer Anruf, und die neue Planung steht. Vor wenigen Tagen haben sie in den Drakensbergen überwinternde Weißstörche gefunden. Mehr als 100 waren es wohl. Das könnten wir uns zusammen anschauen, und wir verabreden uns in der Hauptstadt Maseru.

Lesotho ist ein kleines, unabhängiges Königreich. Eine Enklave, nicht größer als Belgien, mitten in Südafrika. Ein Land, das der Tourismus noch nicht entdeckt hat, geprägt durch wunderschöne

Mit Störchen reisen:

Gebirgslandschaften. Bis zu 3482 Meter ragen die Drakensberge empor, uKhahlamba, Wand der aufgestellten Speere, nennen die Zulu sie wegen ihrer bizarren Felsformationen, Schluchten und Zinnen. Sie sind die höchste Erhebung des südlichen Afrika, berühmt auch für ihre heftigen Unwetter. Dort soll es häufiger blitzen als irgendwo sonst auf der Welt. Über die Vogelwelt in Lesotho ist nicht viel bekannt. Schon deshalb hat mich Patricks Nachricht über die Störche elektrisiert. Am kleinen Grenzübergang Maseru Bridge gelangt man über den Caledon-Fluss nicht nur in ein anderes Land, sondern taucht ein in ein anderes Gesellschaftssystem. Die schwarzen Beamten sind selbstbewusst, aber freundlich und zuvorkommend. Ganz anders als in Südafrika, wo noch die Apartheid die Menschen trennt. Nach Maseru ist es nun nicht mehr weit. Patrick wartet schon.

Am nächsten Morgen brechen wir – Patrick, seine Frau Barbara und ich – früh auf. In einem Pick-up, diesem in Afrika so typischen Kleinlaster. Eigentlich nur für zwei Personen gedacht, und so zwängen wir uns zu dritt auf die Vordersitze. Noch während wir im Flachland unterwegs sind, begegnen wir den ersten Störchen. Schon erstaunlich, denn gestern, während meiner stundenlangen Anreise durch Südafrika, habe ich keinen einzigen Weißstorch entdeckt. Die Vögel jagen nach Heuschrecken, in einer trockenen Ebene zwischen Weizen- und Maisäckern, zum Teil ohne jegliche Scheu vor den Menschen. Offenbar werden sie hier nicht bejagt. Eine Stunde später wandelt sich die Straße zur abenteuerlichen Piste. In engen Serpentinen windet sich der steinige Weg steil bergauf, zwischen zerklüfteten Hängen, an denen auf Terrassen Mais angebaut wird. 2000 Meter hoch sind wir jetzt, und wieder sehen wir Weißstörche. Weitere 250 Höhenmeter müssen wir noch überwinden, dann sind wir im Hochtal des Letšeng-la-Letsie. Zwischen trockenen Berghängen grenzt der Hochgebirgssee

Unterwegs auf der Ostroute | 79

an ein saftig grün bewachsenes Tal, dessen Boden nicht nur nass ist, sondern vollgesogen wie ein Schwamm. Das Ganze erinnert an eine vernässte Feuchtwiese mit eingestreuten Tümpeln, wie man sie im norddeutschen Brutgebiet der Störche findet. Endlich: 323 Weißstörche zählen wir dort. In der üppigen Vegetation quaken Tausende Frösche. Überall sehen wir kleine Gruppen von Störchen, oft gemeinsam mit den schwarz-weißen Heiligen Ibissen und prächtig gefärbten Nilgänsen. Langsam schreiten die Weißstörche durchs Gras und picken in schneller Folge nach Nahrung. Größere Happen werden kurz in die Luft geschleudert und dann verschlungen – vermutlich Jungfrösche, Kaulquappen und Regenwürmer. Diese Beutetiere halten sich meist in kleinen, wassergefüllten Löchern auf, die die Huftritte weidender Pferde zurückgelassen haben. Auch Heuschrecken und andere Insekten leben in der dichten Vegetation. Wir finden einige Gewölle und stellen fest, dass die Störche eine breite Palette von Kleintieren fressen. Ein ähnlich üppiges Nahrungsangebot habe ich während meiner bisherigen Fahrten durch Südafrika nirgends gefunden. Dabei ist es hier oben richtig ungemütlich. Die Temperaturen liegen bei 13 Grad, in der Nacht gehen sie runter bis fast zum Gefrierpunkt. Starker Ostwind, es ist feucht, zu 80 Prozent bewölkt, und es hat vor kurzem noch heftig geregnet. Das Wetter ist es wohl kaum, was die Störche in diese Berglandschaft lockt. Eher schon ist das extrem gute Nahrungsangebot der Grund, dass die Störche hier oben und nicht im warmen Flachland überwintern. Das Gefieder mancher der Vögel ist rußgeschwärzt. In den vergangenen Wochen haben sie wohl am Fuß der Berge auf abgebrannten Feldern nach Nahrung gesucht. Fast alle Störche haben hier makellos rote Beine.

Bei Sonnenuntergang, im letzten Licht, fliegen sämtliche Weißstörche aus dem Tal zum Ufer des Sees. Ein typischer Schlafplatz-

Mit Störchen reisen:

flug, wie ich ihn aus vielen Rast- und Überwinterungsgebieten kenne. Einzeln oder in kleinen Gruppen treffen die Vögel ein und versammeln sich am Rand des Gewässers. Auch aus benachbarten Tälern kommen Störche zum Letšeng-la-Letsie. Da keine Bäume vorhanden sind, übernachten sie im flachen Wasser, das Ufer ist mit Kot und Storchenfedern geradezu übersät. Dichtgedrängt verbringen dort mehr als 300 Störche die Nacht. Und nicht nur heute. Monatelang sollen sich die Vögel hier aufhalten und auch in früheren Jahren schon gekommen sein. Wohlgemerkt, im Gebirge, mehr als 2200 Meter über dem Meer. Weißstörche sind doch immer wieder für Überraschungen gut.

Es wird Zeit, dass auch wir uns nach einem Schlafplatz umsehen. Direkt am See ist es zu nass. Am trockenen Hang bietet sich eine ebene Fläche geradezu an. Groß genug, um das Auto abzustellen, daneben ein schöner Platz für mein kleines Zelt. Umgeben von mächtigen Felsen, mit weitem Ausblick auf das ganze Tal und die Störche. Besser geht es fast nicht – denken wir. Doch als wir gerade mit dem Aufbau fertig sind, leuchten in der Ferne die ersten Blitze. Ein Unwetter zieht heran. Schnell, viel zu schnell – und viel zu nah. Donnergrollen hallt durch das Tal, und dann bricht das Inferno los. Eigentlich fand ich Gewitter bisher immer faszinierend. Ich liebte es, dem Zucken der Blitze zuzuschauen und die Sekunden bis zum Donner zu zählen. Ich mochte den Kitzel der Gefahr, wenn der Blitz nicht weit entfernt mit lautem Getöse in den Boden krachte. Diesmal ist es völlig anders. Wie eine Wand aus Wasser stürzt der Regen vom Himmel. Im Sekundentakt zeichnen die Blitze ihr feuriges Muster und machen die Nacht zum Tag. Aus einzelnen Donnerschlägen erwächst ein permanentes Dröhnen in ohrenbetäubender Intensität. Zum Greifen nah schlagen die Blitze ein, von den nassen Felsen stieben die Funken. Da ist nichts mehr mit Spaß, nichts mehr mit Nervenkitzel. Die nackte Angst ergreift von mir

Besitz. Patrick und Barbara sind längst in ihr Auto gehastet und haben vorher noch was von Faraday'schem Käfig gerufen. Aber da war mein Gehirn längst auf Panik geschaltet. Ich spurte ins Zelt, zerre den Reißverschluss zu und mache mich auf dem Boden so klein, wie es nur geht. Dann fällt im Halbdunkel mein Blick auf die eiserne Zeltstange. Direkt vor mir bebt sie im Sturm – der perfekte Blitzableiter. So perfekt, dass er die zehn Millionen Volt auf kürzestem Weg genau in meinen Körper führen würde. Dann ein Donner wie ein Gruß aus der Hölle, der alles Bisherige übertönt. Danach wird es langsam ruhiger. Die Blitze lassen nach, der Regen wird schwächer, ich erwache allmählich wieder zum Leben. Und höre, wie die Tür von Patricks Auto sich öffnet. «Alles okay?», ruft er herüber. «Ja klar», krächze ich zurück. Man will ja kein Feigling sein. Als ich schweißgebadet aus dem Zelt herauskrieche, funkeln am Horizont noch die letzten Blitze. «Das war nicht ohne», meint Patrick, «hier oben wurden schon viele vom Blitz erschlagen.» – «Wir doch nicht», antworte ich. Wir kriechen wieder in die Schlafsäcke.

STORCHENZÄHLUNG

Zurück in Pietermaritzburg, in der Provinz KwaZulu Natal. Hier soll demnächst im Rahmen der Storchenzählung eine Befliegung starten. Erst mal ein Telefonat mit David Allen. Gibt es Neues von den Störchen? David ist ziemlich frustriert: «Nichts. Es ist wie verhext. Jetzt, Mitte Januar, sollten die meisten Störche eigentlich längst angekommen sein. Ausgerechnet in diesem Jahr lassen sie sich Zeit.» Und warum? Die genauen Gründe kennt David nicht. Natürlich wissen wir beide, dass und warum die Störche mal früher, mal später nach Südafrika kommen – und in manchen Jahren ganz ausbleiben. Eine Schlüsselrolle spielt die ökologische Situation in weiter nördlich gelegenen Ländern. Weißstörche ziehen keinesfalls zwangsläufig bis nach Südafrika. Sind in Ostafrika gute Nahrungsressourcen verfügbar, dann verbringt die Mehrzahl der Störche den Winter dort – und nur wenige gelangen in die Südspitze des Kontinents. Ist dagegen im Osten Afrikas nur wenig Regen gefallen und das Nahrungsangebot entsprechend knapp, dann weichen die Vögel einfach aus. Sie ziehen weiter Richtung Süden. In solchen Jahren, erzählt David, kommt es auch mal vor, dass fast die Hälfte aller Ostzieher im südlichen Afrika überwintert. In Südafrika verteilen die Weißstörche sich über das ganze Land, mit Ausnahme der trockenen westlichen Regionen. David berichtet, dass man dank der Zählungen der vergangenen Jahre inzwischen weiß, welche Regionen besonders häufig aufgesucht werden: der Limpopo-Fluss im nördlichen Transvaal, der Westen der Provinz KwaZulu Natal entlang der Grenzen nach Lesotho und zur Transkei, die Bewässerungsgebiete entlang großer Flüsse in der östlichen Kapprovinz und die westliche Kapprovinz, wo große Scharen von Störchen vor allem die Getreidestoppelfelder aufsuchen. «Hört sich an, als seien die landwirtschaftlichen Bewässerungsgebiete besonders bedeutsam», wundere ich mich, und David stimmt zu: «Genau. Bei unseren Zählungen haben wir außerdem erfasst, in welchen Habitattypen die Störche sich aufhielten. Das Ergebnis hat uns erstaunt.» Bei weitem die Mehrzahl aller Störche, nämlich 86 Prozent, wurden in Feldern oder bewässertem Weideland festgestellt. Und zwar vor allem in Luzernefeldern. Luzerne, eine kleeähnliche Kulturpflanze, nimmt in Südafrika einen höheren Prozentsatz ein als alle anderen von den Störchen genutzten Habitate. Die Störche ziehen wirklich die ökologisch unbedeutende Monokultur dem natürlichen Grasland und den als «Vleis» bezeichneten feuchten Senken vor? «So ist es»,

Unterwegs auf der Ostroute | 83

meint David und erzählt, dass die Störche normalerweise selbst
die Karroo, das semiaride Buschland im Zentrum Südafrikas, meiden – mit einer Ausnahme: Treten Wanderheuschrecken auf, vor
allem die Braune Wanderheuschrecke (Locustana pardalina) – und
das geschieht meistens in der Karroo –, dann ziehen die überwinternden Weißstörche in diese Trockenregion.

Ich rufe John Ledger an. Er wollte heute in einer Radiosendung
die Hörer bitten, ihn zu informieren, falls irgendwo Störche in
größerer Zahl beobachtet wurden. «Gut, dass du dich meldest»,
sagt er, «die ersten Infos trudeln schon ein.» Hunderte Störche
seien im Muden-Tal gesichtet worden, Hunderte in der östlichen
Kapprovinz, Tausende bei Knysna in der Westkap-Provinz. Es geht
offenbar los. Eineinhalb Monate später, aber gerade noch rechtzeitig für die Zählung. Übermorgen beginnen die Flüge. Allein in
der Provinz KwaZulu Natal werden 100 Flugzeuge eingesetzt.

«Welcome, Holger.» Ginger Skinner, unser Pilot, begrüßt mich
mit festem Handschlag. Ein drahtiger Mann mittleren Alters, in
der Uniform der Nationalparkbehörde, auf den rotblonden Haa-
ren der obligatorische Buschhut. Mit dabei auch der junge Biologe Glenn Holland. Mit vereinten Kräften schieben wir das kleine
Flugzeug, eine viersitzige Cessna, aus dem Hangar. Ginger startet
den Motor. Wir stülpen uns die Kopfhörer über die Ohren, und um
Punkt 7 Uhr heben wir ab. Es ist ein ruhiger Flug, unter uns zieht
weites Grasland vorbei und ein in engen Schleifen mäandrieren-
der Fluss. Keine Zeit, sich in die Landschaft einzusehen. Gerade
mal 30 Minuten sind wir in der Luft, da setzt Ginger schon wieder
zur Landung an. Eine enge Kurve noch, Touchdown, und wir haben die holprige Graspiste unter dem Fahrwerk. Die Maschine rollt
langsam aus und kommt zum Stehen. Am Rand der Piste wartet
ein weiterer Kollege. Unser vierter Mann, nun sind wir komplett.
Noch ein Tässchen Kaffee, und Minuten später fliegen wir wieder.

Bald wird es heiß in der kleinen Maschine, und das laute Motoren-
geräusch dröhnt in den Ohren. Im Fenster ist ein rundes Loch mit
einer Plexiglasscheibe abgedeckt. Zum Fotografieren darf ich sie
abschrauben. Mein Objektiv passt gerade so durch. Mindestens
ebenso wichtig ist, dass durch die Öffnung kühle Luft in die heiße Kabine kommt. Im Kopfhörer knackt es, dann ertönt Gingers
Stimme: «Wir beginnen jetzt den ersten Transekt.» In akkuraten
Streifen und einer Flughöhe von maximal 150 Metern kann man
Störche, Kraniche und Trappen gut unterscheiden. Dann – die ersten Weißstörche. Mal 10, mal 50 und viele einzelne, 270 Vögel sind
im größten Trupp, den wir sehen. In den zwei Stunden in der Luft
zählen wir insgesamt etwa 1200 Weißstörche. Eine Pause können
wir jetzt gebrauchen. Nahe Kokstad setzt Ginger die Maschine auf
einem frischgemähten Airstrip auf. In Schlangenlinien kurven
wir um die Heuballen, die noch auf der Landebahn liegen. Einen
Tower oder andere Flughafengebäude gibt es hier nicht. Aber
einen Kassierer, dem der Pilot die zwei Rand Landegebühr bezahlt.

Drei Starts und Landungen machen wir noch, dann sind alle
Zählgebiete abgearbeitet. Um die Mittagszeit wird das Fliegen zur
Qual. Es ist sehr heiß, und Thermik und Turbulenzen schütteln
die kleine Maschine mächtig durch. Dazu kommt, dass unser erster Zählflug der ergiebigste war. In den Stunden danach sehen wir
oft nur kleine Trupps oder einzelne Vögel. Am Abend stehen auf
unserer Liste gerade mal 1500 Weißstörche. Viel zu wenig im Vergleich zu früheren Jahren. Die landesweite Gesamtzahl des Zähl-
wochenendes liegt bisher nicht vor. Aus allen Provinzen allerdings
wird berichtet, dass sich im Jahr 1986/87 in Südafrika wesentlich
weniger Störche als üblich aufhalten. Schlechtes Timing für mein
Projekt. Bleibt die Frage, warum. Wo, zum Teufel, treiben die Störche sich rum?

LUZERNESCHMETTERLINGE UND
WANDERHEUSCHRECKEN

Im Norden Südafrikas mäandriert der Crocodile River durch eine ausgedehnte Kulturlandschaft. Weiter flussabwärts, am Zusammenfluss mit dem Marico River, wird er zum Limpopo. Mit 1750 Kilometern ist er der zweitlängste Fluss Afrikas. Durch ein üppiges, feuchtes Delta, ein Eldorado für Wasservögel, mündet er in Mosambik in den Indischen Ozean. Über weite Bereiche Südafrikas, aber auch in Botswana und Simbabwe, speist der Limpopo etliche Stauseen und bildet die Grundlage für eine intensive Landbewirtschaftung. Am Rand der Magalisberge, knapp nördlich von Johannesburg, erstrecken sich rund um den Hartbeespoort Dam große Luzernefelder. Dort, wo die Mahd bereits im Gang ist, finde ich riesige Trupps von Abdimstörchen. Tausende schreiten über die Flächen, viele davon knapp hinter den mähenden Traktoren. Am Verhalten der Vögel kann ich erkennen, dass sie hauptsächlich Insekten aufnehmen, aber auch den einen oder anderen Kleinsäuger erbeuten. Auch für die Weißstörche wären die gemähten Felder optimal. Vielleicht sind sie ja einfach noch nicht da.

Und dann finde ich sie doch. Allerdings an einer Stelle, wo ich sie definitiv nicht vermutet hätte. In einem in voller Blüte stehenden Luzernefeld blitzen über den halbmeterhoch aufgewachsenen Pflanzen weiße Flecken. Sie bewegen sich, verschwinden und tauchen an anderer Stelle wieder auf. Mehr kann ich auf die große Entfernung und in der vor Hitze flirrenden Luft erst mal nicht erkennen. Der Blick durchs Fernglas zeigt, es sind Weißstörche. Ihre Körper sind zwischen den Pflanzen verborgen, nur manchmal ragen die Köpfe heraus. Dass sich die Vögel in hoher Vegetation aufhalten – und dort auch Nahrung suchen –, widerspricht allem, was über Störche bis zu diesem Zeitpunkt bekannt ist. Wenn sie es dennoch hier tun, kann das nur bedeuten, dass die Luzernefelder für die Störche trotz ihrer ungünstigen Struktur außergewöhnlich anziehend sind, heißt: Nahrung ist in Massen verfügbar und leicht zu erbeuten. Aber was fressen sie dort? Als ich meine südafrikanischen Kollegen danach frage, bekomme ich keine endgültige Antwort. Alle möglichen verschiedenen Insekten gebe es dort und gerade nach der Mahd seien die gut zu erreichen. Aber hier muss es etwas anderes sein. Nach einer Stunde habe ich mich so weit genähert, dass ich mehr erkennen kann. Die Störche schreiten sehr langsam, fast gemütlich, durch das Feld. Alle paar Sekunden «pflücken» sie mit dem Schnabel ein kleines Beutetier von einer Pflanze und verschlucken es mit der typischen ruckartigen Kopfbewegung. Hier wird nichts gejagt, hier wird etwas abgesammelt, was offenbar keinerlei Anstalten zur Flucht macht. Daneben jagen die Störche etwas mit schnellen Schnabelhieben, picken in die Luft und schlucken die Beute ab. Erst jetzt fällt mir auf, dass über der Luzerne Unmengen von gelblichen Schmetterlingen umherflattern. Schmetterlinge und ihre Raupen – das muss es sein. Ich gehe ein paar Schritte weit in das Feld und schaue mich genauer um. Tatsächlich finde ich fast auf jeder Luzernepflanze Raupen. Unscheinbar, bis zu drei Zentimeter lang und etwa doppelt so dick wie ein Zahnstocher. Mit ihrer grünlichen Färbung fallen sie kaum auf, sind an den Stängeln und Blättern bestens getarnt. Bis zu 20 dieser Raupen zähle ich pro Pflanze. Die Falter, die jetzt in Massen um die Blüten flattern, gehören zur gleichen Art wie die Raupen. Sie ähneln unseren heimischen Kohlweißlingen, sind aber gelblich gefärbt und etwas kleiner als diese. Das ist es also, was die Störche in die hohe Vegetation der Luzernefelder lockt. Mickrige Happen, nicht sonderlich ergiebig, aber in Massen. In einer großen Staubwolke brettert in seinem Geländewagen der Farmer heran. Er hat mein Auto mit dem WWF-Logo erkannt, begrüßt mich

Unterwegs auf der Ostroute | 87

freundlich und lädt mich ein, auf einen Drink mit ihm zu seiner Farm zu kommen. Im Radio hat er John Ledgers Bitte um Unterstützung meines Projektes gehört. Bei einem kühlen Bier auf der Terrasse seines idyllisch gelegenen Hauses erzählt er mir, dass für ihn und andere Luzernefarmer die Raupen und Schmetterlinge ein echtes Problem darstellen. In manchen Jahren treten sie massenhaft auf und richten in der Luzerne enorme Schäden an. In den Unterlagen, die er mir zeigt, lese ich, dass es sich um Colias electo handelt, den «Luzerneschmetterling». Er gehört zur Familie der Weißlinge (Pieridae) und ist somit tatsächlich mit unserem Kohlweißling verwandt.

Ich besuche andere Luzerneanbaugebiete und treffe auch meist auf Weißstörche, aber die großen Trupps fehlen noch. Mit Ausnahme von Natal, nahe Muden, wo ich in einem frischgemähten Luzernefeld etwa 1000 Vögel beobachten kann. Zwei bis drei Tage halten sie sich dort auf, dann sind auch sie wieder verschwunden. Allmählich zeichnet sich ab, dass Luzerne für die Weißstörche offenbar während der gesamten Überwinterung von Bedeutung ist. Sie wird alle paar Wochen gemäht und bietet somit eine praktisch durchgehend nutzbare Nahrungsressource. Ob blühend und hoch aufgewachsen oder frisch gemäht, Nahrung ist dort immer vorhanden. Im Vaal-Harts-Bewässerungsgebiet am Rand der Karroo hatte ein Biologe der Naturschutzverwaltung in Luzernefeldern zwei tote Weißstörche gefunden. Er stellte fest, dass sich in den Mägen beider Vögel überwiegend Reste von bis zu 300 Raupen und Puppen des Luzerneschmetterlings fanden. Ganz im Gegensatz zu Baumwoll- und Maisfeldern werden Pestizide gegen die Luzerneschmetterlinge hier nur sehr selten eingesetzt. Die Bauern befürchten offenbar, ihr Vieh, an das die Luzerne verfüttert wird, mit den Chemikalien zu gefährden.

In manchen Jahren tritt im südlichen Afrika vor allem die Braune Wanderheuschrecke in Massen auf. Ihre «Brutgebiete» hat sie im semiariden Buschland der Karroo im Zentrum des Landes. Von dort aus wandern die Schwärme auch in landwirtschaftlich genutzte Gebiete ein und richten dort immens großen Schaden an. Vor allem die «hopper-bands», riesige Schwärme noch nicht flugfähiger Heuschrecken, treten zuweilen in unglaublicher Dichte auf, manchmal 20 000 Insekten auf einem Quadratmeter in einer Schicht von bis zu 20 Zentimetern übereinander. Solche Massen zerstören jegliche Vegetation. Selbst Grünland kann dann für viele Jahre unbrauchbar werden, da auch mehrjährige Weidepflanzen von den Insekten völlig zerstört werden.

Dort, wo Wanderheuschrecken auftreten, versammeln sich Berichten zufolge immer auch riesige Weißstorchtrupps. In der gesamten Karroo sollen sich im Heuschreckenjahr 1959 etwa 80 000 Weißstörche eingefunden haben. Und auf einer einzigen Farm in der mittleren Kapprovinz wurden bei einer Heuschreckenplage im Jahr 1964 etwa 20 000 Weißstörche gezählt. Die Störche, aber auch viele andere Vögel ernähren sich dann ausschließlich von den Heuschrecken. In den Mägen und Hälsen tot aufgefundener Vögel wurden im Durchschnitt annähernd 900 Individuen, in einem Tier sogar mehr als 1400 gefunden. Die großen Heuschreckenschwärme ziehen Weißstörche aus dem ganzen südlichen Afrika wie magnetisch an. In anderen klassischen Überwinterungsregionen, wie den Luzernefeldern am Limpopo, sind dann oft keinerlei Weißstörche mehr zu finden. Einmal sollen sich in einem Gebiet so viele Weißstörche versammelt haben, dass sie die Heuschreckenplage zum Erliegen brachten und eine chemische Bekämpfung gar nicht mehr erforderlich war. Nicht umsonst werden die Weißstörche auch als Heuschreckenvögel bezeichnet.

Schon immer hat man nach Möglichkeiten gesucht, dieser Plagen Herr zu werden. Die Buschmänner der Kalahari haben gelernt, die Heuschrecken als Nahrung zu nutzen. Sie graben Fanggruben im Weg eines Heuschreckenschwarms. Wenn sich genügend Insekten in der Falle befinden, zünden die Buschmänner das trockene Gras an und essen danach die gerösteten Heuschrecken mit großem Genuss. In jüngerer Zeit gab es Bestrebungen, die eiweißhaltigen Insekten als Viehfutter zu nutzen. Mit großen Vakuumgeräten «saugte» man die Heuschrecken ein. Eine «Argiope-Trap» wurde entwickelt, benannt nach einer großen Radnetzspinne. Kernstück der Konstruktion waren trichterförmig aufgestellte Leitzäune aus Kunststoff, die von den nicht flugfähigen Hoppern nicht überwunden werden können. Sie wurden in den Weg eines wandernden Heuschreckenschwarms gestellt. Die Insekten folgten den Leitwänden zum Ausgang der Falle und gelangten dort über eine Rampe in Benzinfässer oder Plastiksäcke. In einer Fabrik für Tierfutter wurden die gefangenen Heuschrecken zu Pellets verarbeitet und später den Farmern der Karroo als Futter für ihre Schafe zur Verfügung gestellt. Zur Serienreife gelangte diese Technik vermutlich nur deshalb nicht, weil das Vorkommen von Heuschreckenschwärmen nicht vorhersehbar ist.

Als klassische Methode zur Bekämpfung von Wanderheuschrecken dient immer noch der Einsatz von Gift. Die Heuschreckenbekämpfung ist in Südafrika recht gut organisiert und entsprechend effizient. Sie findet gelegentlich von Flugzeugen oder Helikoptern aus als Flächensprühung statt, häufiger jedoch gezielt von Lkw aus, auf denen Zerstäuber montiert sind. Als Heuschreckengifte, sogenannte «Lokustizide», werden unterschiedliche Chemikalien eingesetzt. Die dabei versprühten Mengen sind enorm, sodass Biologen und Naturschützer starke ökologische Schäden befürchten. Welche Auswirkungen Lokustizide auf den Weißstorch haben, ist nicht endgültig geklärt. Die wenigen vorliegenden Informationen lassen vermuten, dass sich die Gefährdung in Grenzen hält, jedenfalls liegen keine eindeutigen Hinweise auf eine erhöhte Mortalität vor. In einer Region, in der mehr als 5000 Weißstörche über viele Wochen hinweg totgespritzte Heuschrecken fraßen, wurden gerade einmal sieben tote Vögel gezählt. Eine Zahl, die, wenn sie denn stimmt, vermutlich noch unter der normalen Mortalität der Störche liegt. Bekämpfungsexperten rechneten vor, ein Weißstorch müsse etwa 20 000 vergiftete Heuschrecken fressen, um durch das Lokustizid Hexachlorcyclohexan (HCH) überhaupt geschädigt zu werden. Nachprüfen lassen sich solche Zahlen nicht, doch die Massensterben überwinternder Störche nach Heuschreckenbegiftungen, über die vor vielen Jahren aus ganz Afrika berichtet wurde, gibt es in diesem Ausmaß nicht mehr. Die «Hekatomben» toter Störche, von denen beispielsweise der deutsche Storchenforscher Ernst Schüz einst schrieb, gehören glücklicherweise der Vergangenheit an. Dennoch kein Grund zur Entwarnung. Bis heute gibt es keine zuverlässigen Aussagen über die langfristigen Folgen der verwendeten Lokustizide für die Umwelt.

Anruf von John Ledger. Ein Farmer von der Wynmore Estate in Daleside südlich von Johannesburg hat einen Weißstorch eingefangen, der seit Tagen auf einem Bein umherhumpelte. Der Storch sei beringt und durch den Ring schwer verletzt. Genaueres weiß John nicht. Als wir im Sudan Untersuchungen über das thermoregulatorische Beinkoten des Weißstorchs durchgeführt haben, sind mir mehrfach beringte Störche mit Verletzungen aufgefallen. Sofort mache ich mich auf den Weg. Als ich in Wynmore Estate ankomme, wartet der Farmer bereits auf mich. Den Storch trägt er unter dem Arm. Er hat ihn eingefangen, nachdem der Vogel sich praktisch nicht mehr bewegen konnte. Ein schrecklicher Anblick: Am linken Bein trägt das Tier oberhalb des Intertarsalgelenks einen polnischen Metallring. Eigentlich sollte er frei beweglich auf dem Gelenk sitzen. Aber hier sieht es aus, als sei der Ring regelrecht ins Bein eingewachsen. Das Gewebe ist angeschwollen und ragt wulstig über den Ring hinaus. Am Brustbein kann ich ertasten, dass der Storch stark unterernährt ist. Aufgrund der Verletzung konnte er offenbar keine Nahrung mehr erbeuten. Mit Mühe gelingt es mir, den Ring mit einer Zange und einem Schraubenzieher aufzubiegen. Unter dem Ring haben sich Drucknekrosen gebildet, das Bein ist entzündet. Die offensichtliche Ursache: Beim thermoregulatorischen Beinkoten abgesetzte Harnsäure ist in den Spalt zwischen Ring und Bein gesickert, dort auskristallisiert und hat eine Manschette gebildet, die sich betonhart um das Bein legte. Die Durchblutung des Beins wurde dadurch erheblich behindert, der Storch konnte nicht mehr laufen und keine Nahrung mehr aufnehmen. Ich versorge die Wunde so gut wie möglich, der Vogel ist trotzdem am nächsten Tag tot.

Während meiner Reisen auf der Ostroute sah ich in Afrika insgesamt zehn beringte Weißstörche. Bei der Hälfte konnte ich Verletzungen oder Behinderungen feststellen, die auf das Zusammenwirken von Beringung und Beinkoten zurückzuführen waren. Vermutlich sind die Ringe in heißen Klimaten ein nicht unerheblicher Gefährdungsfaktor für die Störche. Vor allem in Ländern, wo fast jeder Jungstorch beringt wird, könnte dies unter Umständen die ohnehin gefährdeten Populationen dezimieren. Ist es angesichts dieser Beobachtungen vertretbar, Störche weiterhin flächendeckend mit Ringen zu versehen? Ich ahne zu dieser Zeit noch nicht, für wie viel Aufruhr dieses Thema unter den europäischen Beringern sorgen wird.

DER GRÖSSTE STORCHENTRUPP ALLER ZEITEN

Anfang Februar. Die großen Storchentrupps, die ich in Südafrika erhofft hatte, bleiben in diesem Jahr aus. Noch immer gibt es dafür keine Erklärung. Auch meine Telefonate mit Kollegen in Ostafrika bringen mich nicht weiter. Und nun? Die meisten Störche werden bald mit dem «Heimzug» nach Europa in ihre angestammten Brutgebiete beginnen. Zeit, dass auch ich mich in Richtung Heimat bewege. Nicht auf direktem Weg, sondern mit einigen Zwischenstopps. Zuerst in Simbabwe. Seit Monaten hatte der Vogelschützer David Rockingham-Gill mich mit Informationen über die Störche in seinem Land versorgt. Nun hat er mich eingeladen, ihn in seinem Wohnort Mhangura zu besuchen. Der Abschied von David Allan, John Ledger und all den anderen südafrikanischen Kollegen fällt mir nicht leicht. Die Informationen, die sie mir für mein Storchenprojekt geliefert haben, füllen mehrere Notizbücher.

Der Flug nach Harare dauert nicht lang, und bald fahre ich in meinem kleinen Mietwagen nach Westen. Auch hier sehe ich Luzerne, ähnlich wie in Südafrika, und Tabak- und Maisfelder säumen die Straße. Vor allem aber durchquere ich Savanne. Mal dichtbewachsen mit ausladenden Akazien, dann wieder Grassavanne mit vielen Tümpeln. Genau dort entdecke ich meine ersten Weißstörche im Land. Sieben an der Zahl, die in einem flachen Wasserloch nach Fröschen jagen. Auch auf der weiteren Strecke sind hier und da einzelne Weißstörche zu sehen, mal zu zweit, mal fünf, nur selten mehr als zehn. Es ist eigenartig: Ich reise durch die Länder Afrikas und begegne den Störchen wie alten Bekannten: Vagabunden, die Jahr für Jahr gewaltige Strecken zurücklegen, nur um einige Monate später in ihre europäischen Brutgebiete zurückzukehren. Glücksritter auf der Suche nach Nahrung, die ihnen auf der mehr als 10 000 Kilometer langen Strecke die Grundlage fürs Überleben bietet. Hasardeure, die, allen Gefahren zum Trotz, ihren Weg unbeirrt verfolgen. Und während mir noch all dies durch den Kopf geht, erreiche ich Manghura. David begrüßt mich im Garten seines Hauses, in dem der Grill bereits angeheizt ist. Bei saftigen Steaks und einem süffigen Rotwein erzählt er mir von seiner Passion. Als Birdwatcher kennt er sich in der Vogelwelt Simbabwes bestens aus, und als regionaler Repräsentant des Verbandes der beruflichen Farmer Simbabwes ist er immer informiert, wo und wann welche Schädlingsbekämpfungen stattfinden.

Am nächsten Tag machen wir uns auf die Suche nach Weißstörchen. Das gleiche Bild wie gestern: Störche gibt es auch hier nur in kleinen Gruppen. David wundert sich darüber nicht. In diesem Jahr seien etwa 90 Prozent weniger Störche in Simbabwe als in «normalen» Jahren. Während der Fahrt erfahre ich viel darüber, wie der Zug der Weißstörche in Simbabwe verläuft: Große Trupps kommen meist nur auf dem Durchzug vorbei, vor allem Anfang und Ende des Südsommers. Nach ein paar Tagen ziehen sie weiter in die benachbarten Länder. Die kleinen Gruppen, denen wir jetzt begegnen, bleiben mehrere Monate lang in Simbabwe, häufig sogar im gleichen Gebiet – sie überwintern hier. In puncto Habitatwahl haben die Störche ähnliche Präferenzen wie in Südafrika: Bewässerte Luzerne steht an erster Stelle. Weniger häufig sieht man die Vögel in der offenen Savanne, noch weniger auf Intensivkulturen wie Mais, Kaffee und Tabak. Eine Besonderheit ist der Anbau von Sojabohnen. Eigentlich sind diese Felder für die Störche uninteressant. Doch häufig wird Soja von Raupen verschiedener Eulenfalter befallen, die dann für die Störche, ähnlich wie in der Luzerne, zur Nahrungsquelle werden. Gelegentlich kommt es vor, dass sich Trupps von mehr als 1000 Störchen in befallenen Sojafeldern versammeln. David hat festgestellt, dass nach der Bekämpfung dieser Schädlinge mit Pestiziden auch Weißstörche verendeten. Ohnehin scheint man in Simbabwe mit dem Einsatz von Insektiziden großzügig umzugehen. David erzählt mir von einer Farm im McGondi-District, auf der in einem Baumwollfeld Heuschrecken mit Furadan bekämpft wurden. Dieses berüchtigte Insektizid, bekannter unter dem Namen Carbofuran, wirkt auch auf Wirbeltiere äußerst toxisch. Nach der Aktion wurden auf dem Feld insgesamt 40 vergiftete Störche gefunden, überwiegend Abdimstörche, aber auch mehrere Weißstörche. Wohl nur die wenigsten solcher Vorfälle werden bekannt.

Viel Zeit habe ich nicht mit David, ich will weiter nach Norden, um zu erfahren, wie die Situation in Kenia und Tansania ist. Don Turner in Nairobi, oft als der beste Ornithologe Ostafrikas bezeichnet, hat mich in den vergangenen Wochen regelmäßig auf dem Laufenden gehalten. Eine wahre Legende unter den Birdwatchern. 1986 errang er mit insgesamt 494 beobachteten Arten den Weltrekord in der «48-Stunden-Bird-Rallye» durch das östliche Afrika. Ein bisschen durchgeknallt muss man dafür schon sein. Don ist einer der Autoren des berühmten Bestimmungsbuchs über die Vögel Kenias und des nördlichen Tansania. Eingebunden in ein weites Netzwerk, erfährt er es als einer der Ersten, wenn Störche in großer Zahl durchziehen. Er weiß, wo sie sich aufhalten und wie man sie am besten beobachten kann. Und als ich ihn endlich am Telefon habe, überrascht er mich mit einer Wahnsinnsnachricht: «Vergiss es, im Süden nach Störchen zu suchen. Die sind hier in Tansania.» Er habe zusammen mit einer Touristengruppe vor einer Woche in einem großen Gebiet westlich von Arusha eine unglaubliche Beobachtung gemacht. «Etwa 100 000 Weißstörche und 40 000 Regenstörche. Die größte Ansammlung, die jemals festgestellt wurde.» Ich kann seine Begeisterung durch die Telefonleitung spüren. «You *must* see this. Come here as soon as possible.»

Der nächste Morgen: Glück gehabt! Gerade ein Platz ist noch frei in der nächsten Maschine. Drei Stunden später bin ich in Nairobi. Telefonisch buche ich ein günstiges Hotel. Eine schlechte Wahl, wie ich bald feststelle. Die Unterkunft ist eine Art inoffizielles Bordell. Als Don mich am frühen Morgen mit seinem Geländewagen abholt, verkneift er sich mit Mühe ein fieses Grinsen. Ich will gar nicht wissen, was er denkt. Auf jeden Fall sitzen wir bald zusammen und besprechen, wie es weitergehen soll. «Nach Arusha fährst du heute am besten mit dem Taxi», meint er, «das ist schneller und zuverlässiger als der Bus.» In Arusha habe er einen Freund, der mich in seinem Auto am folgenden Tag zu den Störchen bringen könne. Und dann erfahre ich, was der Grund für das massenhafte Auftreten von Störchen ist. «African Armyworm», meint Don. Das gesamte riesige Gebiet sei übersät von den gefräßigen Biestern. Perfektes Futter für die Störche, fast so gut wie Wanderheuschrecken. Der Afrikanische Heerwurm (Spodoptera exempta) ist ein Eulenfalter, dessen Raupen in manchen Jahren in unglaublicher Zahl erscheinen und die Ernten ganzer Regionen vernichten können. Einer der zahlreichen Schädlinge, die in Afrika Hungersnöte auslösen – und Störchen das Überwintern erleichtern.

Am Busbahnhof sichere ich mir einen Platz in einem Buschtaxi. Als die Rostlaube endlich voll besetzt ist und die Gepäckberge sich auf dem Dach türmen, kann die Fahrt beginnen. Etwa 300 Kilometer sind es bis ans Ziel, ausschließlich auf einer Asphaltstraße. Unser altes Taxi knattert und röhrt. Zimperlich ist unser Fahrer nicht. Vollgas, wann immer möglich, und bremsen nur, wenn unbedingt nötig. Nach knappen vier Stunden sind wir in Namanga, am Grenzübergang nach Tansania, wo sich schon eine lange Menschenschlange gebildet hat. Das kann dauern. Kurz bevor ich dran bin, teilt man mir mit, dass hier keine Visa ausgestellt würden. Obwohl ich von Bestechungen nichts halte, lege ich zehn US-Dollar in den Pass. Genau zwischen die Seiten, auf denen man das Visum erwarten würde. Der Beamte nimmt mein Dokument, schlägt es auf, verzieht keine Miene – und haut den begehrten Stempel in den Pass. «Have a good journey», sagt er, drückt mir den Pass in die Hand und blickt unverändert streng drein. Der Geldschein ist anschließend aus dem Pass verschwunden.

In meinem kleinen Hotelzimmer angekommen, erinnere ich mich an ein paar Zeitungsartikel, die davon berichteten, dass Heerwürmer halb Afrika in eine Hungersnot gestürzt hatten. Dabei sind die gefürchteten Krabbler einzeln betrachtet alles andere als furchteinflößende Monster, gerade mal drei Zentimeter lang und anfangs behäbig, wenig aktiv und einzelgängerisch. Das ursprüngliche Grün ihres unbehaarten Körpers ändert sich nach der dritten Häutung. Nur bei dichtem Bestand, mit häufigem Körperkontakt zu Artgenossen, nehmen die Raupen die samtschwarze Grundfärbung an, die man aus den wandernden Schwärmen kennt. Auch ihr Verhalten ändert sich jetzt rapide. Mit zunehmender Individuendichte werden die Raupen gesellig. Ununterbrochen fressen sie, sind mobil, und ihr Energiebedarf steigt. Gemeinsam in der Masse werden sie zu den gefürchteten Schädlingen. In den befallenen Gebieten fressen sie jegliches Grün und beginnen, um nicht zu verhungern, zu wandern. In langen Reihen, dicht nebeneinander, ziehen sie von Feld zu Feld, von Wiese zu Wiese. Keine Pflanze auf ihrem Weg bleibt von den kräftigen Kiefern verschont. Aus den unscheinbaren Individuen ist ein gefräßiges Heer zusammengewachsen, das unaufhaltsam seinen Weg verfolgt. Wehe dem Bauern, dessen Feld von der Invasion dieser Fressmaschinen überrannt wird. Bis zu 1000 Raupen pro Quadratmeter wuseln über den kahlgefressenen Boden. Auf 65 Quadratkilometer Weideland werden, bei durchschnittlich 28 Raupen pro Quadratmeter, ungefähr 50 Tonnen Pflanzenmasse pro Tag vernichtet – das entspricht dem Futterbedarf von 8000 Rindern. Zurück bleiben nur die harten Stiele der Pflanzen. Zwei bis drei Wochen lang wandern die Raupen. Dann graben sie sich zur Verpuppung in den Boden. Etwa zehn Tage später schlüpfen die fertigen Falter. Auch sie sind alles andere als spektakulär. Typische Motten, könnte man sagen, mit einer Spannweite von knapp vier Zentimetern und von eher unscheinbarer graubrauner Färbung. Die große Gefahr liegt in ihrem Wanderverhalten. Bei günstigem Wind fliegen sie Hunderte, manchmal Tausende Kilometer zu neuen Nahrungsflächen. Bis zu 1000 Eier legt jedes Weibchen und klebt sie an die Unterseite von Blättern. Mehrere Generationen entwickeln sich parallel, sodass in kürzester Zeit die Zahl der Individuen ins Unermessliche steigt. Durch das invasionsartige Wandern der Raupen und die Expansion der Falter verbreiten die Heerwürmer sich rasend schnell über riesige Flächen. Die energiereichen, schier endlos verfügbaren Raupen lassen sich von den Störchen dann ohne jede Anstrengung vom Boden absammeln.

Unser Ziel am nächsten Morgen ist die Region zwischen den Meilensteinen 45 und 50. Dort, so hat Don Turner es auf einer zerknitterten Landkarte markiert, hat er die gewaltige Ansammlung von Störchen gefunden. Ein Straßenschild in Arusha zeigt, dass wir nicht weit entfernt sind vom Ngorongoro-Krater, dem Sehnsuchtsort vieler Afrika-Reisenden. Schade, den Krater hätte ich auch gerne besucht. Unsere Fahrt führt durch ausgedehnte Savanne, viel Aufregendes sehen wir nicht. Ein paar Giraffen stehen am Straßenrand und schauen «hochnäsig» auf uns herab. Eine Herde der obligatorischen Impalas scheint sich ein Wettrennen mit unserem Auto zu liefern. Auf dem höchsten Ast einer Akazie hält ein mächtiger Ohrengeier Ausschau, und etwas später sehen wir zwei Strauße durch die Savanne stolzieren. Wir müssten jetzt bald am

Bestimmungsort sein und haben trotzdem noch keinen einzigen Weißstorch entdeckt. Das Bild der Landschaft ändert sich. Eben noch dürres Gras, zeichnet sich jetzt in sattem Grün eine feuchte Senke ab. Darin zahlreiche Tümpel, die von Storchenfedern weiß gerahmt sind. Und da ist auch unser Meilenstein. Weiß gestrichen, mit schwarzen Ziffern: 45 mi. Aber noch immer keine Störche. Immer wieder scannen wir mit unseren Ferngläsern den Horizont. Dann endlich entdecken wir sie. Gerade mal 300 bis 400 Weißstörche, schätzen wir. Über ihnen segeln in der Thermik etwa 1000 Abdimstörche. Das möchte ich mir etwas genauer anschauen, doch kurz darauf stoppt mein Fahrer. Das Gelände dort sei militärisches Sperrgebiet, erklärt er. Also zurück zur Straße. Zwei Stunden lang fahren wir auf und ab, durchsuchen das ganze Gebiet. Fehlanzeige. Und nun? Ganz in der Nähe stehen in der Savanne ein paar Massai zusammen. Groß und schlank, in bunte Gewänder gehüllt, mit Schmuck in den geweiteten Ohrlöchern und gestützt auf ihre Speere. Die Massai sind ständig mit ihren Herden hier draußen, sie wissen sicher mehr. Mein Fahrer spricht Swahili und kann sich mit ihnen verständigen. Ja, die ganze Ebene sei voll mit Störchen gewesen, erzählen sie. «Weiter, als man blicken kann, alles war weiß.» Während des ganzen Januars hätten die Vögel sich hier aufgehalten. Abends seien sie zu den Tümpeln geflogen und hätten dort im flachen Wasser übernachtet. Dann, vor zwei bis drei Tagen, seien alle in kurzer Zeit verschwunden. Wissen die Massai, warum die Störche sich gerade hier aufhielten? «Raupen», sagen sie, «viele Raupen. Die Störche haben sie gefressen.» Und welche Raupen waren das? Sie lachen. Raupen eben, schwarze Raupen. Massai sind stolz darauf, keine Bauern, sondern Hirten zu sein. Mit Schädlingen im Ackerbau kennen sie sich nicht aus. Aber sie betonen noch einmal, die Störche hätten die Raupen allesamt aufgefressen und seien dann verschwunden. So ein Pech. Drei Tage früher, und wir hätten das Spektakel erlebt. Schade, 100 000 Weiß-störche auf einen Schlag, das sieht man nicht alle Tage.

Zurück in Nairobi. Mein Rückflug nach Europa steht vor der Tür. Ich treffe mich noch einmal mit Don. Er hat inzwischen erfahren, dass im Januar dieses Jahres in ganz Nord-Tansania zahlreiche Heerwurm-Schwärme beobachtet wurden. In seinen Tagebüchern hat er nach früheren Beobachtungen von großen Weißstorch-trupps in Kenia recherchiert. Viel war das nicht, aber immerhin: ein Trupp von etwa 50 000 Störchen, vier bis fünf Trupps von 20 000 bis 50 000 Störchen. Und alle diese Trupps standen stets im Zusammenhang mit dem Afrikanischen Heerwurm. Wochenlang habe ich im Süden Afrikas erfolglos nach in größerer Zahl über-winternden Weißstörchen gesucht. Dabei lag die Lösung gar nicht so fern. Ein Heerwurm-Ausbruch hielt 100 000 Störche, immerhin ein Viertel der ostziehenden Population, während des ganzen Ja-nuars in Nord-Tansania fest. Gleichzeitig wurden auch an vielen anderen Orten in Tansania Heerwurm-Plagen nachgewiesen. Die Mehrzahl der ziehenden Weißstörche konnte in diesem Jahr über-haupt nicht nach Südafrika gelangen. Für die ziehenden Weißstör-che im Osten Afrikas dürfte, so meine Erkenntnis aus den letzten Tagen, der Afrikanische Heerwurm von noch größerer Bedeutung sein als die Wanderheuschrecken.

Meine Reise mit den Störchen, auf der östlichen Zugroute durch Afrika, geht zu Ende. Vier Monate lang war ich unterwegs. So manches aus dem Verhalten der Störche habe ich erst jetzt ver-standen. Wie ein roter Faden zog sich durch die Beobachtungen vor allem ihre Flexibilität, ihre Anpassungsfähigkeit, die es den schönen Vögeln ermöglicht, auch unter schwierigsten Verhält-nissen ihr Leben zu meistern.

AUF UMWEGEN INS STORCHENDORF

NEUE HEIMAT

Mein Lebensmittelpunkt hat sich geändert. Wohnen und arbeiten im Storchendorf – besser konnte ich es mit meiner Familie kaum treffen. Von Frühling bis Herbst höre ich die Weißstörche klappern. Ich bin dabei, wenn sie aus ihren Überwinterungsgebieten zurückkehren. Ich beobachte, wie sie ihre Nester besetzen und die Jungen aufziehen. Meine Forschungsobjekte habe ich vor der Haustür, das Storchenjahr spielt sich direkt vor meinen Augen ab. Und all das in einem typischen Dorf mitten in Schleswig-Holstein, mit reetgedeckten Häusern, umgeben von Mooren und weiten Wiesen.

Der Weg dorthin war lang und verschlungen. Eigentlich war ich immer bekennender Süddeutscher. Sonne, Berge, laue Sommerabende und guter Wein – und das Mittelmeer nur eine Tagesreise weit entfernt. Doch nach meinen Forschungen in Afrika musste schnell ein Nachfolgejob her. Unsere kleine Familie war gewachsen, zwei Jahre nach unserer Tochter Stefanie war unser Sohn Patrick auf die Welt gekommen. Wir wohnten damals in Lelm, einem verschlafenen Dorf nahe Braunschweig, am Rand des kleinen Bergzuges Elm. Eines Tages klingelte das Telefon. Jacques Renaud war dran, ein französischer Trappenexperte mit engen Kontakten in die arabische Welt. Wir hatten uns vor einigen Monaten auf einer Tagung getroffen, auf der ich über meine Forschungen an der Zwergtrappe berichtet hatte. «Könntest du dir vorstellen, in

Saudi-Arabien zu arbeiten?», fragte er mich. «Wir suchen einen Direktor für das National Wildlife Research Center in Ta'if.» Mit so etwas hatte ich nicht gerechnet. «Sekunde», sagte ich, legte den Hörer zur Seite und spurtete nach draußen, wo Maria mit den Kindern zugange war. In wenigen Worten schilderte ich die Situation. Ihre Antwort kam ohne Zögern: «Klar, ist doch super.» Nach ein paar Minuten hatten Jacques und ich die vertraglichen Details in trockenen Tüchern. Eine Arbeit über Störche wäre mir zwar lieber gewesen, aber die Kragentrappen der Arabischen Wüste waren ja auch recht spannend. Zwei Monate später saßen wir mit Kind und Kegel im Flugzeug nach Jeddah, voller Erwartung, was auf uns zukommen würde.

Was es wirklich bedeutet, in Saudi-Arabien zu leben, erfuhren wir gleich nach unserer Ankunft in Ta'if. Unsere Pässe mussten wir abgeben, stattdessen erhielt ich einen saudischen Personalausweis, die sogenannte Iqama. Ausgestellt war sie auf meinen Namen, Maria und die Kinder waren auf einer der hinteren Seiten vermerkt. Dass Frauen in Saudi-Arabien kein Auto fahren dürfen, war uns bekannt. Aber dass sie ohne Ehemann oder einen nahen Verwandten nicht reisen können, hatten wir nicht gewusst. Baden im Roten Meer? Nur in meiner Begleitung. Übernachtung im Hotel? Keine Chance ohne meine schriftliche Genehmigung. Auch in den wenigen Restaurants der Stadt waren Frauen nicht erwünscht. In der Öffentlichkeit musste Maria über ihrer Kleidung die Abaya tragen, einen weiten schwarzen Umhang, der den Körper verhüllt. Für eine freiheitsliebende Westeuropäerin nicht gerade die besten Voraussetzungen. Ich dagegen, als «männliches Familienoberhaupt» und Leiter der Forschungsstation, hatte alle Freiheiten und ein spannendes Leben. Die Feldarbeit an Kragentrappen, Weißen Oryx und vielen anderen Tieren führte mich in die entlegensten Ecken der saudischen Wüste, im Jeep, mit dem Kleinflugzeug oder per Helikopter. Während all meiner Reisen war Maria gewissermaßen festgenagelt in der Station. Auch ich vermisste bald ein «normales» Leben: die geselligen Abende, gutes Essen mit Freunden, ein Glas Wein und gemeinsame Unternehmungen mit der Familie.

Nach zwei Jahren in der Wüste flatterte mir glücklicherweise ein Jobangebot aus Deutschland auf den Schreibtisch. Im Storchendorf Bergenhusen in Schleswig-Holstein sollte ein Naturschutzinstitut entstehen. Der Naturschutzbund Deutschland, kurz NABU, wollte dort seine Aktivitäten zum Schutz des Weißstorchs zusammenführen. Was mich besonders lockte: Als Institutsleiter hätte ich auch die Möglichkeit, Forschung zu betreiben. Einen Wermutstropfen gab es allerdings. Rein wettertechnisch passte Bergenhusen so gar nicht zu unseren Vorstellungen. Eigentlich hatten Maria und ich für den Fall unserer Rückkehr nach Deutschland eher an den Süden gedacht, konkret ans Allgäu. Der NABU lockte mit Zugeständnissen, und ein paar Wochen später packten wir wieder mal unsere Kisten. Innerhalb weniger Tage lösten wir unseren Haushalt auf. Rechtzeitig zum Jahreswechsel 1991/92 waren wir in Bergenhusen. Dass das Storchendorf unsere endgültige Heimat werden sollte, ahnten wir damals noch nicht.

EIN STORCHENSOMMER

Die ersten Jahre im Storchendorf liegen inzwischen hinter uns. Zuerst der Aufbau des Instituts: Fast zwei Jahre lang lebten wir auf einer Baustelle, bis das Gebäude endgültig fertiggestellt war. Dann das Wetter. Vor allem die nasskalten Wintertage mit Sturm und heftigem Regen waren gewöhnungsbedürftig. Auch die Organisation der Arbeit, von null auf hundert in wenigen Jahren, war nicht immer einfach wie auch der Kontakt zum neuen sozialen Umfeld. Die Reserviertheit gegenüber dem zugereisten Naturschützer war deutlich zu spüren. Aber wie das so ist in Norddeutschland: Die Menschen brauchen eine Weile, um warmzuwerden. Ist der Draht aber erst mal gefunden, kommt man bestens miteinander klar. Ob Landwirt oder «Öko» spielt im persönlichen Miteinander dann keine Rolle mehr. Der Nachbar unseres Instituts, Bauer und Feuerwehrhauptmann, hat mir einmal gesagt: «Holger, wir müssen ja beruflich nicht gleicher Meinung sein, Hauptsache, wir verstehen uns und können miteinander schnacken.» Wir fanden Freunde und fühlten uns im Storchendorf bald zu Hause. Irgendwann gehörten auch die Störche zum Alltag. Ihr Kommen im Frühjahr, ihr Verschwinden im Spätsommer, dieser zuverlässige Rhythmus im Wandel der Jahreszeiten. Nachdem ich in Afrika miterlebt hatte, welche Herausforderungen die Störche im Winter meisterten, konnte ich nun intensiv ihre Zeit im Brutgebiet beobachten.

Ende März im Storchendorf. Die Tage werden langsam wieder länger. An den ersten Büschen zeigt sich zartes Grün. Meisen, Buchfinken und Amseln singen schüchtern ihre ersten Strophen, als wollten sie jeden Sonnenstrahl einzeln begrüßen. Der Frühling steht vor der Tür. Erwartungsvoll gehen die Blicke der Bergenhusener jetzt zum Himmel. «Sind die Störche schon da?» Sie werden genauso sehnsüchtig erwartet wie die neue Jahreszeit. Auf dem Reetdach des Institutsgebäudes, in dem ich lebe und arbeite, thront auf einem Dachreiter ein großes Storchennest. In den vergangenen Jahren war es häufig besetzt. Eine gute Chance also, auch in diesem Jahr die Rückkehr eines Storches aus dem Winterquartier aus nächster Nähe mitzubekommen. Ein paar Tage später erkenne ich, weit oben zwischen den Wolken, einen weißen Fleck. Ein Blick durchs Fernglas: endlich, der erste Storch. Ein paar weite Kreise noch zieht der Heimkehrer und verliert dabei an Höhe.

Auf Umwegen ins Storchendorf | 105

Mit pendelnden Beinen segelt er herab und landet auf dem Nest auf «unserem» Dach. Ein kurzer Blick in die Runde, dann wirft er hastig den Kopf nach hinten, bis der Schnabel senkrecht nach oben zeigt. Laut beginnt er zu klappern, so als wolle er verkünden: Hier bin ich, und hier bleibe ich. Der Storch hat keine eigentliche Stimme. Ihm fehlt die Syrinx, der für Vögel typische untere Kehlkopf. Lediglich ein Fauchen oder scharfes Zischen bringt er heraus. Das Klappern, seine wichtigste Lautäußerung, erzeugt er durch das rhythmische Aufeinanderschlagen von Ober- und Unterschnabel. Noch immer klappernd, senkt sich der Schnabel wieder nach vorne, bis der Vogel nach einigen Sekunden verstummt. Ein wenig stochert er im Nest, verschiebt ein paar Äste und Zweige, schüttelt sein Gefieder und verharrt dann reglos. Hinter ihm liegt sicher eine anstrengende Reise. Ob er nun aus dem westafrikanischen Sahel oder dem südlichen Afrika kommt, die Ruhe hat er sich jedenfalls redlich verdient.

In den folgenden Tagen treffen weitere Störche ein. Im Tiefflug segeln sie über das Dorf, aufmerksam beäugt von denen, die bereits ein Nest besetzt haben. Auch unser «Hausstorch» muss jetzt auf der Hut sein. Sein Nest ragt hoch über die übrigen hinaus. Perfekt gelegen, mit freiem Blick auf die umgebenden Wiesen und Weiden. Ein solches Sahnestück ist natürlich auch bei den Neuankömmlingen begehrt. Immer wieder tut unser Storch mit heftigem Klappern kund, dass er bereit ist, sein Heim vehement zu verteidigen. Pumpend bewegt er die leicht abgespreizten Flügel. So wirkt er noch größer, als er ohnehin schon ist. Für die Störche ist dies eine spannende Zeit, denn jetzt entscheidet sich, wer den besten Brutplatz ergattert. Die Bewohner von Bergenhusen verfolgen das turbulente Geschehen am Himmel. Auch Storchentouristen finden sich zunehmend ein. «Die ersten Störche sind zurück» – selbst den Tageszeitungen und dem Regionalfernsehen über die Grenzen Schleswig-Holsteins hinaus ist die Ankunft der weitgereisten Segler eine Meldung wert.

Frühlingserwachen: Ende April blühen auf den Grünflächen rund um die alte Kirche die Krokusse. In den Gärten summen die ersten Insekten. Die wenigen Blüten sind bei Hummeln und Bienen jetzt heiß begehrt. Und vor dem Nistkasten im alten Ahorn hat das Starenmännchen begonnen, mit seinem abwechslungsreichen Lied ein Weibchen zu locken. Auch heute sind wieder Störche zurückgekehrt. Und nicht nur das: Einige der Neuankömmlinge wussten anscheinend genau, wo sie hingehören. Drei Nester sind es, auf denen das Junggesellendasein ganz offensichtlich ein Ende hat. Als würden sie sich seit Jahren kennen, so stehen die Partner nebeneinander. Beginnt einer zu klappern, dann stimmt der zweite nach wenigen Sekunden ein. Sehr vorsichtig, fast zärtlich, beknabbern die Vögel sich mit den spitzen Schnäbeln. Nicht umsonst gelten Störche seit jeher als Paradebeispiel für eheliche Treue. Oft sind es jahrelang dieselben Paare, die im Frühjahr zum gleichen Nest zurückkehren. Für immer zusammen. Eine schöne Vorstellung, die aber letztlich Illusion bleibt. Langzeitauswertungen von Ringablesungen und andere Beobachtungen förderten ein weniger romantisches Bild zutage: Nicht der Partner ist das Maß der Dinge, sondern das Nest. «My home is my castle», nach diesem Motto wählen die Störche ihren Brutplatz. Am liebsten lassen sie sich dort nieder, wo sie in den Jahren zuvor erfolgreich genistet hatten. Wartet dort schon der ehemalige Partner – gut, dann bleibt es bei ihm. Aber es finden durchaus auch neue Paare zusammen – ohne großes Tamtam. Wenn dann allerdings ein Nestbesitzer aus dem Vorjahr verspätet zurückkehrt und seinen angestammten Brutplatz besetzt vorfindet, dann ist Ärger vorprogrammiert. Nicht selten enden solche Streitereien in heftigen Kämpfen.

Blauer Himmel und Sonne: perfekte Voraussetzungen für eine

gute Thermik. Ideales Zugwetter also für die Störche. Mehr und mehr Nester in Bergenhusen werden jetzt bezogen. Die Vorbereitungen für die Brut laufen auf Hochtouren. Vielen Nestern haben die Stürme des vergangenen Winters heftig zugesetzt. Wo immer ein Paar sich niedergelassen hat, werden die Schäden fleißig repariert. Ununterbrochen schleppen die Vögel Äste und Zweige heran. Mit dem spitzen Schnabel verkeilen sie akribisch, oft in Teamwork, das sperrige Nistmaterial im Unterbau. Ein Nest fällt mir besonders auf. Starker Wind und Regenfälle haben es deutlich in Schräglage gebracht. Der Storch müht sich redlich, in seinem Zuhause trotzdem eine waagrechte Nestmulde zu schaffen. Indem er den windschiefen oberen Nestteil geschickt überbaut, kriegt er das makellos hin. Durch die alljährlichen Reparaturen und den stetigen weiteren Ausbau wachsen die Storchenburgen in die Höhe. Von Jahr zu Jahr werden sie schwerer und ausladender. Durchschnittlich knappe eineinhalb Quadratmeter misst die Oberfläche eines Storchennestes und kann im Laufe der Zeit vier Quadratmeter und mehr erreichen, bei einem Durchmesser von mehr als zwei Metern.

In unserer aufgeräumten Kulturlandschaft haben die Störche oft Mühe, genug geeignetes Astwerk für den Nestbau zu finden. Dort jedoch, wo ausreichend Material in der Umgebung vorhanden ist, bauen die Vögel manchmal regelrechte Burgen. In Bälow, einem kleinen Ort nahe Rühstädt in Brandenburg, fotografierte ich vor Jahren auf dem First einer alten Scheune einen fast drei Meter hohen Storchenhorst. Eine Tonne oder mehr mag dieser Koloss gewogen haben. Der Besitzer des Gehöfts musste das Nest schließlich abtragen lassen. Die Dachkonstruktion hätte dem Gewicht nicht länger standgehalten. Das größte bisher bekanntgewordene Nest ragte fast vier Meter in die Höhe. Vermutlich gibt es auch unter den Störchen unterschiedlich begabte Baumeister.

Die ungewöhnlich hohen Nester entstehen nur dann, wenn ein besonders motivierter «Handwerker» über Jahre hinweg das gleiche Nest bewohnt.

STORCHENSEX

Der Nestbau ist natürlich nur der Anfang. Eine knappe Woche später sind etliche Storchenpaare schon dabei, die Voraussetzungen für ein erfolgreiches Brutjahr zu schaffen. Zärtliches Turteln, das Beknabbern des Partners, gemeinsames Klappern und die Verteidigung des Nestes gegen Konkurrenten – alles Verhaltensweisen, die auf Familiengründung zielen, und natürlich die Paarung selbst. Die Kopulation, wie der Begattungsakt der Störche genannt wird, hat bereits kurz nach der Paarbildung begonnen. Das «Vögeln» der schwarz-weißen Segler findet so gut wie immer auf dem Nest statt. Ohne großartige Zeremonie, ohne langwieriges Vorspiel, sondern kurz und bündig. Mit gesenktem Kopf stolziert das Männchen ein- bis zweimal langsam um seine Partnerin. Angekommen an ihrem Hinterende, steigt er, mit zwei bis drei Schritten und bei balancierenden Flügeln, auf das stehende Weibchen auf. Dieses hat die Flügel leicht abgespreizt, um ihm auf ihrem Rücken eine stabilere Standfläche zu bieten. Sie legt den Kopf nach hinten, und während des Akts bewegt er seinen Schnabel rhythmisch gegen den des Weibchens. Dabei hört man ein leises, langsames und unregelmäßiges Klappern, wie die Störche es in keiner anderen Situation äußern. Während der gesamten Paarung hält das Männchen mit gespreizten Flügeln das Gleichgewicht. Etwa 25 Sekunden lang dauert die Kopulation, dann springt das Männchen vom Rücken des Weibchens und landet neben ihr auf dem Nest. Beide schütteln ihr Gefieder, und fertig.

Auf Umwegen ins Storchendorf | 109

Männchen und Weibchen besitzen, wie die meisten anderen Vögel auch, keine unterschiedlichen äußeren Geschlechtsorgane. Sie haben stattdessen jeweils eine sogenannte Kloake, eine Körperöffnung, durch die sowohl die Geschlechtsprodukte abgegeben und aufgenommen als auch Exkremente ausgeschieden werden. Wer genau hinschaut, stellt fest, dass das Weibchen bei der Kopulation den Schwanz leicht anhebt, während das Männchen seinen Schwanz und den Hinterkörper seitlich nach unten drückt. Beide pressen ihre Kloaken aufeinander. Nur wenn deren Positionen stimmen und sie sich punktgenau treffen, können die Spermien in den Eileiter des Weibchens gelangen. Erleichtert wird die Prozedur dadurch, dass beim Akt in der Kloake des Männchens eine Rinne anschwillt, die die Spermien zum Ausgang der Kloake leitet. Außerdem stülpen sich bei beiden Vögeln die Kloaken leicht aus, sodass der Kontakt verbessert wird. Gar nicht so einfach, dieser Storchensex. Und trotzdem klappt er, wenn auch nicht immer.

Ich beobachte ein Paar, das erst vor wenigen Tagen zusammengefunden hat. Dreimal haben die Vögel in der letzten Stunde kopuliert. Der häufige Sex, vor allem kurz nach der Paarbildung und während der Eiablage, ist bei den Störchen die Regel. Mit einer Videokamera haben wir in zwei Jahren das Verhalten des Storchenpaars auf unserem Institutsgebäude dokumentiert. In stundenlanger Arbeit hat Maria die Bänder analysiert, jedes Einzelbild angeschaut und interpretiert. Sie stellte fest, dass sich die Vögel an manchen Tagen bis zu 19-mal paarten – meist während des Tages, aber, wenngleich seltener, auch in der Nacht. Im Schnitt insgesamt 75-mal kopulierten die Störche während der Brutsaison. Die meisten Paarungen fanden während der Phase der Eiablage statt, über einen Zeitraum von etwa zwei Wochen. Allerdings waren in den beiden Jahren nur 44 beziehungsweise 85 Prozent aller Kopulationen erfolgreich. Bei den anderen kam es nicht eindeutig zum

Kontakt der Kloaken. Die «Fehlerquote» ist also relativ hoch. Was erklärt, warum die Störche sexuell so aktiv sind. Die Vögel gehen sozusagen auf Nummer sicher, da beim wackligen Balanceakt der Kopulation ohne weiteres auch mal etwas «danebengehen» kann. Spanische Ornithologen zählten sogar bis zu 200 Kopulationen pro Paar und Brutperiode. Wahrscheinlich macht die Fitness des Männchens den entscheidenden Unterschied. Viel hilft viel: Beim Sex der Störche trifft das wohl zu und erhöht die Chance, die eigenen Gene weiterzugeben.

Ab Ende April treten die Störche im Dorf etwas kürzer. Während rundum die Vogelwelt erwacht, Buchfink und Zaunkönig ihre Hochzeitslieder schmettern und viele Gefiederte gerade aus ihren Überwinterungsgebieten zurückkehren, geht es auf den Storchennestern eher beschaulich zu. Die meisten Paare haben inzwischen mit dem Brüten begonnen. Zwischen zwei und sechs kalkweiße Eier haben die Weibchen gelegt, durchschnittlich etwa vier, im Abstand von jeweils zwei Tagen und meist während der Nacht. Gut 100 Gramm wiegt ein Storchenei. Mit der Bebrütung beginnen die Störche kurz nach der Ablage des zweiten Eies. Von jetzt an sitzen Männchen und Weibchen abwechselnd auf dem Gelege und schützen es damit vor Auskühlung und Überhitzung. Sie sorgen so für die Temperatur, bei der sich die Embryonen optimal entwickeln. Das Weibchen brütet im Allgemeinen etwas länger als das Männchen. Unsere Videoauswertungen ergaben durchschnittlich acht Brutwechsel pro Tag. Einen knappen Monat dauert es nach Brutbeginn, bis das erste Küken schlüpft.

Wie es wirklich aussieht in den Nestern, wie viele Eier tatsächlich gelegt wurden und welcher Partner gerade brütet: All das sind Dinge, die dem Beobachter vom Boden aus meist verborgen bleiben. Die Geschlechter lassen sich äußerlich kaum unterscheiden. Statistisch gesehen ist das Männchen zwar etwas größer als das Weibchen und hat einen kräftigeren Schnabel. Aber was sagt schon ein statistischer Mittelwert, wenn nur ein einziger Vogel auf dem Nest sitzt? Wer mehr erfahren will über das Verhalten der Störche in der Brutzeit, der muss schon einiges an Geduld mitbringen. Mit dem Fernglas bin ich deshalb unterwegs und beobachte die besetzten Nester. Gelegentlich steht der brütende Vogel auf, dreht mit sanften Schnabelbewegungen die Eier und setzt sich dann wieder nieder. Manchmal dauert es Stunden, bis er von seinem Partner abgelöst wird. Ist es dann endlich so weit, geht der Schichtwechsel ohne großen Aufwand über die Bühne. Oft trägt der anfliegende Storch ein Bündel Gras oder Silage im Schnabel, um damit die Nestmulde auszupolstern, und wird von seinem Partner klappernd begrüßt. Er landet und steht ein paar Sekunden lang ruhig auf dem Nestrand. Der brütende Vogel erhebt sich und fliegt sofort ab zur Nahrungssuche, während der Rückkehrer mit schnellen Schnabelbewegungen das mitgebrachte Nistmaterial in die Mulde einarbeitet. Dann lässt er sich auf das Gelege nieder und hudert mit seitlichen Bewegungen seines Körpers die Eier ins Brustgefieder. Bis zum nächsten Schichtwechsel kann es dauern. Ob Hitze oder Kälte, Regen oder blauer Himmel, die Störche ziehen ihr Brutgeschäft ungerührt durch. So bleiben die Eier jederzeit geschützt vor schädlichen Witterungseinflüssen.

NATURSCHUTZ UND LANDWIRTSCHAFT

Bei meinem Job im Storchendorf geht es nicht nur um die Störche, sondern auch um den regionalen Naturschutz. Ein Thema, das mich ziemlich auf Trab hält – und das letztlich ja auch für den Bestand der Störche relevant ist. Denn die Entwicklung in der Sorge-Niederung, dem Naturraum um Bergenhusen, ist während der vergangenen Jahrhunderte keineswegs nur positiv verlaufen. Die zum Teil unter Meeresniveau gelegene Landschaft wurde einst regelmäßig überflutet, vor allem bei Hochwässern an der Küste. Sie bestand dann überwiegend aus riesigen Wasserflächen. In kalten Wintern, so erzählen es die alten Bergenhusener, konnte man auf Schlittschuhen die sieben Kilometer bis zum Nachbarort Meggerdorf laufen. Flachseen, Niedermoore, Feuchtgrünland und Heuwiesen prägten das teils amphibische Land. Optimale Lebensräume für Wiesenvögel wie Kiebitz, Brachvogel, Uferschnepfe und natürlich auch den Weißstorch. Anfang des letzten Jahrhunderts brüteten noch etwa 60 Storchenpaare in Bergenhusen. Bis in die 1950er Jahre, als der berühmte Tierfilmer Heinz Sielmann seinen Film *Im Dorf der weißen Störche* drehte, bot sich in der Niederung noch ein ganz anderes Bild, als wir es heute kennen.

Für die Menschen im Land zwischen den Flüssen Eider, Treene und Sorge bedeuteten die zahlreichen Überschwemmungen einen ständigen Kampf. Die Landwirtschaft auf den feuchten Böden war eine elende Plackerei. Für die Mahd wurden den Pferden mancherorts Holzschuhe über die Hufe gezogen, damit sie nicht im Modder stecken blieben. Schwere Maschinen, mit denen das Moor urbar gemacht werden sollte, versanken im grundlosen Schlamm. Nur mit Mühe gelang es, sie wieder flottzukriegen. Erst mit dem Bau mächtiger Sperrwerke, der Schleuse Nordfeld und der Eiderabdämmung bei Tönning, konnten die schlimmsten Überflutungen verhindert werden. Leistungsfähige Schöpfwerke pumpen seitdem über Entwässerungsgräben das ansteigende Regen- und Grundwasser in die Flüsse. Erst durch diese wasserbaulichen Maßnahmen wurde es möglich, das Land intensiver zu nutzen. Für die Natur jedoch hatte die Entwicklung gravierende Folgen. Heute erstrecken sich bis zum Horizont endlose «Grasäcker», die von schweren Maschinen bewirtschaftet werden. Keine Wildkräuter

Auf Umwegen ins Storchendorf | 113

mehr wie einst, sondern auf Ertrag gezüchtetes Grünland. Mit dem
Kreiselmäher wird das schnell wachsende «Raketengras» – wie ein
Kollege es treffend bezeichnete – mehrfach im Jahr gemäht. Unter
riesigen schwarzen Folien fermentiert es zu Silage und dient als
Futter für die Milchkühe. Für Wiesenvögel bedeuteten die neuen
Verhältnisse eine Katastrophe. Die Konsequenzen sind unübersehbar. Als ich in einem Frühjahr Anfang der 1980er Jahre meine allererste Reise zu den Störchen von Bergenhusen unternahm, fiel mir
die unglaubliche Vielfalt der Vogelwelt auf. Auf fast jedem Koppelpfahl stand eine Bekassine oder ein Rotschenkel. Überall trillerten
die Lerchen, sangen die Braunkehlchen und knarrten die Rohrsänger. Das Flöten der Brachvögel und die aufgeregten Rufe der Uferschnepfen tönten über die feuchten Wiesen, und im Balzflug gaukelten Kiebitze über das Moor. Und heute? Das Frühlingskonzert
der Wiesenvögel ist weitgehend verstummt. Zwar sind die meisten Arten noch da, aber selbst «Allerweltsvögel», wie zum Beispiel
die Feldlerche, sind selten geworden. Man muss sich schon Mühe
geben, um sie noch zu finden. Dass Naturschützer und Bauern da
unterschiedlicher Ansicht sind, kann nicht verwundern.

Zeitweise war die Region eine regelrechte «Kampfzone» zwischen Landwirtschaft und Naturschutz. Dass zur gleichen Zeit
im Fernsehen eine Dokumentation mit dem Titel *Der Deich muss
weg* gesendet wurde, heizte die Stimmung noch weiter an. Naturschützer forderten, das einstige «Paradies der Wiesenvögel» durch
großflächige Wiedervernässung zu retten. Die Fronten waren verhärtet, das gegenseitige Misstrauen war groß. Ein zähes Geschäft,
aber langsam kam man sich näher. Inzwischen erkennen auch viele Bauern, dass eine zu starke Absenkung der Wasserstände ihnen
nicht nur nutzt: Wenn die Moorböden trockenfallen, mineralisiert
der Boden, fällt in sich zusammen oder wird als Staub vom Wind
verweht. Die Konsequenz: Das Land sackt noch weiter ab. Irgend-

wann wäre die Grenze erreicht, über die hinaus man es überhaupt noch entwässern könnte. Dass das Thema Naturschutz für viel Diskussionsstoff sorgen würde, war abzusehen, überrascht hatte mich aber schon, dass die Auseinandersetzungen dermaßen heftig verlaufen. Zum Glück haben beide Seiten sich inzwischen zusammengerauft, man kann wieder miteinander reden, tauscht sich regelmäßig aus und geht Probleme und ihre Lösungen sogar gemeinsam an. Auch den Störchen von Bergenhusen kann diese Entwicklung auf lange Sicht nur helfen.

KAMPF UMS NEST

Wochenende. Eigentlich wollte ich ausschlafen, aber ein ungewohntes Geräusch reißt mich abrupt aus meinen Träumen. Das Fenster ist offen, ich lausche nach draußen. Ein paar Vögel zwitschern, die Sonne scheint. Sonst nichts. Während ich schlaftrunken nach meinem Wecker schiele, höre ich es wieder: wütendes Storchengeklappere. Sehr wütend sogar, ganz in der Nähe und von mehreren Vögeln. Das war es, was mich geweckt hat. Also raus aus den Federn, hin zum Fenster, und sofort ist zu erkennen, welches Drama sich anbahnt: Das Storchenpaar auf dem Haus gegenüber steht nervös auf dem Nest und beobachtet aufgeregt den Himmel. Ein weiterer Storch kommt im Tiefflug heran, ganz dicht über den Dächern. Wieder klappert das Paar auf dem Nest, ganz anders als bei der Begrüßung des Partners. Die deutlich geöffneten Flügel bewegen sich pumpend auf und ab, und in geduckter Haltung drehen die Vögel sich so, dass sie den Angreifer im Blick haben. Der überfliegt das Nest in etwa fünf Meter Höhe, zieht einen weiten Bogen und kehrt zielstrebig zurück. Jede Annäherung, jeden Überflug quittieren die Nestbesitzer mit entschiedenem Abwehrklappern.

Auf Umwegen ins Storchendorf | 115

Mindestens eine Viertelstunde lang zieht sich das Geplänkel hin. Die beiden Verteidiger rühren sich nicht vom Nest. Vor etwa zwei Wochen haben sie mit dem Brüten begonnen. Jetzt sind sie bereit, ihr Gelege und den Horst bis zum Äußersten zu verteidigen. Wieder fliegt der Eindringling an, diesmal noch niedriger. Dann wird es ernst. Beim ersten Versuch, auf dem Nestrand zu landen, wehrt das Paar ihn erfolgreich ab, mit aggressivem Fauchen und erbitterten Schnabelhieben. Der Angreifer sucht erst mal mit schweren Flügelschlägen das Weite. Drohend folgt ihm der männliche Brutstorch ein Stück weit, kehrt aber schnell wieder zum Nest zurück. Triumphierend klappert das Paar, bleibt aber weiterhin wachsam.

Aus gutem Grund: Der Fremde hat keinesfalls aufgegeben. Wieder und wieder greift er an. Als er versucht, direkt von oben auf dem Nest zu landen, ragt ihm, senkrecht wie ein Dolch, der Schnabel eines der Brutstörche entgegen. Nur knapp entgeht er dem Stoß und schafft es, auf dem Nestrand zu landen. Ein erbitterter Kampf bricht los. In Sekundenschnelle werden die sonst so friedlichen Vögel zu wütenden Furien. Wie Berserker stechen sie mit ihren spitzen Schnäbeln zu, schlagen mit den Flügeln und versuchen, sich gegenseitig vom Nest zu drängen. Ein Gefecht ohne Regeln und ohne Ritual. Jetzt gilt nur noch eines: sich durchzusetzen, den Gegner zu schwächen und zu vertreiben. Im schnellen Takt setzt es heftige Hiebe. Wer ist Angreifer, wer Verteidiger, und wer ist gerade im Vorteil? Im furiosen Getümmel kann ich es nicht erkennen. Dann sehe ich Blut. Ein roter Fleck breitet sich auf der Brust eines der Kontrahenten aus. Ein paar Minuten noch dauert der Kampf, dann gibt der verletzte Vogel auf. Geschlagen fliegt er ab, während der Sieger ihm einen letzten Schnabelhieb auf den Rücken verpasst. Anhand der Ringe kann ich schließlich erkennen, dass der Angreifer den Kampf für sich entschieden hat. Lauthals klappert er seine Überlegenheit heraus, während die Partnerin des besiegten Männchens unbeteiligt danebensteht. Die Eier wurden wahrscheinlich im Kampfgetümmel zerstört, aber die hätte der Neue ohnehin nicht akzeptiert. Ihm war es wichtig, das Nest zu erobern. Das Weibchen ist eine willkommene Zugabe, und es nimmt den erzwungenen Partnertausch ungerührt hin. Auch für die Störchin gilt, das Nest ist ihr wichtiger als der Partner. Und tatsächlich: Zwei Tage später kopulieren die Vögel. Bald schon werden im Nest wieder Eier liegen – diesmal befruchtet vom neuen Männchen. Storchenkämpfe sind in Bergenhusen übrigens gar nicht so selten. In jedem Jahr gibt es spät ankommende Junggesellen, die versuchen, ein Nest zu erobern.

Der Mai hat begonnen, die Natur läuft jetzt zur Höchstform auf. Von Tag zu Tag wird das Laub der Bäume üppiger. Und am frühen Morgen tönt der Gesang der balzenden Vögel aus allen Hecken und Büschen. Um viele Storchenhorste gaukeln lärmend die Dohlen. Die schwarzen Gesellen haben sich im Gewirr der Äste als Untermieter einquartiert. Ein Stockwerk höher schauen die eigentlichen Nestbesitzer dem quirligen Treiben gelangweilt zu. Fast einen Monat ist nun es her, dass die Störche mit der Brut begannen. Bald sollten die ersten Küken schlüpfen.

ERSTER NACHWUCHS UND EINE TRAGÖDIE

Inzwischen macht sich auf einigen der Storchennester Unruhe bemerkbar. Immer wieder mal erheben sich die brütenden Vögel. Neugierig, fast ratlos, könnte man denken, blicken sie ins Nest, stochern auffällig oft mit dem Schnabel und drehen behutsam die Eier. Tut sich da was? Ist vielleicht das erste Küken bereits geschlüpft? Unmöglich, das von meinem Standort aus zu erkennen. Als ich am folgenden Nachmittag wieder vorbeischaue, kommt mir der Zufall zu Hilfe. Das Storchenmännchen fliegt an, Wachwechsel. Sofort nachdem das Weibchen das Nest verlassen hat, beginnt er, Futter auszuwürgen. Im Fernglas erkenne ich die Beutetiere, hauptsächlich Regenwürmer. Und da recken sich zwei kleine Schnäbelchen bettelnd empor, gerade weit genug, dass ich sie sehen kann. Mindestens zwei Küken sind geschlüpft, die ersten der Saison. Eine Minute lang steht das Männchen ruhig, setzt sich dann vorsichtig auf die Winzlinge nieder. Jetzt noch gründlich hudern, damit sie nicht frieren, und dann beginnt seine Schicht.

Währenddessen ist das Weibchen längst bei der Nahrungssuche. Weit ist sie nicht geflogen. Gerade mal ein paar hundert Meter entfernt stolziert sie über das Grünland und stochert mit dem Schnabel im Boden. Während der ersten Lebenstage der Jungen suchen die Störche ihre Nahrung im Nahbereich. Immer in Sichtweite des Nestes, sodass sie sofort zurückkehren können, um den Partner zu unterstützen, wenn den Jungen Gefahr droht. Auf dem Speiseplan stehen jetzt überwiegend kleine Nahrungstiere. Regenwürmer spielen zu dieser Zeit die wichtigste Rolle. Aber auch Larven der Wiesenschnake (Tipula) sowie andere Insekten und Spinnen werden verfüttert. So kurz nach dem Schlüpfen wiegen die Küken gerade einmal 70 bis 80 Gramm. Größere Beutetiere wären für diese Winzlinge nicht geeignet. Im Gegensatz zu vielen anderen Vogelarten wird der Nachwuchs der Störche nicht von Schnabel zu Schnabel gefüttert. Die Eltern bringen die Nahrung lediglich im Schlund heran und würgen sie unzerkleinert in die Nestmulde. Von dort müssen die Kleinen das Futter eigenständig aufnehmen und am Stück verschlingen. Wer zuerst kommt, mahlt zuerst, das gilt auch für junge Störche. Zwar sind sie jetzt untereinander noch recht verträglich, aber die stärksten bekommen trotzdem am meisten ab. Bis zum Alter von fünf Tagen hat ein gesundes Küken sein Gewicht mehr als verdoppelt. Nach zwei Wochen bringt es bereits fast ein Kilo auf die Waage. Schon im frühen Alter der Jungen sind die Storcheneltern deshalb im Dauerstress. Während des ganzen Tages, bis spät in den Abend, sind sie auf der Suche nach Nahrung. Täglich schlüpfen jetzt weitere Küken, und bald wird in den meisten Nestern gefüttert. Den größten Teil des Tages jedoch verbringen die Kleinen unter ihren hudernden Eltern. Diese Fürsorge ist für sie keinesfalls ein Luxus, sondern die Voraussetzung für ihr Überleben. Noch fehlt den Küken die Fähigkeit, ihre Körpertemperatur selbsttätig zu regulieren. Wären sie Kälte und Hitze ungeschützt ausgesetzt, dann würden sie innerhalb weniger Stunden sterben.

Auch im kameraüberwachten Storchennest auf dem Reetdach unseres Hauses sind inzwischen zwei Junge geschlüpft. Mit einem zeitlichen Abstand von etwa zwölf Stunden, wie die von Maria gesichteten Filmaufnahmen deutlich zeigen. Zwei weitere Eier liegen noch im Nest. Ein unbefruchtetes Ei pro Gelege kommt häufig vor. Aber gleich zwei? Am nächsten Abend schlüpft tatsächlich ein drittes Küken. Es ist deutlich kleiner als seine Geschwister. Kein Wunder, der Altersunterschied vom Nesthäkchen zum Ältesten beträgt annähernd 50 Stunden. In den ersten Lebenstagen kann das entscheidend sein. Wird das Kleine es schaffen, beim Gerangel um die Nahrung mitzuhalten? Das Nesthäkchen gibt bei den Fütterungen zwar sein Bestes, geht aber trotzdem sehr oft leer aus. Schlechte Aussichten für den Nachzügler. Während seine Geschwister sich prächtig entwickeln, bleibt er im Wachstum deutlich zurück.

Zunehmend wird der Kleine schwächer. Nach vier Tagen plötzlich fängt einer der Altstörche an, das Nesthäkchen zu attackieren, indem er ihm unvermittelt kräftige Schnabelhiebe auf den Kopf verpasst. Nicht nur einmal, sondern wiederholt. Am nächsten Abend dann die Tragödie. Mit der Schnabelspitze packt das Männchen den Kleinen am Kopf. Langsam zerrt er ihn an den Rand des

Auf Umwegen ins Storchendorf | 119

Nests, lässt ihn dort fallen und schubst ihn so weit, dass er gerade noch auf der äußersten Kante liegt. Zögernd – so scheint es zumindest – schaut der Altstorch mit schräggehaltenem Kopf das malträtierte Nesthäkchen an. Dann greift er erneut mit dem Schnabel zu und wirft das arme Geschöpf in die Tiefe. Vor unseren Augen, die wir entsetzt vor dem Monitor sitzen. Trotz aller naturwissenschaftlichen Vernunft – bei solch einem Anblick ist das Mitgefühl stärker. Wir wissen natürlich, dass der Kleine nie eine echte Chance hatte. Der Altstorch war nicht brutal oder grausam, sondern folgte nur seinem natürlichen Instinkt, nämlich alles zu tun, um den größtmöglichen Bruterfolg zu gewährleisten und die eigenen Gene weiterzugeben. Mitte des letzten Jahrhunderts hat sich der berühmte Storchenforscher Ernst Schüz intensiv mit dem gar nicht so seltenen Phänomen befasst. Er interpretierte diese gezielte «Beseitigung» von kaum überlebensfähigen Nachkommen als «populationsstrategisch» wichtigen Vorgang. Durch die Verminderung der Brutgröße nehme die Wahrscheinlichkeit zu, eine Maximalzahl gesunder und ausreichend ernährter Jungvögel zum Ausfliegen zu bringen. Spanische Ornithologen wollten wissen, was genau dieses Verhalten auslöst. In regelmäßigen Abständen wogen sie die Jungstörche aller beobachteten Bruten. Sie wiesen nach, dass im Fall der Tötung eines Kükens stets dasjenige betroffen war, dessen Gewicht ab einem bestimmten Zeitpunkt stagnierte und das somit ohnehin kaum eine Chance hatte, zu überleben. Übrigens wurde mehrfach dokumentiert, dass Altstörche ein Nesthäkchen nicht nur töteten, sondern es sogar bei lebendigem Leib verschlangen. Bezeichnet wird dies als Kronismus – ein Begriff, der sich vom griechischen Titanen Kronos herleitet, der seine eigenen Kinder gefressen haben soll. Kein schönes Thema, und doch gehören diese scheinbar so grausamen Verhaltensweisen schlicht zur Biologie dieses beliebten Vogels.

TÖDLICHER WETTERUMSCHWUNG

Der Mai macht seinem Ruf alle Ehre. Das Wetter meint es gut mit den jungen Störchen. Seit die ersten Küken geschlüpft sind, hat es nicht viel geregnet. Milde Schauer, gerade genug, dass sich die Regenwürmer im Grünland trotz der vielen Sonnenstunden nicht allzu tief in den Boden verkrochen. An Nahrung für die Jungstörche mangelt es also nicht. In den meisten Nestern lugen inzwischen die kleinen Köpfchen über den Nestrand. Ja, es stimmt, selbst so kurz nach dem Schlüpfen beweisen die Küken, dass sie echte Klapperstörche sind. Die Kanten der Schnäbelchen sind zwar noch weich, und das Klappern klingt leise und schüchtern – aber in den kommenden Wochen wird sich das ändern. Alles in allem: ein Bilderbuchfrühling im Storchendorf. Irgendwann jedoch, gegen Ende Mai, kündigen dunkle Wolken ein Unwetter an. Der Wind frischt auf, und dann öffnet der Himmel seine Schleusen. Wie aus Eimern trommelt der Regen in dicken Tropfen herab, ergießt sich in dichten Schleiern auf alles und jeden, und die Temperaturen fallen um etliche Grad. Ein Starkregen der übelsten Sorte. Genau das, was die Jungstörche jetzt überhaupt nicht vertragen. Die meisten sind gerade mal zwei bis drei Wochen alt. Für sie sind Kälte und Nässe ein gefährlicher Cocktail. Zwar sitzt – oder steht – auf jedem Nest ein Altstorch über dem Nachwuchs. Aber viele der Kleinen sind schon so groß, dass sie unter dem schützenden Gefieder nicht mehr genug Platz finden. In den Wochen zuvor haben in manchen Nestern die Storcheneltern Silage und Plastikmüll eingetragen, um dadurch die Nestmulde zu verbessern. Ein fataler Fehler, wie sich jetzt zeigt. Das Wasser kann nicht mehr abfließen. Es staut sich im Nest, und die Jungen sitzen schutzlos im nasskalten Matsch. Wie auch sollten die Störche beurteilen können, welche Materialien, die sich heute in der Umwelt finden, zum Polstern geeignet sind? Als spät in der Nacht der Sturm etwas nachlässt, wird es bitterkalt. Bis weit hinein in den nächsten Tag fällt weiterhin Regen, bei Temperaturen wie im Februar.

Hilflos schaue ich aus dem Fenster und fluche über das Wetter. Als es endlich etwas trockener wird, ziehe ich mir meine Winterjacke über, hänge mir das Fernglas um den Hals und mache mich auf den Weg, getrieben von schlimmsten Befürchtungen. Kann überhaupt ein Jungstorch diese sintflutartigen Regengüsse überstanden haben? Zumindest je ein Küken, so ist zu erkennen, hat in einigen Nestern überlebt. Auf fünf Nestern stehen verloren die Altvögel. Sie machen keine Anstalten, sich um eventuell noch lebenden Nachwuchs zu kümmern. Viele Horste sind verwaist, weder Alt- noch Jungstörche sind zu sehen. Es muss große Verluste gegeben haben. Durchnässt und unterkühlt überleben die Jungstörche, die noch kein komplettes Federkleid besitzen, nur für wenige Stunden. Nicht umsonst fällt in manchen Jahren ein Großteil des Storchennachwuchses solchen Wetterkapriolen zum Opfer. Keine andere Todesursache kostet mehr Jungstörche das Leben.

Ein paar Tage nach dem Sturm schaut Jörg Heyna vorbei. Der schleswig-holsteinische Beringer und Hobby-Ornithologe ist ein wahrer Storchen-Verrückter. Einer der vielen engagierten ehrenamtlichen Enthusiasten in ganz Deutschland, die ihre gesamte Freizeit für die Weißstörche opfern. Jörg führt Tagebuch über alle Brutpaare, bringt Nisthilfen an und beringt am Ende der Brutsaison alle Jungstörche. Selbst eine Internetseite betreibt er, in der er das Schicksal jedes einzelnen Storchenpaares in Schleswig-Holstein dokumentiert (https://stoercheimnorden.jimdo.com/). Heute will er nachschauen, was das Unwetter in Bergenhusen angerichtet hat. Unterstützt von der Freiwilligen Feuerwehr, klettert er hoch zu jedem einzelnen Nest. Meist bringt er beim Abstieg deprimierende Nachrichten mit. Viele Jungstörche sind tot, in den bisher kontrol-

Auf Umwegen ins Storchendorf

lierten Nestern hat mehr als ein Drittel den Sturm nicht überlebt. In mehreren Nachbargemeinden soll es ganz ähnlich aussehen. Ein herber Rückschlag für den Storchenbestand im Land.

Wieder packt Jörg aus einem der Nester in Bergenhusen zwei leblose kleine Körper in einen Leinenbeutel und lässt sie an einem Strick vorsichtig herunter. «Zwei Tote», ruft er mir zu, «vielleicht wollt ihr sie tiermedizinisch untersuchen lassen?» Genau das haben wir vor. Ich nehme die Storchenküken aus dem Beutel. Eiskalt sind sie, ihr Daunengefieder ist klitschnass und verschmutzt. Ein Bild des Jammers. Ich lege sie auf den Boden, betaste die kleinen Körper, um eine Vorstellung vom Ernährungszustand zu bekommen, und untersuche das Gefieder auf Parasiten. Plötzlich habe ich den Eindruck, als hätte sich eines der Küken bewegt. Ich nehme das Vögelchen noch einmal in die Hände, befühle es und stelle fest, dass es tatsächlich atmet. Nicht stetig, sondern nur alle paar Sekunden hebt sich kaum merkbar der Brustkorb. Der Kleine ist noch am Leben – gerade so. Was soll ich tun? Schon öfter habe ich gehört, dass unterkühlte, scheinbar tote Störche durch Zufuhr von Wärme wieder ins Leben zurückgeholt wurden. Besonders sinnvoll fand ich das eigentlich nie: Viele dieser «Patienten» sind für immer geschädigt – und verbringen den Rest ihres Lebens in einer Auffangstation. Aber jetzt, wo ich diesen fast toten Winzling in den Händen halte und vielleicht eine Chance besteht, ihn zu retten, sehe ich die Sache etwas anders.

Allen Prinzipien zum Trotz bitte ich Maria, schnell ein paar trockene Tücher zu besorgen, samt Rotlichtlampe und einem Föhn. Sehr langsam wärmen wir alle gemeinsam das kleine Häufchen Elend wieder auf. Bloß nicht zu nah ran mit dem Föhn, ganz sachte und vorsichtig, mehr als handwarm soll der Luftstrom nicht sein. Zwischendurch gönnen wir dem Kleinen etwas Ruhe und packen ihn unter die Wärmelampe. Nach 20 Minuten ist das klägliche

Bündel einigermaßen abgetrocknet. Und dann, ich kann es kaum glauben, setzt wieder die regelmäßige Atmung ein. Ein Flügelchen zuckt, die Augen öffnen sich, und bald darauf kann der Zwerg sogar das Köpfchen schon wieder selbsttätig heben. So richtig munter wirkt er noch nicht, aber immerhin, das Leben ist in den kleinen Körper zurückgekehrt. Unfassbar. Und riesige Freude – trotz aller Skepsis. Aus der Sicht des biologischen Artenschützers ist das, was wir gerade getan haben, nicht besonders relevant. Aber nun verstehe ich die Motivation der Tierschützer, denen es um jedes einzelne Leben geht, viel besser. Hans-Gerhard Dierks, ein Lehrer aus dem Nachbardorf und in der Region bekannt als engagierter Naturschützer, ist bereit, sich um die kleine Storchenwaise zu kümmern. Später erzählt er mir, dass der Storch, nachdem er ihn aufgepäppelt hatte, gesund und munter in Bergenhusen ausgewildert wurde. Anhand seines Ringes wurde er fast zwei Jahre später in Spanien erkannt, ist also ganz normal gezogen.

SCHWERSTARBEIT FÜR DIE STORCHENELTERN

Anfang Juni. Die Storchenküken, die den Kälteeinbruch unbeschadet überstanden haben, sind jetzt zwischen drei und sechs Wochen alt. Aus dem Gröbsten sind sie heraus, und mit jedem Tag steigt ihre Chance, das Nest erfolgreich zu verlassen. Für die Altstörche jedoch wird das Leben keinesfalls einfacher. Fast täglich steigt der Nahrungsbedarf der Jungen. Genaue Zahlen gibt es zwar nicht, aber grobe Schätzungen gehen davon aus, dass ein fünf Wochen altes Storchenküken etwa 400 bis 1000 Gramm Nahrung benötigt, wohlgemerkt pro Tag. Kai-Michael Thomsen, einer meiner Mitarbeiter am Institut, hat berechnet, dass in einem Nest mit zwei bis drei 50 Tage alten Jungen die Eltern täglich etwa

2,5 Kilo Regenwürmer oder 1,3 Kilo Mäuse zum Nest schaffen müssen. Auch sie selbst benötigen natürlich Nahrung, zwischen einem halben und einem Kilo pro Tag. In Stein gemeißelt sind solche Zahlen nicht. Vor allem auch deshalb, weil der Bedarf mit dem Energiegehalt der jeweiligen Beute variiert. Aber schon die schiere Größenordnung macht deutlich, dass die Verfügbarkeit von Nahrung in der zweiten Hälfte der Nestlingszeit von entscheidender Bedeutung für den Bruterfolg ist.

Aber wie und wo kommen die Störche eigentlich an ihre Nahrung? Der Weißstorch ist kein Vegetarier, sondern ernährt sich ausschließlich von tierischer Beute. Dabei ist er allerdings äußerst flexibel. Im Grunde genommen frisst er alles, was nicht zu groß oder zu klein ist. Das Spektrum ist breit: Regenwürmer und Frösche, Feldmäuse und Insekten, Würmer und Larven, aber auch Jungvögel und Fische. Selbst tierische Abfälle oder Aas verschmäht er nicht. Bei der Nahrungssuche folgt der Weißstorch der einfachen Devise: Größtmögliche Ausbeute bei geringstmöglichem Aufwand. Die jeweils genutzte Ressource muss zum einen in ausreichender Menge verfügbar sein, zum anderen einfach und schnell zu erbeuten. Störche sind Schreitvögel, genauer gesagt, optisch orientierte Schreitjäger. Schon ihr Körperbau macht deutlich, dass sie für bestimmte Lebensräume prädestiniert sind. Dass der Storch mit seinen langen Beinen hervorragend an das Waten im flachen Wasser angepasst ist, kommt nicht nur in Reimen und Kinderliedern zum Ausdruck. Auch dass er dort Frösche, Fische und Insekten fängt, weiß jedes Kind. Der Schnabel, spitz, lang und gleichzeitig kräftig, kann bei der «Schreitjagd» präzise zupacken. Auch bei der «Lauerjagd» am Mäuseloch ermöglicht er den blitzschnellen und zielgenauen Zugriff. Dicht und hoch bewachsener Untergrund dagegen behindert sowohl die «schreitende» Fortbewegung als auch die Sicht und das Ergreifen der Beute. Je niedriger

Auf Umwegen ins Storchendorf | 125

und lockerer die Vegetation, desto besser für die jagenden Störche. Im Endeffekt ist es ganz einfach: Was nutzt die beste Nahrung, wenn man nicht an sie herankommt?

Um herauszufinden, wo genau die Bergenhusener Störche nach Nahrung suchen, mache ich mich auf den Weg und fahre im Schritttempo auf schmalen Plattenwegen durch die Niederung. Direkt am Ortsausgang sind ein paar kleinere Flächen, auf denen Pferde und Kühe weiden. Die Tiere halten das Gras kurz, ohne dabei den Boden zu stark zu verdichten. Hier wächst nicht nur Gras, es gedeihen auch kleine Stauden und Kräuter. Zwei Störche kann ich entdecken. Einer der beiden stochert mit dem Schnabel sorgfältig im Boden. Mit Erfolg, wie sich zeigt: In kurzer Zeit zieht er mehrere Regenwürmer heraus und verschluckt sie mit einer ruckartigen Rückwärtsbewegung des Kopfs. Vermutlich ein Spätbrüter, der noch recht kleine Junge im Nest hat. Der andere schreitet zügig die Kante eines Bewässerungsgrabens ab. Den Kopf hält er suchend nach unten gerichtet. Plötzlich ein schneller Stoß, und im Schnabel zappelt ein Frosch. Zwei beutesuchende Jäger, zwei unterschiedliche Strategien. Am Ufer des Flüsschens «Alte Sorge» endet das Niedermoor direkt im Wasser. Auch hier ist ein einzelner Weißstorch auf der Jagd. Während er mit eiligen Schritten unterwegs ist, findet er am feuchten Boden kleine Frösche und Kaulquappen.

Wo treiben sich die anderen Störche herum? Ich suche mit dem Fernglas die Niederung ab. Intensivgrünland bis zum Horizont, riesige Grasäcker, auf denen außer den «Nutzgräsern» kaum etwas wächst. Nur ein paar Graureiher entdecke ich, die am Ufer der Gräben auf Frösche lauern. Weit entfernt höre ich den Motor eines Traktors. Auch das unverwechselbare Heulen eines großen Kreiselmähers dringt zu mir herüber. Hat die nächste Mahd etwa schon begonnen? Eilig folge ich dem Geräusch. Ein großer Ladewagen am Horizont, dort muss es sein. In hohem Tempo dreht ein riesiger Schlepper seine Runden. Tatsächlich, da sind sie: 25 Störche schreiten mit schnellen Schritten über die frischgemähte Wiese. Hastig picken die Vögel am Boden, mal hier, mal dort. Manchmal rennen sie ein paar Schritte und verfolgen eine flüchtende Beute, bevor sie schließlich mit dem Schnabel zupacken. Dass von dem Bauern und seiner Maschine keine Gefahr droht, haben die Störche längst gelernt. Wenn der Schlepper sich ihnen nähert, weichen sie aus und folgen dann direkt hinter dem Mäher. Dort, so erscheint es, ist der Jagderfolg am größten. Im Fernrohr schaue ich mir an, was die Störche alles schlucken: Viele Feldmäuse kann ich erkennen, Maulwürfe und eine Reihe kleinerer Tiere. Solange gemäht wird, muss keiner der Störche mit leerem Schlund zum Nest zurückkehren. In den nächsten drei bis vier Tagen werden die Störche hier wie im sprichwörtlichen Schlaraffenland leben. Aber dann sind alle Wiesen gemäht.

Glaubt man der Literatur, dann ist Grünland der wichtigste Lebensraum für den Weißstorch. Die Sache ist nur: Grünland ist nicht gleich Grünland. Auf Intensivgrünland wird das Gras mehrere Male im Jahr geerntet. Als Silage wird es vom Herbst bis ins Frühjahr an die Kühe verfüttert. Den erhofften Ertrag erzielt der Landwirt nur dann, wenn er die Flächen kräftig düngt. Milchviehbauern verwenden dafür die Gülle, die ihre Kühe produzieren. Mein Kollege Kai Thomsen hat weit über die Grenzen Schleswig-Holsteins hinaus den Zusammenhang zwischen der Siedlungsdichte des Weißstorchs und dem Stickstoffeintrag im Grünland untersucht. Das Ergebnis zeigt, dass mit steigendem Stickstoffeintrag, also mit zunehmender Düngung, die Siedlungsdichte der Störche zurückgeht. Eine intensivere Landwirtschaft verlangt befahrbaren Boden, weshalb solche Flächen stärker entwässert werden. Aufgrund der eintönigen Vegetation sind die

Artenvielfalt und die Biomasse der Kleintiere nur gering. Viele bodenbewohnende Arten, wie Maulwürfe und Mäuse, können die Störche nur während der Mahd in großer Zahl erbeuten. Auch diese Ressource ist deshalb nur für wenige Tage im Jahr verfügbar. Ganz anders sieht es aus in naturnah bewirtschafteten Landschaften, mit beweideten Feuchtwiesen oder einer kleinräumigen, bäuerlichen Nutzung. Dort gibt es Nahrung während des ganzen Jahres. Intakte Ökosysteme, eine zeitlich abgestufte Mahd und die alternierende Feldbearbeitung auf den Parzellen garantieren den Störchen ein reiches und kontinuierlich vorhandenes Nahrungsangebot. Das Fazit für die Störche von Bergenhusen: Im Paradies leben sie definitiv nicht, auch wenn die Landnutzung ihnen zeitweise gute Bedingungen bietet.

Der Mangel an zuverlässigen Nahrungsressourcen äußert sich im relativ schlechten Bruterfolg. Allerdings gibt es auch Ausnahmen. Feldmäuse (Microtus arvalis) erscheinen in manchen Jahren im Grünland in so hoher Dichte, dass sie für die Weißstörche zur wichtigsten Nahrungsquelle werden. Bei günstigen Bedingungen vermehren die kleinen Nager sich rasend schnell. Im Optimalfall produzieren die Weibchen alle 20 Tage einen Wurf mit bis zu 13 Jungen. Schon im Alter von zwei Wochen ist der Nachwuchs geschlechtsreif. Solche zyklischen «Gradationen» treten etwa alle drei bis sieben Jahre auf. Auf jedem Hektar Grünland können dann mehr als 1000 Individuen leben. In Mäusejahren beträgt der Anteil der Mäuse an der Nahrung der Störche bis zu 95 Prozent. Zum Fang der Mäuse wenden die Störche meist die «Lauerjagd» an. Bewegungslos stehen sie vor einem Mäuseloch, warten, bis dessen Bewohner sich aus der Deckung wagt, und stoßen dann blitzschnell zu. Meist wird das Lauern nach etwa ein bis zwei Minuten aufgegeben, gelegentlich verharrt ein Storch aber auch geduldig mehr als 20 Minuten. Die Mäuse sind, vor allem für etwas ältere

Jungvögel, eine sehr energiereiche Nahrung. In «Mäusejahren» haben die Weißstörche deshalb, wenn das Wetter mitspielt, einen deutlich erhöhten Bruterfolg. Auf ein Gradationsjahr folgt im Normalfall ein sogenanntes «Latenzjahr», in dem die Feldmausbestände drastisch einbrechen. Eine zuverlässige, alljährlich auftretende Nahrungsquelle sind die Feldmäuse deshalb nicht.

Weitere Nahrung finden die Störche auch abseits des intensiv genutzten Grünlands. Zunehmend entsteht dort extensiv genutztes Weideland, Stilllegungsflächen, Tümpel und Flutmulden. Die Randbereiche der Gräben sowie die Übergangszonen der Moore bieten ihnen Futter, vor allem in feuchten Jahren. Auch das in der Nähe gelegene Naturschutzgebiet Alte Sorge-Schleife wird von den Störchen genutzt. Es gibt also Hoffnung für eine Zukunft von Schleswig-Holsteins Storchendorf.

BESUCH IN KROATIENS STORCHENPARADIES

«Moin, Holger. Hast du Lust auf eine Tour in die Save-Auen?» Der Job: Tonaufnahmen, vielleicht auch Kamera und Organisation. Jens-Uwe Heins, ein renommierter Tierfilmer und engagierter Ornithologe, ist ebenso fixiert auf die Störche wie ich. Und er weiß, dass ich solch ein Angebot nicht abschlagen kann. Die Save-Auen in Kroatien sind das größte Feuchtgebiet Europas und als solches ein echtes Storchenparadies. Hier kann man sehen, wie Störche leben, wenn sie sich in natürlichen Lebensräumen bewegen und die Intensivnutzung von Land noch keinen Einzug gehalten hat. Fast wichtiger ist, dass Jens-Uwe und ich seit vielen Jahren eng befreundet sind. Monatelang waren wir auf Drehreisen unterwegs und haben gemeinsam die halbe Welt bereist. Schneeaffen in Japan, Waldelefanten in Zentralafrika, Kraniche in Indien oder

Auf Umwegen ins Storchendorf | 129

Przewalski-Pferde in der Mongolei. Aufregende Abenteuer haben wir erlebt, gefährliche Begegnungen gemeistert. Minenfelder auf den Golanhöhen, Malariaattacken in Afrika, so manchen Streit mit arabischen Vogelfängern und renitenten Zöllnern. Nicht immer waren unsere Reisen das reine Zuckerschlecken und Luxustouren waren es schon gar nicht. So manche Nacht haben wir im unbequemen Auto übernachtet oder im Schlafsack unter freiem Himmel gefroren. Unvergessen sind aber auch die Abende in der Wildnis bei einer Flasche Rotwein und langen Gesprächen. Irgendwann kennt man sich in- und auswendig, mit allen Stärken und Schwächen. Um es kurz zu machen: Natürlich habe ich Lust auf die Drehreise nach Kroatien. Drei bis vier Wochen sind dafür vorgesehen. In wenigen Tagen schon soll es losgehen.

Als ich mit Jens-Uwe in seinem allradgetriebenen Minibus von München aus über die Autobahn nach Kroatien tuckere, merke ich, dass ich den Spaß am Reisen nicht verloren habe. Sieben Stunden lang sind wir unterwegs, und als wir in Jasenovac ankommen, wird es bereits dunkel. Seit meinen ersten Aufenthalten in der Region ist der Ort für mich das «Tor zu den Save-Auen». Ein schmales Sträßchen entlang dem Ufer der Save führt in den Nationalpark Lonjsko Polje. Wir beschließen, bei Tageslicht weiterzufahren. Die im Bosnienkrieg zerstörte Brücke über die Save endet noch immer mitten im Fluss. Am Rand der seit langem nicht mehr genutzten Straße parken wir unser Auto. Zwischen all der Ausrüstung, den Stativen, Kameras und mehreren Alukisten, schaffen wir zwei Lücken für unsere Schlafsäcke. Der Platz ist eine gute Wahl. Niemand klopft an die Scheiben, um uns darauf hinzuweisen, dass Campen hier nicht erlaubt sei. Als die Sonne aufgeht, sind wir längst wieder auf den Beinen. Ein kurzer Instantkaffee, stilgerecht gekocht auf dem rostigen Gasbrenner, ist ein würdiger Ersatz für Dusche und Zähneputzen. Im ersten Licht erkennen wir, dass die Folgen des

Kriegs noch immer nicht vollständig beseitigt sind. Unmengen von Einschusslöchern in den alten Häusern, ein ausgebrannter Panzer am Straßenrand, vieles erinnert noch an die schreckliche Zeit. Das Quaken der Frösche unten am Fluss holt uns ins Heute zurück. Schnell packen wir ein und machen uns auf den Weg. Ein kurzer Abstecher noch zur Forstverwaltung. Es ist immer besser, wenn man Dreharbeiten anmeldet. Der zuständige Beamte ist mit unseren Plänen einverstanden. Dann zeigt er auf eine Karte an der Wand. Verschiedene Bereiche sind darauf in unterschiedlichen Farben markiert. «Prägt euch die Karte gut ein», meint er, «alles, was rot ist, müsst ihr meiden, dort sind die Minen noch nicht geräumt.» Ja super, damit hatten wir nicht gerechnet. Eine Kopie der Karte gibt es nicht. Aber die großen Überschwemmungsgebiete rund um die Dörfer sind alle als minenfrei gekennzeichnet. Dort wollen wir hauptsächlich filmen. Alles gut. Beruhigt machen wir uns auf den Weg.

Als wir Jasenovac hinter uns gelassen haben, geht die Straße in eine Schotterpiste über. Rechts erstrecken sich vor der Kulisse des Auwalds kleinparzellige Felder, Wiesen und Äcker. Zu Fuß, mit der Harke in der Hand oder auf uralten Treckern sind die Bauern bei der Arbeit. Links hinter dem Deich fließt die Save. Verdammt viel Wasser führt der Fluss, man kann sehen, dass es in den vergangenen Wochen viel geregnet hat. Wie ein Floß treibt ein riesiges Bündel von Reisig vorbei. Mittendrauf steht entspannt ein Weißstorch, so als würde er die Freifahrt auf der Save wirklich genießen. Eine marode Fähre, geführt durch Ketten, die zur anderen Seite des Flusses gespannt sind, kämpft gegen die heftige Strömung. Wir kommen durch die ersten Dörfer: Krapje, Puska, Trebež, Lonja und Suvoj. Nicht viel hat sich seit meinem letzten Besuch verändert, es scheint, als sei hier die Zeit stehengeblieben. Noch immer bestimmen die jahrhundertealten, aus den Eichen des Auwalds erbauten

Auf Umwegen ins Storchendorf | 131

Häuser das Bild. In den Altarmen der Save quaken die Frösche, und auf vielen Dächern brüten Störche. Die Menschen, denen wir begegnen, sind meist älteren Semesters. Die Jugend zieht es in die Städte, wo Jobs und ein komfortableres Leben locken. Eine Welt im Einklang mit der Natur. Kaum zu glauben, dass nur wenige Kilometer entfernt der Autoput von Zagreb nach Belgrad verläuft. In Mužilovčica hat selbst der kleine Tante-Emma-Laden noch geöffnet, unter dessen Vordach Hunderte Mehlschwalben brüten. Mit geschwätzigem Zwitschern schwirren die Schwalben in Scharen heran, um Futter zu den hungrigen Jungen zu bringen. Genau hier biegt auch der holprige Weg in die Überflutungsflächen der Save ab. Schon oft bin ich ihn gefahren, um in den Hutweiden die Störche bei der Nahrungssuche zu beobachten. Heute haben wir dafür leider keine Zeit. Aber in der nächsten Woche werden wir uns hier ausgiebig umsehen.

Čigoč. Endlich am Ziel. Ein verschlafenes Dorf am Rand der Straße – und trotzdem für viele Besucher des Lonjsko Polje das Highlight. Hier leben mehr Weißstörche als Menschen. Fast auf allen der traditionellen Holzhäuser stehen die großen Nester – und in jedem wachsen mehrere Küken heran. Čigoč ist gewissermaßen die Storchenhochburg der Save-Auen. Nicht von ungefähr, wie schon der erste Eindruck vom Dorf verdeutlicht. Auf der anderen Straßenseite beginnt der Auwaldgürtel, der die Altarme der Save begleitet. In den Pfützen und Tümpeln finden die Störche Wasser, um ihre Jungen zu tränken. Äste und Zweige für den Nestbau gibt es überall zur Genüge. Und mitten im Dorf, nahe den Häusern, kann selbst ein flugfauler Storch das Allernötigste finden. In den kleinen Gärten zirpen die Heuschrecken, und hinter den Häusern wuseln Mäuse durchs trockene Gras. Am Himmel herrscht reger Flugbetrieb, und von den Dächern klingt ununterbrochenes Geklappere. Eine Szenerie, wie man sie sich in Mitteleuropa kaum

132 | *Auf Umwegen ins Storchendorf*

vorstellen kann. Allmählich macht Čigočs Ruf als Storchen-Eldo-
rado in ganz Europa die Runde. Zunehmend reisen Naturfreunde
aus aller Herren Länder in das kleine Dorf. Und mit der Zeit entsteht, wenn auch langsam, eine touristische Infrastruktur. Behutsam, eingefügt in die traditionellen Gebäude, um das Idyll nicht
zu zerstören. Der Ökotourismus als Chance für Čigoč, die Störche
und die gesamte Region.

Wir beschließen, auf einem Rundgang erste Eindrücke für unsere Filmaufnahmen zu sammeln. Schon die alten zweistöckigen
Holzhäuser bieten so manches pittoreske Detail. Unter den Über-
ständen der Dächer hängen große Schinken zum Trocknen. Üppige Weinreben ranken an den Wänden und Balken empor. Auf
den überdachten Balkonen im ersten Stock blühen in rohgezim-
merten Kisten rote Geranien. Das Erdgeschoss dient als Lager-
raum. Wegen der sporadisch auftretenden Überschwemmungen
wohnen und schlafen die Menschen nur im Obergeschoss. Auch
die hölzerne Außentreppe ist eine Anpassung an das Hochwasser.
Das bereitstehende Boot lässt sich so vom Wohnbereich aus leicht
erreichen. Brennholz ist an den Wänden gestapelt, direkt daneben
trocknen die Fischernetze und Reusen. Auf den ungepflasterten
Höfen sorgen gemauerte Brunnen mit hölzernen Dächlein für sau-
beres Trinkwasser. Nur die wenigsten Häuser sind an die Wasser-
versorgung angeschlossen. Ein betagtes Ehepaar hat im Hof eine
kleine Destillieranlage angefeuert. Sie ist auf einem alten Leiter-
wagen montiert, damit auch die Nachbarn sie bei Bedarf auslei-
hen können. Für Nachschub an dem in Kroatien unvermeidbaren
Slibowitz ist hier immer gesorgt. Der starke, aus Zwetschgen ge-
brannte Schnaps ist sozusagen das Nationalgetränk in den Save-
Auen. Als wir den beiden Alten interessiert zuschauen, bringt die
Dame uns ein Gläschen ihres Brandes herüber. Eigentlich ist es zu
früh am Tag für geistige Getränke. Aber wir genießen den Klaren

Auf Umwegen ins Storchendorf | 133

und seinen authentischen Geschmack. «Wohl bekomm's», scheint uns das Klappern aus dem Nest über unseren Köpfen zuzurufen.

Am Straßenrand mäht ein Bauer mit der Sense in weiten Schwüngen das Gras. Er will von uns wissen, woher wir kommen. Als er hört, dass wir Deutsche sind, freut er sich. «Dobrodošli», willkommen, lacht er und reicht uns die Hand. Als wir fragen, wo im Ort wir unser Nachtlager aufschlagen können, lädt er uns ein auf seinen Hof. Hinter dem Kuhstall, direkt neben dem großen Misthaufen, gibt es einen freien, staubigen Platz. Dort dürfen wir unser Auto abstellen. «Toilette», meint er und zeigt auf den dampfenden Mist. Normalerweise tummeln sich hier die Hühner, aber das stört uns nicht. Ein perfekter Ort, wie sich schnell herausstellt, als leichter Regen einsetzt: Das Dach des Stalls hat einen großen Überstand, unter dem wir die Feldbetten aufstellen können. Bis alles vorbereitet ist, wird es dunkel. In den Hecken auf der angrenzenden Wiese singt die Nachtigall, im Tümpel dahinter veranstalten die Frösche einen Heidenlärm. Ab und zu klappert auch noch ein Storch. Genau die Kulisse, die wir uns wünschen.

Als überall in den Häusern die Lichter ausgehen, liegen auch wir längst in den Schlafsäcken. Abertausende Stechmücken versuchen, den späten Abend für eine letzte Blutmahlzeit zu nutzen. Aber wir wussten, was uns erwartet, und haben die Moskitonetze über den Betten aufgespannt. Mit dem zünftigen Duft vom nahen Misthaufen müssen wir klarkommen. Er sticht in der Nase, bringt die Augen zum Tränen und reizt zum Husten. «Unsere Geruchsrezeptoren reagieren ‹phasisch›», hat unser Zoologieprofessor im Studium damals erklärt. Sie feuern nur anfangs mit voller Kraft, mit der Zeit tritt ein Gewöhnungseffekt ein, und irgendwann scheint der Geruch vollständig verschwunden. Als ich das Jens-Uwe erzähle, erklärt er mich für bekloppt. «Du immer mit deinen schlauen Geschichten», brummt er vor sich hin. Aber es ist wohl

Auf Umwegen ins Storchendorf

doch etwas dran an der Theorie. Denn als uns am nächsten Morgen die Störche wecken, nehmen wir, zumindest mit der Nase, die Hinterlassenschaften der Rindviecher tatsächlich nicht mehr wahr.

Katzenwäsche, zum Frühstück ein Keks, dann geht es los mit der Arbeit. Ein paar Häuser weiter haben wir im Vorfeld für die Dreharbeiten einen Turm errichten lassen. Viel Platz ist darauf nicht, aber der Blick über die Dächer von Čigoč ist überwältigend. Im Bogen zieht sich das Dorf entlang der schmalen Straße. Ein Band aus Auwald trennt die wie an einer Perlenschnur aufgereihten Häuser vom Altarm der Save. Zur anderen Richtung, hinter den Häusern nach Osten, erstrecken sich in schmalen Streifen die Felder und Mähwiesen bis zum Deich. Dahinter glitzert in der Morgensonne das Wasser auf den derzeit überfluteten Hutweiden. Buschreihen und Hecken bringen Struktur in die naturnahe Landschaft. Das Mosaik von trockenen und feuchten Bereichen, die Abwechslung zwischen offener Landschaft, Hecken und Wald, all dies sind die Voraussetzungen für ein reiches Nahrungsangebot für die Störche. An die 50 Storchennester können wir denn auch zählen, manche mit mehr als vier Jungen. In zwei Nestern entdecken wir sogar jeweils sechs Jungstörche. Ein Bruterfolg, wie man ihn in Deutschland und benachbarten Ländern nur äußerst selten antrifft. Ständig fliegen Störche aus den Wiesen oder Hutweiden heran, um ihre Jungen zu füttern. So ähnlich muss es Mitte der 1930er Jahre auch in Bergenhusen ausgesehen haben. Dort brüteten damals mehr als 60 Storchenpaare, ein Vielfaches der derzeitigen Population. Beim Filmen und Fotografieren geraten wir in einen regelrechten Rausch. Im Minutentakt wird irgendwo gefüttert, und in den direkt vor uns gelegenen Nestern können wir erkennen, welche Beute die Storcheneltern heranschaffen. Erstaunlich, wie viel in den Schlund von Altstörchen passt. Wenn sie ihre Beute auswürgen, ergießt sich ein Schwall von Fröschen, Fischen, Ringelnattern und

Blutegeln in die Nestmulde. Die Jungen fressen, was das Zeug hält, und ratzfatz ist alles verputzt. Um größere Brocken wie Mäuse und Schlangen kommt es immer wieder zum Streit. Nicht nur einmal beobachten wir, wie zwei Jungstörche gleichzeitig eine Schlange verschlingen. Der eine von vorne, der andere von hinten. Beide zerren sie mit voller Kraft, ohne dass sie aber die fette Beute bekommen. Irgendwann reißt der Stärkere das Reptil aus dem Schlund des anderen, verschlingt es in aller Hektik und sitzt anschließend mit bizarr geblähtem Hals und völlig erschöpft neben seinen Geschwistern. Um die Mittagszeit wird es im engen Versteck brüllend heiß. Auch die Jungstörche in den Nestern leiden unter der Hitze. Im Gegensatz zu uns haben sie keine Schweißdrüsen. Um sich Abkühlung zu verschaffen, hecheln sie bei offenem Schnabel. Einer der Altstörche weiß, wie man dem Nachwuchs das Dasein erträglicher macht. Im Anschluss an eine Fütterung fliegt er hinunter zum Save-Altarm und füllt seinen Schlund mit Wasser. Zurückgekehrt zum Nest, träufelt er den Jungen das kühlende Nass in den Schnabel. Gerade jetzt, bei den hohen Temperaturen, kann man dieses Tränken der Jungen häufig beobachten. Motive ohne Ende. Als wir am Abend über die wacklige Leiter nach unten klettern, steht uns der Sinn erst mal nur nach einem kühlen Bier.

Der Wasserstand der Save sinkt, wir müssen uns sputen. Lange werden die Hutweiden im Lonjsko Polje nicht mehr überflutet sein. Vor Sonnenaufgang machen wir uns auf den Weg. Nach Mužilovčica ist es nicht weit, noch bis zum Damm, und dann liegt die überflutete Niederung vor uns. Die Schotterpiste, die im Sommer meist bis weit hinaus in die Auwälder führt, verschwindet nach wenigen Metern im Wasser. Eine Symphonie aus Rottönen empfängt uns: das warme Licht der aufgehenden Sonne, die unwirklich beleuchtete amphibische Landschaft und die Nebelschleier, die alles, was weiter entfernt ist, geheimnisvoll verhüllen.

Im Gegenlicht erscheinen uns die uralten Eichen des nahen Wäld-
chens wie der Scherenschnitt aus einer verwunschenen Traum-
welt, märchenhafte, knorrige Gestalten, die sich bizarr aus dem
orange schimmernden Wasser erheben. Etwas weiter draußen, auf
den dürren Ästen toter Bäume, haben sich mehrere Störche zur
Rast niedergelassen. Auch eine Etage tiefer, auf dem Strohdach
des alten Schweinekobens, stehen ein paar Störche herum, wie
Statisten für ein kitschiges Schauspiel. Das akustische Ambiente
tut sein Übriges. Aus Abertausenden Kehlen klingt der Chorgesang
der Rotbauchunken. Am Fuß des Deiches quaken die Laubfrösche
ihr hektisches Konzert, und über allem liegt das Summen von
Myriaden von Stechmücken. Die kleinen Biester machen unsere
Dreharbeiten wirklich zur Qual. Steht man nur einige Sekunden
lang still, dann fliegen sie zu Hunderten an, landen im Gesicht, auf
den Armen und überall auf der Kleidung. Ein Entkommen gibt es
da nicht. Aber irgendwann hat man sich an die Stiche gewöhnt.
Jens-Uwe, der hinter der Kamera steht, ist mit dem Blickwinkel
nicht zufrieden. «Wir müssen näher ran», sagt er, «aber schnell,
solange das Licht noch so schön ist. Da vorne im Wasser passt es
besser.» Natürlich, die Gummistiefel liegen im Auto. Also raus aus
den Wanderschuhen, runter mit den Socken und die Hosen bis
übers Knie hochgekrempelt. Mit der schweren Ausrüstung über
den Schultern waten wir barfuß durch die trübe Brühe. Ganz vorsichtig. Nur ein Mal stolpern, und die Kamera wäre hin. Vom neuen
Standort aus sind die ersten Aufnahmen bald im Kasten. Zurück
am Ufer, blicke ich zu Jens-Uwe – und muss lauthals lachen. Drei
fette Blutegel hängen an seinen Beinen. «Guck dich selbst mal an»,
ruft er zurück. Und tatsächlich, auch an meinen Waden haben
sich mehrere der Blutsauger festgebissen. Gar nicht so leicht, sie
wieder loszuwerden. Eine halbe Stunde lang läuft das Blut aus den
Wunden. In Zukunft also besser doch wieder die Stiefel.

Weit draußen, auf der offenen Wasserfläche, ist inzwischen ein riesiger Trupp von Kormoranen gelandet. Gemeinsam machen die Vögel Jagd auf Fische. Kreischend gaukeln Seeschwalben vorbei. In der Nähe des Ufers lauern Grau- und Purpurreiher auf ein üppiges Frühstück. Auch ein paar Störche sind auf der Nahrungssuche. Direkt an der Wasserkante erbeuten sie Frösche, Insekten und Schlangen. Die meisten ihrer Artgenossen jedoch sehen wir in der Ferne, am anderen Ufer. Zu weit für unsere Kamera. Jetzt ist es an der Zeit, die «Geheimwaffe» zum Einsatz zu bringen: Das klappbare «Banana-Boot» ist auf dem Dachgepäckträger verzurrt. Der Aufbau dauert nur wenige Minuten, schnell ist es mit den Sitzbänken versteift und bietet Platz für uns und die Ausrüstung. Selbst der kleine Außenborder springt ohne Murren an. Gemächlich tuckern wir in eine geheimnisvolle Welt. Über uns zieht ein Seeadler seine Kreise. Mit knatternden Flügeln huschen große Libellen vorbei. Am Rand des Auwalds stören wir einige Nachtreiher, die sich krächzend aus dem Staub machen. Zwischen den Stämmen der Bäume, vermoderndem Altholz und dichtem Gestrüpp gleiten wir langsam durch das mit Entengrütze bewachsene Wasser. Schon in wenigen Tagen wird der Boden hier wieder trocken sein. Es ist der stetige Wandel zwischen Wasser und Land, der diese großartige Wildnis entstehen ließ. Ein einzigartiges Naturparadies, wie man es in Europa sonst nicht mehr findet. Was man allerdings leicht vergisst: Die Auen haben noch eine weitere wichtige Funktion. Vor allem im Frühjahr, wenn starke Regenfälle mit der Schneeschmelze in den Alpen zusammentreffen, steigt der Wasserspiegel der Save um bis zu zehn Meter. Wie ein Schwamm nimmt die Auenlandschaft dann einen Großteil der Wassermassen auf und dient somit als Schutz vor Überschwemmungen. Aus diesem Grund wurde auch beschlossen, weite Bereiche der Save-Auen als natürlichen Hochwasserschutz zu erhalten.

Gleich nach unserer Ankunft im Lonjsko Polje hatten wir im Auwald nahe der Straße ein Schwarzstorchnest entdeckt. Dort sind inzwischen die Küken geschlüpft. Wir haben die Arbeit in den Hutweiden unterbrochen, um ein paar Aufnahmen von den scheuen Waldbewohnern zu machen. Bei unerträglicher Hitze schleppen wir schweißgebadet Holzbretter in den Wald, das Fotoversteck in einem Nachbarbaum, etwa 15 Meter über dem Boden, ist schon fast fertig. Mit Steigeisen und Sicherungsgurt klettert Jens-Uwe nach oben. An einem Strick zieht er die letzten Bretter hoch und befestigt sie mit einigen Hammerschlägen. Nachdem noch das schwere Stativ und die Kamera mit dem riesigen Tele nach oben befördert sind, ruft er herunter: «Heute Abend um sechs kannst du mich abholen.» Im Weggehen sehe ich noch, wie einer der Schwarzstörche am Nest landet. Irgendwo in der Nähe hat er gewartet, dass ich endlich verschwinde.

Pünktlich um sechs bin ich zurück am Schwarzstorchbaum. Mit schmerzendem Rücken klettert Jens-Uwe von der Eiche und ist begeistert. Die lange Sitzung hat sich gelohnt. Die Aufnahmen sind im Kasten, alles lief wie am Schnürchen. Am nächsten Tag müssen wir das Baumversteck wieder abbauen. Mehrmals stapfen wir durch den Wald, um das ganze Material zur Straße zu schaffen. Als wir mit der letzten Ladung am Auto ankommen, erwartet uns ein Mitarbeiter der Forstverwaltung. Er fragt, was wir hier tun, und ist entsetzt, als wir von unseren Dreharbeiten erzählen. «Ihr habt mehr Glück als Verstand», schimpft er, «dieser Wald ist eines der wenigen Gebiete, in denen die Minen noch nicht geräumt wurden.» Siedend heiß läuft es uns den Rücken herunter. Die Landkarte in der Forstverwaltung, die die Minensituation im Lonjsko Polje zeigt, hatten wir völlig vergessen.

Ende Juni ist der Wasserstand in den Hutweiden bei Mužilovčica dramatisch gesunken. Der Weg hinaus zu den großen Auwäldern

Auf Umwegen ins Storchendorf | 139

ist wieder befahrbar. Ein Kuhhirte zieht mit seiner Herde über die weite Ebene. Auch fast 100 Posavina-Pferde grasen nun dort draußen. In kleinen Gruppen galoppieren sie ausgelassen über die feuchte Weide, dass das Wasser nur so spritzt. Wollschweine mit ihren Ferkeln waten durchs flache Wasser und wühlen sich, auf der Suche nach Nahrung, mit ihren Schnauzen durch den aufgeweichten Boden. Genauer gesagt sind es Turopolje-Schweine, eine alte, vom Aussterben bedrohte Haustierrasse. Nur in den Save-Auen werden sie noch in größerer Zahl gehalten und haben langfristig eine Chance, als Rasse zu überleben. Einmal am Tag, meist gegen Abend, knattert auf seinem alten Moped der Schweinehirt heran. Mit den Händen formt er vor dem Mund einen Trichter und ruft mit urigen Lauten nach seinen Tieren. Im «Schweinsgalopp» eilen die aus allen Richtungen heran und scharen sich um ihn. Dafür bekommen sie eine Handvoll Maiskörner, ein paar freundliche Worte und manchmal sogar eine Streicheleinheit. Die Vierbeiner kennen deshalb ihren Besitzer und verlieren jegliche Scheu. Soll dann wirklich mal eines der wolligen Borstenviecher geschlachtet werden, dann lässt es sich ohne Mühe in eine Transportkiste locken.

Dort, wo Kühe und Pferde über den feuchten Boden waten, sind unter den Hufen tiefe Abdrücke entstanden, die sich inzwischen wieder mit Wasser gefüllt haben. Und auch da, wo die Schweine gewütet haben, entstehen kleine Feuchtgebiete. Lebensräume für Fischbrut, Kaulquappen und Blutegel. Für die Störche hat sich die Nahrungssuche in den vormals überfluteten Hutweiden zu einem faulen Schlemmen gewandelt. Sie jagen nicht mehr nach Nahrung, sie stehen an einer Stelle und picken bis zu zehn Kaulquappen auf, ohne sich auch nur einen Schritt weit zu bewegen. Wo das funktioniert, wo ein Storch sich einfach nur noch bedienen muss, dort ist Nahrung im Überfluss vorhanden. Ich kann es nicht lassen: Ein paar Daten muss ich hier sammeln. Mit einem einzigen Zug meines kleinen Keschers kann ich bis zu 80 Kaulquappen von Grünfröschen fangen, entsprechend etwa einem Kilo pro Quadratmeter. Jeder Storch, der da noch läuft, um Nahrung zu fangen, ist entweder blind oder einfach nur dämlich. Als Durchschnittsgewicht der Kaulquappen ermittle ich 2,2 Gramm. Mit dem Fernrohr zähle ich, wie viel Nahrung die Störche während eines Jagdausflugs verschlingen. 576 Kaulquappen erbeutete der fleißigste in etwa 1,5 Stunden, entsprechend einer Nahrungsmenge von 1267 Gramm. Durchschnittlich kamen die Störche auf 241 Kaulquappen pro 1,5 Stunden, ebenfalls immerhin 530 Gramm in einer Jagdphase. Mehr als genug, um selbst eine große Brut erfolgreich durchzubringen. Berücksichtigt man, dass beide Eltern einer Brut gleichzeitig zur Nahrungsbeschaffung unterwegs sind und zusammen durchschnittlich 13-mal pro Tag füttern, kommt man auf sechs bis sieben Kilo Nahrung pro Tag. Einen Teil davon, etwa zwei Kilo, verdauen die beiden Altvögel selbst, für die Jungen verbleiben fast fünf Kilo. Bei durchschnittlich 3,4 Jungen pro Nest erhält somit jeder Jungvogel pro Tag etwa 1,4 Kilogramm Nahrung. Bei solchen Zahlen wird schnell verständlich, warum in den Save-Auen nicht selten fünf oder sechs Jungvögel in einem Nest heranwachsen.

Aber es geht noch besser: Dort, wo in der Hutweide größere Senken bestehen, ist die Flut noch immer nicht vollständig abgelaufen. Im flachen Wasser tummeln sich Unmengen von Fischen. Vor allem Welse, die dem Hochwasser bis in die äußersten Ränder gefolgt waren, haben es verpasst, sich mit den Wassermassen zurückzuziehen. Jetzt sitzen sie in der Falle. Etliche Weißstörche sind dort bei der Jagd, zusammen mit einigen Schwarzstörchen und verschiedenen Reihern. Ohne großen Aufwand und fast im Minutentakt erbeuten die Vögel erfolgreich Welse. Teilweise sind die Fische so groß, dass sie nur mit Mühe geschluckt werden können. Erst wenn der Schlund randvoll mit Nahrung gefüllt ist, starten die Störche zurück zum Nest. Nicht nur nach Čigoč, sondern auch in andere Richtungen fliegen sie ab. Bis zu 6,5 Kilometer legen die Störche hier zurück, um ihre Nahrungsflächen zu erreichen. Bei solchen optimalen Nahrungsressourcen zahlt sich die Mühe aus.

Unsere Zeit in den Save-Auen geht zu Ende. Zu unserem letzten Frühstück vor der Rückreise sind wir noch einmal in die Hutweiden von Mužilovčica gefahren. Auf einem etwas höher gelegenen Ort in der weiten Ebene hat Jens-Uwe seinen Geländewagen geparkt. Wie immer dient uns eine Alukiste als Tisch. Ein paar Scheiben Brot, etwas Käse und Wurst, mehr brauchen wir nicht am frühen Morgen. Ein alter, umgestürzter Baumstamm ist die perfekte Sitzgelegenheit. Die Störche, der Seeadler, die Pferde und Kühe, auch heute treffen wir sie alle wieder. Teils ziehen sie weit entfernt über die Weiden oder suchen in Wasserlöchern nach Nahrung. Eine kleine Familie von Turopolje-Schweinen jedoch fühlt sich in unserer Gesellschaft offenbar recht wohl. Während die Sau ihre Schwarte an unserem Auto schrubbert, toben ihre fünf Ferkel zwischen unseren Beinen herum. Viel reden müssen wir nicht.

ZURÜCK IN BERGENHUSEN

Endlich ist es Sommer im Storchendorf. Sonne satt, und mühelos klettert in Bergenhusen das Thermometer über die 30-Grad-Marke. Die Storchenküken haben sich in den vergangenen Wochen prächtig entwickelt. Jetzt, Mitte Juli, sind sie zwischen sechs und acht Wochen alt. Ihr Gefieder ist vollständig ausgebildet, und sie wiegen bereits fast so viel wie ihre Eltern. Trotzdem sind sie noch klar als «Diesjährige» zu erkennen: Der Schnabel ist kürzer und dunkler gefärbt, häufig blassrot mit schwarzer Spitze. Die Jungstörche sitzen jetzt kaum noch, sondern stehen meistens im Nest und warten sehnsüchtig auf ihre Eltern. Jede Fütterung ist ein echtes Spektakel. Hungrig sind die Halbstarken eigentlich immer und streiten sich heftig um die mitgebrachten Leckerbissen. Vor allem Mäuse stehen jetzt auf dem Speiseplan. Kilometerweit müssen die Altstörche fliegen, um die Jungen wenigstens einigermaßen satt zu kriegen.

Fast jeden Tag bin ich nun auf «Kontrollgang». Ein oder zwei, selten mal drei Junge zähle ich auf den Nestern. Einerseits ein hübscher Anblick, gleichzeitig aber ein trauriges Bild, gemessen am Bruterfolg, den wir in den Save-Auen erlebten. Erst jetzt, im direkten Vergleich, wird mir die Situation unserer heimischen Störche so wirklich bewusst. Ein guter Wert, anhand dessen sich der Bruterfolg in verschiedenen Populationen zuverlässig vergleichen lässt, ist die Zahl der erfolgreich ausgeflogenen Jungen. Speziell der sogenannte «Gesamtbruterfolg» JZa (Jungenzahl pro Horstpaar). Er ist das Maß für die durchschnittliche Jungenzahl einer Population, bezogen auf alle Brutpaare. Also einschließlich derjenigen, die keinen einzigen Jungvogel zum Ausfliegen brachten. In Čigoč lag während unseres Aufenthalts der Gesamtbruterfolg JZa bei 2,8 Jungen pro Jahr. Besser geht es fast nicht. Um ohne Zuwanderung aus benachbarten Beständen stabil zu bleiben, so Berechnungen, benötigt eine Weißstorchpopulation langfristig einen JZa von mindestens zwei Jungen pro Paar. Da liegen die Störche der Save-Auen sehr gut im Rennen. Ganz im Gegensatz zu denen in Bergenhusen mit einem beständigen JZa von gerade einmal 1,7. Dort produziert jedes Brutpaar pro Jahr etwa ein Junges weniger als in einem «Optimal-Habitat» wie den Save-Auen. Während in Čigoč der hohe Bruterfolg für eine stabile Population sorgt, ist

Auf Umwegen ins Storchendorf | 143

Bergenhusen davon weit entfernt. Wenn ich – außerhalb der Gras-ernte – bei Bergenhusen nahrungssuchende Störche beobachte, brauche ich einige Geduld, um einen erfolgreichen Beutestoß zu sehen. Bis endlich der Schlund mit Nahrung gefüllt ist, müssen die Altstörche sehr weit laufen und fliegen. Bruten mit vier oder fünf Jungen haben bei solchen Verhältnissen kaum eine Chance. Die Landschaft gibt einfach nicht genug her. Die Natur steuert gegen, durch eine erbarmungslose natürliche Auslese beim Nach-wuchs: Nur die kräftigsten Jungvögel überleben. Die Störche – wie übrigens viele andere Tier- und Pflanzenarten auch – zahlen die Rechnung für das, was in unserer Umwelt schiefläuft: für eine Landwirtschaft, die ökologischen Ansprüchen nicht wirklich ge-nügt. Und für einen Klimawandel, der so schnell voranschreitet, dass Tiere und Pflanzen keine Zeit haben, sich an seine Folgen an-zupassen.

Für die Jungstörche, in ihren Nestern hoch oben auf den reetge-deckten Dächern, beginnt jetzt der Ernst des Lebens. Seit Tagen trainieren sie für ihr gefährliches Abenteuer: die erste Reise nach Süden. Ausgerichtet gegen den Wind, schlagen sie kräftig mit den weit geöffneten Flügeln. Übung macht bekanntlich den Meister. Und eine gute Kondition ist die beste Lebensversicherung für das bevorstehende Wagnis. Immer sicherer werden die Flügelschläge, immer höher erheben sich die Jungstörche bei ihren Sprüngen über dem Nest, getragen von der Kraft des Windes. Irgendwann hat der erste genug vom Hüpfen auf der Stelle. Eine heftige Böe kommt ihm gerade recht. Aus dem Sprung heraus startet er wa-gemutig zum Jungfernflug. Elegant ist anders, aber irgendwie schafft er es doch, sich oben zu halten. Unsicher torkelt er durch die Luft, fliegt mit baumelnden Beinen hektische Kurven, ver-liert an Höhe und flattert sich mühsam wieder empor. Vor dem riesigen Güllefass kriegt er gerade noch die Kurve. Auch an der

Telefonleitung, die zwischen den Bauernhäusern gespannt ist, schrammt er haarscharf vorbei. Noch ein paar Meter Gleitflug bis zum Misthaufen. Dort landet er unversehrt, aber mit wackligen Beinen. Von oben, aus dem Nest, glotzen seine Geschwister ihm ungläubig nach. Ein paar Stunden später jedoch haben auch sie den Sprung ins wahre Leben gewagt.

In allen Storchenhorsten in Bergenhusen werden die Jungen jetzt flügge. Bald sind stundenlang viele der großen Nester verwaist. Der Storchennachwuchs genießt die neugewonnene Mobilität und treibt sich oft gemeinsam mit den Altstörchen in den Wiesen und Weiden herum. «Learning by doing» heißt ihre Devise. Die Jagd auf Regenwürmer, Insekten und Mäuse haben die Jungen bald gelernt. Und es dauert nicht lange, bis sie ebenso erfolgreich sind wie ihre Eltern. Falls es trotzdem mal nicht so ganz mit dem Nahrungserwerb klappt, dann gibt es am Abend, nach der Rückkehr zum Nest, Fastfood wie gewohnt: direkt aus dem Schlund der Eltern, die das vorverdaute Menü vor den hungrigen Schnäbeln in die Nestmulde würgen.

Ein paar Tage später, ab Mitte August, packt die Störche endgültig das Reisefieber. Bei sonnigem Wetter segeln sie jetzt häufig über dem Dorf. Vom Aufwind getragen, schrauben sie sich in großen Spiralen empor. Ohne Flügelschlag, wie schwerelos, streben sie dem blauen Himmel entgegen und sind bald nur noch als kleine weiße Punkte zu erkennen. Immer weiter werden die Kreise, die die tierischen Segler ziehen. Und dann, eines Tages, sind die Jungstörche verschwunden, meist einige Tage vor ihren Eltern. Alleine haben sie sich auf den Weg nach Afrika gemacht, die Zugrichtung ist ihnen angeboren. Vor ihnen liegen viele tausend Kilometer, und überall lauern Gefahren: Nun wird sich zeigen, wer fit ist für den Kampf ums Überleben. Gegen Ende August verlassen auch die Altstörche das Dorf. Der Storchensommer geht zu Ende.

Bis zu 20 Mal am Tag paaren sich die Weißstörche zu Beginn der Brutzeit. Mit ausgebreiteten Flügeln hält das Männchen die Balance auf dem Rücken des Weibchens.

Direkt nach der Rückkehr aus dem Überwinterungsgebiet bessern die Störche ihr Nest aus, indem sie weitere Äste und Zweige einbauen. Einige Storchenburgen wachsen dadurch auf mehrere Meter Höhe an.

Beim Streit um die Nester kommt es nicht selten zu erbitterten Kämpfen. Die spitzen Schnäbel sind gefährliche Waffen, und so manche Auseinandersetzung endet blutig.

Bettelnd recken die hungrigen Storchenküken die Schnäbel empor. Fressen müssen sie jedoch alleine, denn der Altstorch würgt die Nahrung vor ihnen in die Nestmulde.

Im Herbst, während der Reisernte im Süden Spaniens, versammeln sich Tausende Störche auf den Feldern. Jetzt können sie am besten die Krebse erbeuten, die in den Bewässerungsgräben leben.

Teamwork bei der Besenderung: Gemeinsam mit Peter Enggist (links) binde ich in der Schweiz einem Jungstorch einen Satellitensender auf den Rücken.

Auch für Störche kann Plastikmüll zur tödlichen Gefahr werden. Dieser Vogel hat sich einen Plastikring über den Schnabel geschoben, vermutlich bei der Nahrungssuche auf einer Mülldeponie.

Vor wenigen Minuten wurde der Altstorch mit einem Datenlogger besendert. Mit seinem Schnabel wird er in kurzer Zeit das Gefieder ordnen, bis das kleine Kästchen fast nicht mehr zu sehen ist.

Vorsichtig entlasse ich einen Storch nach der Besenderung in Kroatien zurück in die Freiheit. Der nur knapp 40 Gramm schwere Sender behindert den Vogel nicht.

Mit kräftigen Flügelschlägen bremsen die Weißstörche bei der Landung ihre Geschwindigkeit ab. Während des Zuges dagegen segeln sie meist mit ausgebreiteten Flügeln im Aufwind und legen große Strecken im Gleitflug zurück.

In Andalusien überwinternde Weißstörche warten auf der Deponie Miramundo auf die Anlieferung von «frischem» Müll. Im Hintergrund die weißen Häuser des Städtchens Medina-Sidonia.

Am Bein dieses Storchs hat sich bei der Nahrungssuche auf der Mülldeponie eine Plastiktüte verheddert. Sie wirkt wie ein Bremsfallschirm und behindert den Vogel beim Fliegen.

In der Nähe der Mülldeponie von Dos Hermanas entdecken Olaf Diestelhorst (links) und Stephan Roth (rechts) einen regelrechten «Storchenfriedhof». Unter den Masten einer Mittelspannungsleitung finden sie 131 durch Stromschlag getötete Störche.

Sowie der Bulldozer sich in Bewegung setzt, um den soeben abgeladenen Müll zu verteilen, sind Hunderte Störche zur Stelle. Sie ernähren sich auf der Deponie von Essensresten und anderen organischen Abfällen.

Auf dem Weg in den westafrikanischen Sahel umfahren wir die Sahara im Westen. In Mauretanien, auf 180 Kilometern zwischen Namghar und Nouakchott, gibt es keine Piste, und wir folgen dem Spülsaum des Atlantiks.

Eines unserer vielen Übernachtungslager während der Expedition durch den westafrikanischen Sahel. Wir schlafen auf Feldbetten, Moskitonetze schützen uns vor den Stechmücken, und zum Abendessen gibt es Reis oder Nudeln mit Tomatensoße.

In Westafrika ernähren sich überwinternde Weißstörche überwiegend von Heuschrecken. In den Gebieten, in denen wir besenderte Störche aufgesucht haben, zählten wir teilweise mehr als 1000 Heuschrecken pro Quadratmeter.

Entlang der wenigen Straßen in Mauretanien und Mali werden überwinternde Weißstörche bejagt. In abgelegenen Gebieten dagegen zeigen sie keinerlei Scheu, offenbar deshalb, weil ihnen von den Menschen dort keine Gefahr droht.

Nicht nur bei der Nahrungssuche, sondern auch in der Wahl ihrer Nistplätze sind Störche flexibel. Nahe Madrid haben sie ihre Nester auf den Antennen einer aufgegebenen Radiostation erbaut.

Im Osten des Sudan werden Störche mit Wurfhölzern oder einer Art Bumerang getötet und gegessen. Dieser Bauer hat uns gezeigt, wie er einen Storch mit bloßen Händen erbeutet. Uns zuliebe hat er den Vogel unbeschadet wieder freigelassen.

KONTROVERSE STORCHENSCHUTZ

WIEDERANSIEDLUNG VON STÖRCHEN

Die Arbeit für den Schutz des Weißstorchs besteht natürlich nicht nur aus Feldarbeit, Expeditionen und Abenteuern. Wie überall im Naturschutz spielen auch hier Politik, Überzeugungsarbeit und Medienpräsenz eine entscheidende Rolle. Nicht gerade die Lieblingsdisziplinen von Biologen, aber für den Erfolg sind sie unabdingbar. Ein gutes Beispiel dafür ist der Streit um die Wiederansiedlung des Weißstorchs.

Zu Beginn des 20. Jahrhunderts lebten in der Schweiz noch 140 Storchenpaare. Nach 1910 setzte ein rapider Rückgang ein. 1920 brüteten noch 50 Paare, zehn Jahre später waren es gerade noch 16 und 1949 war nur noch ein einziges Paar verblieben. Im Jahr 1950 blieb auch das letzte Nest im Kanton Schaffhausen verwaist. Der Weißstorch war in der Schweiz als Wildvogel ausgestorben. Verschiedene Ursachen haben diese dramatische Entwicklung ausgelöst. Vor allem in den höher gelegenen Brutgebieten verendete durch die nasskalte Witterung in vielen Jahren ein Großteil der Jungstörche. Gleichzeitig gingen durch die zunehmende Industrialisierung der Landwirtschaft, durch die Trockenlegung von Feuchtgebieten und die Kanalisierung von Fließgewässern wertvolle Lebensräume verloren.

Max Bloesch, ein Storchenschützer aus Solothurn, war nicht bereit, das Verschwinden der Weißstörche einfach hinzunehmen. Zwei Jahre vor dem Erlöschen der schweizerischen Population hatte er mit einem Ansiedlungsversuch begonnen. Insgesamt 20 Jungstörche, einige aus dem Elsass, andere aus Deutschland und Osteuropa, bildeten den Grundstock seines Versuchs. Nach einigen Jahren erkannte er, dass wesentlich mehr Tiere erforderlich wären, um genug Nachwuchs für den Aufbau einer Population zu produzieren. In den folgenden Jahren wurden zusätzlich etwa 300 Jungstörche aus Algerien in die Schweiz gebracht, in der Storchenstation Altreu aufgezogen und im Spätsommer freigelassen. 220 dieser Vögel zogen ab, aber kein einziger kehrte zurück. Mit den verbliebenen Vögeln verfolgte Bloesch eine andere Strategie. Die Störche verblieben nun während der ersten drei Lebensjahre im Gehege. Sie konnten sich dort verpaaren und wurden erst dann an Orten ausgewildert, an denen sich Nistgelegenheiten befanden. Im Jahr 1960 brütete in Altreu wieder das erste Storchenpaar, 1965 waren es zehn Brutpaare. Im selben Jahr wurden 24 Außenstationen errichtet, und bis 1992 lag die Zahl der Brutpaare in Altreu und den Außenstationen bei 140, dem Stand von 1900. Das Ziel des Ansiedlungsversuchs war erreicht. Zwischenzeitlich wurde die von Max Bloesch geführte Gesellschaft zur Förderung des Storchenansiedlungsversuches gegründet, die später zur Schweizerischen Gesellschaft für den Weißstorch, Altreu und im Jahr 2001 in Storch Schweiz umbenannt wurde.

Was sich nach einer Erfolgsgeschichte des Naturschutzes anhört, stieß bei Biologen und Naturschützern auf zum Teil heftige Kritik. Die Brutpaare mussten in den Stationen täglich gefüttert werden, zeigten kein artgerechtes Zugverhalten, waren vom Menschen abhängig und somit keine «echten» Wildvögel. Hunderte Weißstörche aus Algerien waren in die westziehende europäische Weißstorchpopulation «eingekreuzt» worden, und die «Projektvögel» beziehungsweise ihre Nachkommen wurden nun zum Teil auch an Ansiedlungsprojekte in anderen europäischen Ländern weitergegeben. Nach Süddeutschland beispielsweise, nach Italien und Frankreich, auch Schweden war dabei. Würde sich das Zugverhalten, nicht nur der schweizerischen Störche, sondern der Westzieher insgesamt, verändern? Welche Auswirkungen hätte die tägliche Fütterung auf Gesundheit und Ernährungszustand der Vögel? Auch naturschutzpolitische Aspekte spielten eine Rolle. Bislang diente der Weißstorch als Flaggschiff für den Arten- und Naturschutz. Wenn nun «fertige» Störche zum Schnäppchenpreis zu bekommen waren, wäre bald kein Politiker mehr bereit, Mittel aus den ohnehin knappen Haushalten für Biotopschutzmaßnahmen lockerzumachen, von denen auch weniger prominente Arten profitieren. Eine Art Freilandzoo wäre die Folge. Mit Naturschutz hätte das nichts zu tun.

Zum Glück für den Naturschutz gibt es sie, die Hobby-Ornithologen, die ihre gesamte Freizeit «ihren» Vögeln, also auch den Störchen, widmen: Beringung, Ringablesung, Bestandserfassung, die Errichtung von Nistplattformen und ihre Pflege, all das gäbe es ohne die vielen ehrenamtlichen Naturschützer nicht. Doch dass Amateur-Ornithologen und Wissenschaftler gelegentlich unterschiedlicher Meinung sind, ist fast unvermeidlich. Max Bloesch war bei Tagungen und Projektbesprechungen ein gerngesehener Ehrengast und Festredner. Und wenn er von seinem Wiederansiedlungsprojekt erzählte, hing die Fangemeinde begeistert an seinen Lippen. Wenn dann ein paar «vorlaute» Biologen es wagten, dem inzwischen über 80-jährigen «Storchenvater» zu widersprechen, führte das regelmäßig zu heftigen Diskussionen. Mehrere Weißstorchexperten – darunter auch ich – waren aufgrund artenschutzfachlicher Grundsätze der festen Überzeugung, dass Ansiedlungsprojekte wie in der Schweiz der falsche Weg sind. Wir sagten Dinge, die nicht erwünscht waren, und forderten die Einstellung solcher Projekte. Dabei bekamen wir nicht nur Gegen-

148 | *Kontroverse Storchenschutz*

wind von den Unterstützern des Schweizer Modells, auch aus der Politik wehte uns eine steife Brise entgegen. Bald waren die Fronten verhärtet, es gab heftigen Streit, bis hin zum Saalverweis der ungeliebten «Stänkerer».

In dieser aufgeheizten Atmosphäre beschloss man im April 1994, in der Schweiz eine internationale Storchentagung abzuhalten, auf der die weitere Marschrichtung im Storchenschutz diskutiert werden sollte. Teilnehmer aus Europa und Nordafrika, die geballte «Storchenprominenz», würden sich dort versammeln. Organisiert wurde die Veranstaltung von der Schweizerischen Gesellschaft für den Weißstorch, Altreu und der Schweizerischen Vogelwarte Sempach. Ich wurde eingeladen, eine der Sitzungen der Tagung zu leiten. Ein paar Tage nach meiner Zusage kam erneut eine Nachricht aus der Schweiz. Man müsse meine Einladung leider zurückziehen. Es habe sich bei einigen der Veranstalter Widerstand gegen meine Einbindung gerührt. Vor allem Peter Enggist, der Geschäftsführer der Schweizerischen Gesellschaft, war strikt dagegen, mir, als einem vehementen Gegner des Ansiedlungsprojekts, diese Plattform zu bieten. Bangemachen gilt nicht. Also meldete ich mich, wie jeder andere Referent auch, lediglich für einen Vortrag an. Mit einem unverfänglichen Thema über die «Situation des Weißstorchs auf den Zugrouten und in den Überwinterungsgebieten». Das konnte man mir nicht ausschlagen. Und so machte ich mich auf den Weg – in die Höhle des Löwen.

Respekt. Hier wird nicht gekleckert, sondern geklotzt. Das war mein Eindruck, als ich dort eintraf. Tagungsort war ein Nobelhotel in Basel. Simultanübersetzung in alle Sprachen, Vortragstechnik vom Feinsten, das Ganze war hoch professionell organisiert. Dazu kompetente Referenten und spannende Vorträge. Am Abend dann ein festlicher Empfang für alle Teilnehmer. Peter Enggist, der Mann, der mich so undiplomatisch ausgeladen hatte, fragte

Kontroverse Storchenschutz | 149

ein wenig verlegen, ob wir nicht zusammen an einem Tisch sitzen könnten. Es wurde überraschenderweise ein netter Abend. Es habe ihn beeindruckt, erklärte er mir, dass ich trotz der brüsken Zurückweisung nach Basel gekommen sei. Bald war klar, dass wir zwar unterschiedliche Ansichten haben – uns aber persönlich eigentlich ziemlich gut verstehen. Ich erfuhr, dass Peter Enggist schon 1990 von Max Bloesch auf dessen Wunsch hin die Leitung der Gesellschaft für den Weißstorch übernommen hatte. Ich saß hier also mit dem Nachfolger meines «Erzfeindes» Max Bloesch, trank guten Wein und diskutierte mit ihm über die Störche. So uneins wir in dieser Hinsicht waren, irgendwann am Abend waren wir beim Du gelandet. Dass daraus eine langjährige Freundschaft und eine sehr enge Zusammenarbeit in Sachen Weißstorch entstehen würde, daran hätte ich damals nicht im Entferntesten gedacht.

Schon ein paar Monate später war ich wieder in der Schweiz. In Kleindietwil im Kanton Bern. Peter Enggist und seine Frau Margrith wohnten dort in einem idyllischen Bauernhaus. «Wir müssen reden», hatte Peter mir mitgeteilt, es gebe einige Neuentwicklungen. Bei schönstem Wetter saßen wir auf der Terrasse. Dort erzählte mir Peter, was ihn zu den Störchen verschlagen hatte. Von Beruf erfolgreicher Architekt, waren Tiere schon immer sein Ein und Alles. Jahrelang unterhielt er einen regelrechten Privatzoo – Wickelbären, Pumas, Kängurus, Lamas. Irgendwann traf er auf Max Bloesch. Der «Storchenvater» überzeugte ihn, zusätzlich noch ein Weißstorchpaar bei sich anzusiedeln. Im Lauf der Jahre schaffte Peter die Zootiere nach und nach ab. Schließlich fokussierte sich sein Interesse auf die Störche. Und das mit vollem Einsatz. Peter und Margrith übernahmen mehr und mehr Aufgaben: die Erfassung der Daten aller in der Schweiz festgestellten Störche, die Beringung und Auswertung der Ablesungen, die Dokumentation der Geschehnisse in den Außenstationen und viele weitere Details.

«Ich habe mir inzwischen die Daten genau angeschaut und mit vielen Leuten gesprochen», meinte Peter, «und ich habe entschieden, die Strategie zu ändern. Wir werden die Stationen schließen, die Fütterung einstellen und uns zukünftig um Biotopschutz und andere notwendige Dinge kümmern. Auch in der Mutterstation Altreu wird es keine Gehege mehr geben, sie soll zu einem Infozentrum umgebaut werden.» Ungläubig schaute ich ihn an.

Das Ziel müsse es sein, aufbauend auf den von Max Bloesch erzielten Erfolgen, eine wildlebende und artgerecht ziehende Storchenpopulation in der Schweiz zu etablieren. Dazu gehöre auch, sich intensiv um den Schutz von Lebensräumen zu bemühen und die Gefahren auf den Zugrouten zu entschärfen. Mit Max Bloesch habe er das bereits besprochen, der sei einverstanden. Auch der Vorstand habe grundsätzlich zugestimmt. Natürlich werde nicht jeder begeistert sein. «Ich weiß, das wird bei einigen, vor allem bei den deutschen Ansiedlungsfans, heftige Diskussionen geben», meinte Peter. Tatsächlich sollte dieser mittlere Paukenschlag bald für ziemlich viel Aufregung sorgen. Dem Storchenschutz in Europa jedoch eröffnete diese Entwicklung ganz neue Perspektiven.

Im darauffolgenden Jahr wurde der Kurswechsel im schweizerischen Storchenschutz offiziell. In Rußheim nahe Karlsruhe organisierten im März 1995 die Schweizerische Gesellschaft für den Weißstorch, der deutsche NABU und der niederländische Vogelbescherming eine internationale Zusammenkunft. Sowohl Befürworter als auch Gegner der bisherigen Ansiedlungsprojekte nahmen daran teil, um eine gemeinsame Erklärung über die Zukunft der Wiederansiedlung des Weißstorchs zu erarbeiten. Nach zwei Tagen zähen Ringens einigte man sich auf die sogenannte «Rußheim-Resolution», deren Leitsatz lautete: «Oberstes Ziel im Weißstorchschutz ist die Erhaltung bzw. Wiederherstellung einer dauerhaft sich selbst erhaltenden Population, die alle Merkmale der wild lebenden Art aufweist.» Fortpflanzung in Gefangenschaft und Auswilderung seien keine arterhaltenden Maßnahmen, so die Begründung, und entsprechende Einrichtungen sollen zukünftig für Öffentlichkeitsarbeit und Schutzmaßnahmen umgenutzt werden. Starker Tobak, vor allem für diejenigen, die genau auf solche Projekte gesetzt hatten. Die Resolution wurde trotzdem angenommen, ohne eine einzige Gegenstimme. Eine jahrelange Auseinandersetzung war damit beendet.

Am konsequentesten handelte die Schweiz. Alle Stationen wurden geschlossen, und die ehemalige Storchenstation Altreu ist längst ein Naturschutz-Informationszentrum. Ohne Gehege, stattdessen brüten die Störche jetzt frei fliegend auf den Dächern. In Holland und Frankreich hat man die Wiederansiedlungsprojekte zumindest drastisch reduziert. Manches andere Land hinkt noch hinterher, gerade auch Deutschland. Grundsätzlich jedoch hat die Idee, Störche vor allem durch Aufzucht und Ansiedlung zu erhalten, viel von ihrer Strahlkraft verloren. Dass die Trendwende gerade aus der Schweiz kam, war ein Glücksfall für die Westpopulation der Weißstörche – authentischer konnte der Wandel nicht erfolgen.

Ich selbst habe, nach all den unschönen Auseinandersetzungen der vergangenen Jahre, auch mit Max Bloesch meinen Frieden gemacht. Er war schwer erkrankt. Peter wollte ihn noch einmal besuchen und bat mich, ihn zu begleiten. Ich war erstaunt, wie klar und präzise der alte Mann mir aufzeigte, was einst seine Beweggründe für das Ansiedlungsprojekt waren. Beim Abschied fragte er mich: «Aber alles habe ich doch nicht falsch gemacht, oder?» Guten Gewissens konnte ich ihm antworten: «Damals, vor 50 Jahren, das war eine andere Zeit. Vieles von dem, was man heute weiß, spielte noch keine Rolle.» Dass er dem neuen Weg zugestimmt

152 | Kontroverse Storchenschutz

hat, war ein wichtiger Schritt. So problematisch sein Projekt war, ohne sein Lebenswerk hätte es die heutige Entwicklung nicht gegeben – und wahrscheinlich auch keine schweizerischen Störche mehr. Ein paar Tage später ist Max Bloesch verstorben, im Alter von 89 Jahren.

INTERNATIONALE WEISSSTORCHZÄHLUNG

Wie viele Weißstörche gibt es eigentlich? So lautet eine der häufigsten Fragen, die man als «Storchenforscher» gestellt bekommt. Seit der ersten Hälfte des letzten Jahrhunderts vermitteln internationale Zählungen ein mehr oder weniger zuverlässiges Bild. Auf dem Gebiet des heutigen Deutschland befand sich der Weißstorch bei der ersten Bestandserfassung im Jahr 1934 bereits deutlich auf dem Rückzug. Etwa 9000 Paare wurden gezählt. Bis 1958 war die Population fast auf die Hälfte geschrumpft und erreichte gegen Ende der 1980er Jahre mit weniger als 3000 Paaren ihr Minimum. Die Mehrzahl aller Paare, um die 80 Prozent, brüteten damals wie heute im Osten Deutschlands, im Gebiet der ehemaligen DDR. Anfang der 1990er Jahre schließlich zeichneten die langfristigen Bestandstrends ein dramatisches Bild: Man befürchtete zu dieser Zeit, dass zumindest im Westen Deutschlands bis zur Jahrtausendwende der Weißstorch als wildlebende Vogelart aussterben könnte.

In anderen Ländern, vor allem im Osten Europas, stellte die Situation sich positiver dar. Dort, wo der Weißstorch noch häufig und somit ein «Allerweltsvogel» war, wurden systematische Bestandserfassungen erst in jüngerer Zeit durchgeführt. Ein detaillierter Überblick über den weltweiten Trend und die Gesamtpopulation war deshalb nicht möglich. Der Ornithologe Ernst

Kontroverse Storchenschutz | 153

Schüz beschloss, diese Lücke zu füllen. Als Leiter der Vogelwarte Rossitten organisierte er schon in der ersten Hälfte des 20. Jahrhunderts die wissenschaftliche Vogelberingung und führte Populationsstudien an verschiedenen Vogelarten durch, darunter der Weißstorch. Ernst Schüz war überzeugt, dass man einen Weg finden müsse, das Auf und Ab in der weltweiten Storchenpopulation zu verstehen. Im Jahr 1934 rief er zur ersten Internationalen Weißstorchzählung auf, an der sich zehn Länder beteiligten. 1958 konnte er Ornithologen in 18 Ländern dafür gewinnen, am zweiten Internationalen Weißstorchzensus teilzunehmen. Die nächsten Zählungen koordinierte Schüz in den Jahren 1974 und 1984, langfristig wollte er die Storchenbestände im Zehnjahresrhythmus erfassen. Aufgrund der noch sehr eingeschränkten Kommunikationsmöglichkeiten konnte anfangs nicht jede Bestandserfassung vollständig sein. Dennoch ist die wissenschaftliche Bedeutung selbst der frühen, von Schüz durchgeführten Weißstorchzählungen bis heute unumstritten. Durch sie wurden erstmals grundlegende Daten über Bestandstrends und die Populationsdynamik des Weißstorchs verfügbar und die Analyse von Einflussfaktoren wie der Landnutzung und des Klimas möglich – ein wichtiges Instrument also für den Schutz des Weißstorchs.

Nach dem Tod von Ernst Schüz im Jahr 1991 stand die Weiterführung der internationalen Zählungen zunächst in Frage. Aber schon bald rief die deutsche Sektion des Internationalen Rats für Vogelschutz (heute: BirdLife International), initiiert von dem Ornithologen und Naturschützer Goetz Rheinwald, zu einem fünften Internationalen Zensus auf. Die Durchführung wurde dem von Schüz geplanten Zehnjahresintervall entsprechend für das Jahr 1994 geplant und dem NABU übertragen. Im Dezember 1993 wurde ich gefragt, ob ich bereit wäre, als Leiter des NABU-Instituts in Bergenhusen die Koordination des Weißstorchzensus zu übernehmen. Ich hatte enge Kontakte zu Weißstorchexperten in vielen Ländern, Erfahrung im internationalen Naturschutz und die erforderlichen Sprachkenntnisse. Ohne Zögern sagte ich deshalb zu. Mir war allerdings bewusst, dass es ein paar große Schuhe waren, die ich mir da anziehen würde. Die Fortführung dieses Monitoring-Projekts war eine Herausforderung, die mir erheblichen Respekt einflößte. Zugleich war sie aber auch eine spannende Aufgabe, in enger Zusammenarbeit mit vielen Menschen.

Störche zählen – hört sich doch eigentlich ganz einfach an. Fernglas, Teleskop und Notizblock eingepackt, und los geht's. Von wegen. Die Koordination solch einer internationalen Zählung besteht vor allem aus Schreibtischarbeit. Im ersten Schritt ging es darum, in möglichst jedem der etwa 44 Länder, in denen Weißstörche brüten, einen nationalen Zensus-Koordinator zu finden. Der musste dann entscheiden, mit welcher Methode in seinem Bereich die Erhebung stattfinden sollte. Eine individuelle Zählung einzelner Brutpaare funktioniert nur dort, wo die Bestände überschaubar sind. Und auch nur dann, wenn dem Koordinator ein Netzwerk von ehrenamtlichen Kollegen zuarbeiten kann. Ist der Storchenbestand eines Landes sehr groß, dann muss die Zählung unter Umständen auf repräsentativen Probeflächen erfolgen und anschließend der Gesamtbestand hochgerechnet werden. Und ist die gesamte Fläche eines Landes wirklich nicht zu erfassen, sei es aus politischen, finanziellen oder geographischen Gründen, dann müssen notfalls Schätzungen herhalten.

Beim fünften Internationalen Weißstorchzensus 1994/95 war es, dank der politischen Öffnung Osteuropas, erstmals möglich, auch die Länder des ehemaligen Ostblocks umfassend einzubeziehen. Allerdings erschwerte gerade dort, wie auch in Nordafrika, die verbreitet schlechte wirtschaftliche Situation die Durchführung der Erhebung. Wer Störche zählen will, der muss mobil sein. Aber

nicht jeder besitzt ein Auto oder kann das Benzin für die Feld-
fahrten finanzieren. Auch die erforderliche technische Ausrüstung wie Ferngläser, Fernrohre und Computer war nicht immer
vorhanden. Selbst die Korrespondenz war gelegentlich mühsam,
wenn die Kosten für Briefporto, Fax oder Telefonate die Möglichkeiten der nationalen Koordinatoren überschritten. Öffentliche
Mittel waren für solch ein Projekt nicht verfügbar, lediglich private Unterstützer stellten Geld- und Sachspenden zur Verfügung.
Mit einem bundesweiten Aufruf gelang es, gebrauchte Ferngläser
zu erhalten, die bei Bedarf zur Verfügung gestellt werden konnten.
Wenn der Weißstorchzensus trotz der finanziellen Schwierigkei-
ten zu einem erfolgreichen Abschluss kam, dann ist dies in erster
Linie auf das große Engagement der vielen ehrenamtlichen Mit-
arbeiter in allen teilnehmenden Ländern zurückzuführen. Viele
Storchenschützer, vor allem in Osteuropa, waren per Fahrrad, zu
Fuß und mit öffentlichen Verkehrsmitteln unterwegs, um ihre
Arbeitsgebiete zu erreichen.

Um einen einheitlichen Standard der Erhebungen zu garantieren, wurden an alle Beteiligten die sogenannten «Zensus-Nachrichten» verschickt, in deutscher und englischer Sprache. Sie ent-
hielten neben allgemeinen Informationen detaillierte Hinweise
auf die anzuwendende Methodik, bis hin zur Festlegung der zu
erhebenden Parameter und ihrer Terminologie, die bereits Ernst
Schüz definiert hatte. Ein Großteil des Schriftverkehrs sowie die
Versendung der Zensus-Nachrichten erfolgten per Brief. Es gab
damals zwar schon den E-Mail-Verkehr, aber bei weitem nicht jeder hatte einen Computer oder konnte mit der digitalen Kommunikation überhaupt etwas anfangen. Unser Postbote hat sich über
die Briefe mit exotischen Absendern und Briefmarken gefreut, die
fast täglich am NABU-Institut eintrudelten. Nach Abschluss der
Zählungen lagen schließlich aus mehr als 30 Ländern, fast dem ge-

samten Gebiet der Brutverbreitung des Weißstorchs, Ergebnisse über die Bestände vor.

Im September 1996 fand dann im Zoologischen Institut der Universität Hamburg eine internationale Weißstorchtagung statt. Sie wurde vom NABU und der Michael-Otto-Stiftung für Umweltschutz veranstaltet, in enger Zusammenarbeit mit der Schweizerischen Gesellschaft für den Weißstorch, Altreu und der Universität Hamburg. Hier sollten die Ergebnisse des Zensus zusammengeführt und der Fachwelt sowie der Öffentlichkeit vorgestellt werden. Mehr als 160 Wissenschaftler, Storchenexperten und Naturschützer aus 30 Ländern, von Usbekistan bis Marokko, kamen zusammen, um die Bestandssituation des Weißstorchs und neue Erkenntnisse über Biologie, Gefährdung und Schutz der Art zu diskutieren. Das Interesse an der Tagung war überwältigend. Der 300 Personen fassende Vortragssaal war bis auf die letzten Plätze besetzt.

Die Ergebnisse des Weißstorchzensus waren für alle Teilnehmer, aber auch für die Öffentlichkeit eine Sensation. Was sich in einzelnen nationalen Kurzberichten bereits angedeutet hatte, wurde zur Gewissheit. In fast allen Ländern war es in den Jahren 1994/95 im Vergleich zur vorausgegangenen Zählung (1984) zu einer Stabilisierung der Weißstorchbestände gekommen, in sehr vielen Ländern sogar zu erheblichen Bestandszunahmen. Endlich die Trendwende! Hoffnung also für den Storchenbestand nach vielen deprimierenden Jahren. Annähernd 166 000 Brutpaare weltweit wurden durch den Zensus ermittelt, etwa 20 Prozent mehr als die 135 000 Paare, die man noch im Jahr 1984 geschätzt hatte. Selbst jahrelang verlassene Gebiete waren wiederbesiedelt worden. Die stärksten Zunahmen wurden auf der Iberischen Halbinsel festgestellt. In Spanien, wo 1984 noch 6753 Weißstorchpaare gezählt worden waren, hatte sich der Bestand bis 1994/95 mehr als verdoppelt, auf 16 643 Paare. Aber nicht nur dort, sondern bei allen Westziehern zeigte der Trend nach oben – mit Ausnahme von Dänemark am äußersten Nordrand der Population, wo der Bestand erneut stark zurückgegangen war.

Sowohl der Zensus als auch die Tagung wurden ein voller Erfolg. Jetzt fehlte nur noch die Veröffentlichung der Ergebnisse. Gut zwei Jahre später war es vollbracht: Ein 600 Seiten starkes Buch, in dem von Autoren aus 34 Ländern die neuesten Zahlen zur Biologie und Verbreitung des Weißstorchs vorgestellt wurden und das den der neuesten Entwicklung angemessenen Titel hatte: *Weißstorch im Aufwind? – White Storks on the up?* Als die Bücher von der Druckerei eintrafen und wir sie für den Versand verpackten, kam mir in den Sinn: Ernst Schüz hätte es sicher große Genugtuung verschafft zu erleben, dass *sein* Weißstorch vielleicht doch eine Chance hat, auch in Deutschland langfristig zu überleben.

Dass das Fragezeichen im Titel unseres Tagungsbandes nicht nötig gewesen wäre, zeigten die Ergebnisse des sechsten Internationalen Weißstorchzensus 2004. Kai Thomsen hatte nach meinem Ausscheiden aus dem Bergenhusener NABU-Institut die Koordination übernommen. Seine Ergebnisse bestätigten die positive Entwicklung: Der Weltbestand des Weißstorchs wurde auf 233 000 Paare geschätzt, was einem weiteren Anstieg der Population um 40 Prozent entspricht. Im Vergleich zum Zensus 1984 ergibt sich ein Anstieg um 71 Prozent in 20 Jahren. Verblüffend ist, wie unterschiedlich sich West- und Ostpopulation entwickelten. Während die Population der Ostzieher in 20 Jahren um 51 Prozent angestiegen war, wurde im gleichen Zeitraum für die Westzieher ein Anstieg um sage und schreibe 225 Prozent registriert. Für den Zensus 2014/15 liegen bisher keine endgültigen Daten vor. Aber er scheint ebenfalls wieder einen, wenn auch moderateren, Anstieg der Gesamtpopulation ergeben zu haben.

DIE TRENDWENDE

Über lange Zeit galt, dem allgemeinen Negativtrend zum Trotz, dass die ostziehenden Weißstorchpopulationen stets stabiler waren als die der Westzieher. Die Zählungen der Jahre 1994/95 und 2004 jedoch ergaben, neben der grundsätzlichen Trendwende, ein ganz anderes Bild. Die relative Bestandsentwicklung der Ost- und der Westzieher hatte sich umgekehrt. Seit Ende der 1980er Jahre stiegen die Bestände der Westzieher fast dreimal so stark an wie die der Ostzieher. Um die Ursachen zu ergründen, ist es hilfreich, den Aufbau der Storchenbestände genauer zu betrachten. In allen Tierpopulationen gibt es Bereiche, in denen optimale Bedingungen herrschen. Diese sogenannten Kernpopulationen mit hoher Fortpflanzungsrate fungieren als Ausbreitungszentren, aus denen Individuen in benachbarte, weniger optimale Bereiche, die Randpopulationen, einwandern und diese stützen. Beim Weißstorch sind die stabilsten Subpopulationen mit höchsten Bestandsdichten und stärksten Zunahmen die Südwestliche Kernpopulation (Spanien und Portugal) und die Östliche Kernpopulation (Polen, Ukraine, Weißrussland und Baltikum). Die Nordwestliche Randpopulation (unter anderem Dänemark, Deutschland, Frankreich, die Schweiz) sowie die Südöstliche Randpopulation (unter anderem Balkan, Griechenland, Türkei) weisen niedrigere Bestandszahlen und Fortpflanzungsraten auf. Sie liegen eher am Rand des Verbreitungsgebiets und sind auf Zuwanderung aus den beiden Kernpopulationen angewiesen. Drei weitere Subpopulationen, die Maghreb-Population, die westasiatische Population und der kleine Bestand der Weißstorchunterart Ciconia ciconia asiatica sind geographisch weitgehend isoliert und können somit als separate, von anderen Subpopulationen unabhängige Teilpopulationen eingestuft werden.

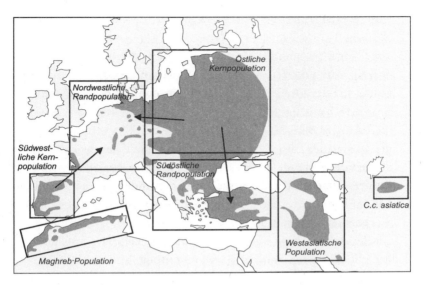

In verschiedenen Regionen unterliegen die Weißstörche unterschiedlichen Bestandstrends. Von besonderer Bedeutung sind stabile Kernpopulationen, deren «Populationsdruck» die Randpopulationen stützt.

Geht es den Kernpopulationen gut, dann profitieren auch die benachbarten Randpopulationen. Dabei hängt der Zustand der Kernpopulationen zum einen von den aktuellen Bedingungen im Brutgebiet ab, zum anderen von der Situation im Überwinterungsgebiet. Der starke Anstieg der westziehenden Population lässt sich mit dem Ende von drei lang andauernden Dürreperioden zwischen 1968 und 1984 in der Sahel-Region erklären und vor allem damit, dass in Spanien und Portugal zahlreiche offene Mülldeponien entstanden waren, die den Störchen seitdem schier unerschöpfliche Nahrungsressourcen bieten. Gleiches gilt für die Reisfelder in Andalusien, entlang des Guadalquivir, in denen der aus Nordamerika eingeschleppte Amerikanische Sumpfkrebs

(Procambarus clarkii) zeitweise massenhaft vorkommt. Die ständig verfügbare Nahrung auf den Deponien und in den Reisfeldern hatte ein explosionsartiges Anwachsen der iberischen Weißstorch-Brutpopulation zur Folge, welches sich wiederum günstig auf die Nordwestliche Randpopulation auswirkte. Die permanente Verfügbarkeit von Nahrung auf den Deponien bewirkte zudem, dass bis zu 80 Prozent der westziehenden Störche, zum Beispiel aus der Schweiz, Frankreich und Deutschland, nicht mehr in den afrikanischen Sahel ziehen, sondern in Spanien überwintern. Der durch den Wegfall des Afrika-Zuges stark verkürzte Zugweg reduziert die Verluste, verringert den Energieverbrauch und sorgt für eine höhere Überlebensrate bei den Westziehern.

Bei der im Vergleich dazu wesentlich geringeren Zunahme der östlichen Kernpopulation spielten möglicherweise die politischen Umwälzungen in den osteuropäischen Ländern Ende der 1980er Jahre eine Rolle. Änderungen der Landnutzung aufgrund wirtschaftlicher Krisen könnten zur Verbesserung der Nahrungsbedingungen in den Ländern des östlichen Mitteleuropas geführt haben. Die starke Zunahme in Estland und Lettland sowie die Ausweitung des Verbreitungsgebiets in Russland und der Ukraine nach Osten sind möglicherweise auf den Klimawandel zurückzuführen. Vielleicht aber liegt die Ursache für die Zunahme der Ostzieher ja doch im Winterquartier: Die Satellitentelemetrie zeigt, dass die Überwinterungsgebiete der Ostzieher sich nicht, wie lange vermutet, gleichmäßig über Ost- bis Südafrika erstrecken, sondern dass der Schwerpunkt im Sudan in Ost-West-Richtung von Äthiopien bis in den Tschad verläuft. Somit ist anzunehmen, dass auch die Ostzieher in erheblichem Umfang von klimatischen Variationen im östlichen Sahel beeinflusst werden. Untersuchungen Schweizer Ornithologen gaben Hinweise darauf, dass variierende Niederschlagsmengen an einem im Oktober und November

Kontroverse Storchenschutz | 161

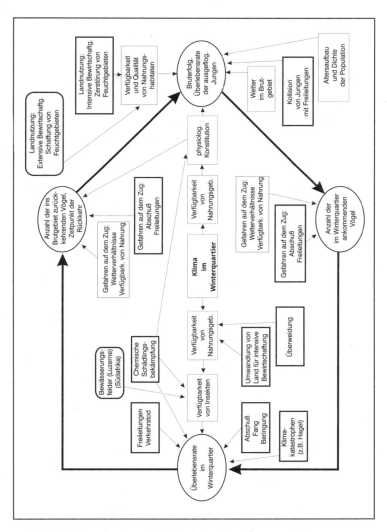

Die Vielzahl der Einflüsse auf den Weißstorch in seinen verschiedenen Entwicklungsstadien und Lebensräumen verdeutlicht, dass Bestandstrends sich kaum durch eine einzige Ursache erklären lassen (Stand 1996, vor Änderung des Zugverhaltens aufgrund der Mülldeponien).

genutzten Rastplatz im östlichen Sahel für Unterschiede in den Überlebensraten der Ostzieher verantwortlich sein könnten. Dass die zeitweise positive Entwicklung bei den ostziehenden Störchen in Deutschland möglicherweise durch Zuwanderung aus der östlichen Kernpopulation resultiert, wurde mehrfach durch Ringablesungen belegt.

Wer sich die Mühe macht, das Wirkgeflecht aller Einflussmöglichkeiten im gesamten Lebensareal der Weißstörche in Form eines Diagramms aufzuzeichnen, erkennt schnell, dass es kaum möglich ist, einzelne Ursachen für Populationseinbrüche oder auch -zunahmen mit hundertprozentiger Sicherheit zu identifizieren. Die Weißstörche machen es uns in unseren Bemühungen um ihren nachhaltigen Schutz nicht leicht.

ABENTEUER FORSCHUNG: STORCHENBEGLEITUNG AUF DER WESTROUTE

SOS STORCH – EIN AMBITIONIERTES PROJEKT

«Ich habe einen Angriff auf dich vor», sagt Peter Enggist, «bist du in den nächsten zwei Jahren verfügbar?» Hoppla. Was hat er vor? Es ist Oktober 1999, Peter, Margrith und ich sind im Auto unterwegs zu einer Storchentagung in Ostdeutschland. Vor wenigen Tagen erst habe ich meinen Job beim NABU gekündigt, um in Zukunft als freiberuflicher Consultant in Sachen Wildlife zu arbeiten. Natürlich kennt auch Peter längst meine Pläne. «Kommt drauf an, was du zu bieten hast», antworte ich und kann mir ein Grinsen kaum verkneifen. «Es geht um ein großes Projekt», meint er, «wahrscheinlich so groß, dass dir nicht viel Zeit für andere Arbeiten bleibt.» «Störche?», will ich wissen. Er nickt und geht dann in die Details. Nach dem Kurswechsel bei den schweizerischen Storchenschützern, weg von der Wiederansiedlung hin zum Schutz der Wildpopulation, sei es an der Zeit, die neue Strategie mit Leben zu füllen. In einem ersten Schritt sollten nun die Gefährdungen während des Zuges systematisch erfasst werden. «Durch Ringablesungen wissen wir inzwischen, dass nur jeder zehnte Jungstorch in die Schweiz zurückkehrt. 90 Prozent des Nachwuchses bleiben verschollen», erklärt Peter. Dass auf den Zugrouten und in den Überwinterungsgebieten die Störche vielen Gefahren ausgesetzt sind, ist schon lange bekannt: Stromtod an Freileitungen, Bejagung, Verlust der Lebensräume und vieles mehr. Wo also beginnen mit dem Schutz der ziehenden Störche? Ihr Wanderungsgebiet erstreckt sich über Tausende Kilometer. Also heißt es zunächst Gefahrenschwerpunkte zu identifizieren und dann dort anzusetzen, wo die größten Verluste entstehen. Genau das, so meint Peter, sei Sinn und Zweck des geplanten Projekts. «Wir wollen die ziehenden Störche mit modernster Technik verfolgen und herausfinden, wo genau sie durch welche Faktoren gefährdet sind.» Ungläubig schaue ich ihn an: «Sprichst du jetzt von Satellitentelemetrie?» Peter nickt: «So ist es.» «Eine spannende Idee, aber sehr, sehr teuer», gebe ich zu bedenken. «Mach dir da mal keine Gedanken. Um die Finanzierung und Sponsoren kümmere ich mich», meint er, «aber jetzt kommst du ins Spiel. Ich hätte dich gerne als Projektleiter. Für die Vorbereitung und die technische und wissenschaftliche Umsetzung.» Volltreffer! Ein Thema so ganz nach meinem Geschmack. «Wann soll es losgehen?», frage ich. «Das hängt von dir ab», antwortet er, «so bald wie möglich.» Ich reiche ihm die Hand: «Okay, ich bin dabei.»

Januar 2000. Die Projektplanung ist in vollem Gang. Auf Flügen in die Schweiz bin ich fast schon Dauerkunde. Meetings mit Peter und mit dem Vorstand der Schweizerischen Gesellschaft für den Weißstorch, Altreu. Der Name der Organisation steht zur Diskussion, jetzt, wo neue Schwerpunkte die Arbeit bestimmen. Nach ausgiebiger Beratung entscheidet sich der Vorstand für «Storch Schweiz». Kurz und prägnant. Das neue Logo: ein fliegender Storch, darunter zwei gegenläufige Pfeile, die eine vom Menschen unbeeinflusste, artgemäß ziehende Storchenpopulation symbolisieren. Ein Name für das Projekt ist auch bald gefunden: «SOS Storch», das versteht jeder. Bei der Beschaffung der Satellitensender gibt es nicht viel zu besprechen. Bislang stellt nur eine einzige Firma diese technischen Wunderwerke her. Das Problem: Die sitzt

Storchenbegleitung auf der Westroute | 165

in den USA und ist hoffnungslos ausgebucht. Langes Verhandeln, viele Telefonate über den Großen Teich, nach zähem Ringen ist auch dieses Problem gelöst. Wir haben die Zusage für die ersten 25 Sender. Rechtzeitig vor dem Ausfliegen der Jungstörche werden sie in der Schweiz eintreffen. Aber mit der «Hardware» allein ist es nicht getan. Genehmigungen für die Besenderung müssen beantragt werden. Und Verträge mit ARGOS, dem Unternehmen, das die von den Satelliten übermittelten Daten verfügbar macht. Jede Menge Bürokratie. Aber dank vieler fleißiger Mitstreiter in der Schweiz ist auch das bald in trockenen Tüchern.

HIGHTECH FÜR DEN STORCHENSCHUTZ

Die Entwicklung der Satellitentelemetrie war ein Meilenstein in der Erforschung wandernder Vogelarten. Die bis dahin gängige klassische Beringung lieferte von den Zugrouten oft nicht mehr als eine einzige Information – nämlich den Ort, an dem der Vogel tot aufgefunden wurde. Mittels der Satellitentelemetrie erhält man kontinuierlich Ortsangaben über den jeweiligen Aufenthaltsort der Störche. Unmengen von Daten strömen in den Computer und erlauben völlig andere Einblicke in das Zugverhalten. Die Satellitensender oder PTTs (Platform Transmitter Terminals), wie sie unter Fachleuten heißen, werden den Störchen wie kleine Rucksäcke auf den Rücken gebunden. Im Abstand von einer Minute senden sie ihre Signale. Diese werden jeweils von einem von sechs Forschungssatelliten empfangen, die in etwa 850 Kilometer Höhe die Erde umkreisen. Über eine Empfangsstation auf der Erde gelangen die Rohdaten an eine Zentrale in Toulouse. Dort werden auf Basis des sogenannten «Doppler-Effekts» aus den Daten die Koordinaten des Senders berechnet. Je länger sich ein Satellit bei seinem Überflug im «Sichtbereich» eines Senders befindet, desto mehr Signale kann er empfangen, und desto genauer ist die errechnete Koordinate. Unter optimalen Bedingungen beträgt die Abweichung nur etwa 150 Meter, oft liegt sie jedoch bei einigen Kilometern. Allemal sind die Ortsangaben exakt genug, um den Verlauf der Zugrouten zuverlässig zu ermitteln. Per Internet oder E-Mail landen die Positionen der Vögel schließlich auf unseren Computern. In Echtzeit, mit nur geringer Verzögerung, wissen wir jederzeit, wo sich die besenderten Störche gerade aufhalten.

Bedenken, die Sender könnten die Störche behindern, sind nach derzeitigem Wissensstand unbegründet. Sorgfältige Tests haben gezeigt, dass ein Storch ein Gewicht von bis zu drei Prozent seines eigenen Körpergewichts problemlos auf dem Rücken tragen kann. Die von uns verwendeten Satellitensender wiegen gerade einmal 40 Gramm. Zusammen mit dem Befestigungsgeschirr, gewissermaßen den Rucksackgurten, ergibt sich ein Gesamtgewicht von etwa 50 Gramm. Für einen Storch, der durchschnittlich um die drei Kilo wiegt, ist so ein Sender eine Fracht, die er spielend bewältigt. Und auch das Problem der Stromversorgung ist bestens gelöst. Unsere Sender werden mit Sonnenenergie betrieben. Solarzellen laden den eingebauten Akku tagsüber auf. Der Sender kann über viele Jahre hinweg funktionieren. Und was meinen die Störche dazu? Anfangs sind die Vögel sicherlich irritiert. Das Päckchen auf ihrem Rücken, knapp größer als eine Streichholzschachtel, ist ungewohnt. Aber schnell ordnen die Störche ihr Gefieder und zupfen die Federchen so zurecht, dass das Geschirr schon nach wenigen Stunden darunter verschwindet. Auch der Sender selbst ist bereits bei der ersten Kontrolle kaum mehr zu sehen, und die Vögel ignorieren ihn schon nach einigen Stunden. Selbst die Antenne, die aus dem Gehäuse herausragt, bereitet keine Probleme, nicht einmal bei der Paarung. So gut wie alle besenderten

Weibchen haben als erwachsene Vögel erfolgreich kopuliert, ge-
brütet und Junge aufgezogen.

In der Forschung lässt sich die Satellitentelemetrie ganz unterschiedlich nutzen. Zum einen ist es natürlich spannend und auch
bequem, den Zug der Störche am PC verfolgen und auf diese Weise
vieles erkunden zu können – wie den Verlauf der Zugrouten zum
Beispiel, und zwar mit größerer Genauigkeit, als es bis dahin möglich war. Überwinterungsgebiete lassen sich akkurat eingrenzen
und mit Wetterdaten und Vegetationszonen verschneiden. Auch
den zeitlichen Verlauf des Zuges kann man analysieren, ebenso
die Fluggeschwindigkeit, die Tagesstrecken und anderes mehr.
Genau das ist das Ziel von vielen Wissenschaftlern: allein anhand
der Daten, die die Sender liefern, zu spannenden Erkenntnissen
zu gelangen. In unserem Projekt dagegen dient die Satellitentelemetrie in erster Linie als Mittel zum Zweck. Natürlich nutzen auch
wir die Vielzahl an Informationen, die die Sender uns liefern. Aber
im Mittelpunkt unserer Forschung steht die Zugbegleitung. Mit
Hilfe der Koordinaten wollen wir die Senderstörche während des
Zuges auffinden und beobachten. Der Gedanke dahinter: Störche
ziehen fast nie alleine, sondern meistens in größeren Trupps. Gelingt es nun, *einem* Senderstorch auf den Fersen zu bleiben, dann
hat man, mit etwas Glück und Erfahrung, täglich Hunderte von
Störchen im Blick. Die Informationen über Gefährdungen und
Todesursachen, aber auch über die ökologische Situation in den
Rastgebieten werden einem somit wie auf dem Silbertablett serviert. Zugegeben, diese Herangehensweise ist in der Praxis äußerst
aufwendig. Mitarbeiter, geländegängige Fahrzeuge, Navigations-
ausrüstung und Peilgeräte sind erforderlich sowie eine zuverlässige Kommunikation zwischen allen Projektbeteiligten.

Die Logistik der «Zugbegleitung am Boden» ist die größte Herausforderung für unser Projekt. Vier Teams aus jeweils zwei Per-

sonen werden in Geländefahrzeugen den besenderten Störchen nach Süden folgen. Ich selbst bin in meinem mobilen Büro, einem VW-Bus, entlang der Zugrouten unterwegs. Der gesamte Datenaustausch im Projekt läuft über SMS, aus der Schweiz werden mir im Stundentakt die neuesten Satellitendaten zugesandt. In meiner «mobilen Leitstelle» sehe ich im Computer auf einer digitalen Karte, wo die Senderstörche und Mitarbeiter sich aufhalten. Über Mobiltelefon und Minicomputer dirigiere ich dann die einzelnen Teams in die Nähe der jeweils nächsten Störche, die sie dann mit ihren Peilantennen und anderer Technik orten und beobachten können. Über mindestens drei Monate wird sich diese Bodenbegleitung während der Zugzeit erstrecken, durch die Schweiz, Frankreich und Spanien bis nach Marokko. So weit die Theorie. Einen Praxistest gibt es nicht. Ob sich all das letztlich im Gelände bewährt, muss sich erweisen. In Fernsehbeiträgen, Zeitungsartikeln und Rundfunkinterviews sowie im Internet werden wir die Öffentlichkeit über den Verlauf des Zuges und das Schicksal der besenderten Störche informieren.

Die Monate vergehen wie im Flug. Inzwischen ist es Sommer geworden. Unser Konzept steht, die Vorbereitungen sind weitestgehend abgeschlossen. Peter hat unermüdlich die Werbetrommel gerührt. Er hat mit potenziellen Sponsoren gesprochen, Vorträge gehalten und einen Großteil der erforderlichen Mittel bereits eingeworben. Nicht immer wurde es ihm dabei leichtgemacht. Kritiker warfen ihm vor, als Architekt, der er im Hauptberuf ist, sei er nicht qualifiziert, ein solches Projekt zu betreiben. Dieser Schuss ging gründlich nach hinten los. Das Genörgel hatte lediglich zur Folge, dass Peter erst richtig Gas gab. Bald sind die meisten Sender finanziert, ein großes Autohaus stellt für das Projekt vier Geländewagen zur Verfügung, und eine Airline sponsert die erforderlichen Flüge. Jetzt fehlt nur noch das Personal für die «Zugbegleitung». Acht erfahrene Ornithologen für den dreimonatigen Einsatz zu finden erwies sich als unmöglich und hätte unser Budget gesprengt. Dann eben anders. Wir setzen auf unternehmungslustige Enthusiasten, auf Menschen, die solch eine Expedition als ein spannendes Abenteuer sehen. Amateure und Profis sprechen wir an, Studenten, Abiturienten, Hobby-Ornithologen, Elektroniker und Wissenschaftler jeglicher Art. Wir versprechen nicht etwa eine Urlaubsreise, sondern harte Arbeit unter widrigen Bedingungen. Den Störchen bis weit in die Nacht hinein folgen, am Straßenrand pennen und am Morgen vor den Hühnern wieder raus. Keine Dusche, keine Toilette und essen nur dann, wenn es zeitlich gerade passt. Ein Leben halt im Expeditionsstil. Und das Ganze ohne echte Bezahlung. Aber wie findet man geeignete Leute? Ich erinnere mich an meine Zeit als junger Student: unterwegs sein und abenteuerliche Forschung live erleben, gegen Erstattung sämtlicher Kosten, da konnte ich damals nicht nein sagen. Warum sollte das nicht auch heute noch funktionieren? Mundpropaganda, Aushänge an Unis und Aufrufe in verschiedenen Naturschutzmagazinen. Nicht zuletzt ein paar Anzeigen in den gängigen Internetforen. Und tatsächlich, das Interesse ist riesengroß. Rechtzeitig zum Start des Projekts haben wir die vier Teams zusammen. Forschung mit solchen Grünschnäbeln? Manch einer ist überzeugt, das Projekt sei damit zum Scheitern verurteilt. Von wegen. Das wird klappen. Ich selbst bin jedenfalls bester Dinge.

VORBEREITUNGSMARATHON

Mitte Juni. Die Satellitensender sind längst in der Schweiz angekommen. In Kleindietwil, bei der Geschäftsstelle der schweizerischen Storchenschützer, liegen sie jetzt zum Aufladen der Akkus in der Sonne. Alle technischen Tests sind erfolgreich verlaufen. Jetzt wird es Zeit, die kleinen Wunderkästchen auf den Störchen zu befestigen. Überwiegend Jungstörche wollen wir besendern, denn deren Verbleib interessiert uns besonders. Mit Margrith toure ich durch die Schweiz. In ihrer eigenen Beringungsregion kennt sie jedes einzelne Nest und weiß, wann die Jungen geschlüpft sind. Darüber hinaus ist sie eng vernetzt mit den Weißstorchbetreuern in anderen Teilen des Landes. Für die Besenderung, die zeitgleich mit der Beringung stattfinden soll, müssen die Jungstörche möglichst groß sein – aber noch nicht so alt, dass sie bei einer Störung das Nest verlassen. Gar nicht so leicht, den genauen Zeitpunkt abzuschätzen, vor allem dann, wenn die Nester schlecht einsehbar sind. Aber die schweizerischen Storchenbetreuer kennen ihre Pappenheimer. Wer wie sie in jedem Jahr die Jungstörche beringt, der hat das Gespür für den richtigen Zeitpunkt. Am Abend trifft Michael Kaatz ein. Der Biologe aus Sachsen-Anhalt wird als Leiter eines unserer Peilteams bei der Zugbegleitung dabei sein – und unsere ersten Störche besendern. Er hat das Werkzeug und die benötigten Materialien und schon etliche Störche mit Sendern versehen.

«Weiter, etwas nach rechts, einen Meter noch. Stopp, das passt.» Das Löschfahrzeug mit der großen Drehleiter ist perfekt ausgerichtet. In Avenches in der Westschweiz wird der erste Jungstorch besendert. Weit oben, auf dem First des imposanten Gutshauses, thront das mächtige Nest. Ein Feuerwehrmann fährt die Teleskopleiter des Löschfahrzeugs aus und manövriert sie dicht an die Kante der Storchenburg. Peter steht schon in den Startlöchern und beginnt den Aufstieg über die schwankende Leiter. Oben angekommen, beugt er sich weit über die Nestmulde. Schon vom Zuschauen wird mir schwindlig. Ein paar beherzte Handgriffe, und einer der Jungstörche ist verpackt. Mit dem Jutesack unter dem Arm klettert Peter die vielen Sprossen nach unten. Als Erstes wird der Nestling gewogen. Mehr als drei Kilo bringt er auf die Waage, perfekt für die bevorstehende Prozedur. Reglos, wie tot, liegt der Jungstorch am Boden. Akinese nennt man dieses Verhalten. Ein Schutz, der die Nestlinge davor bewahrt, von Beutegreifern attackiert zu werden. Jetzt kommt Michaels Part. Auf einem Campingtisch hat er seine Werkzeuge drapiert: eine Spezialzange, eine Flachzange, eine Schere, eine Tube Superkleber, eine Dose mit Metallklammern und ein Feuerzeug. Daneben der Sender, von dessen vorderer Öse bereits das Rucksack-Geschirr baumelt. Es besteht aus einer Nylonschnur, die in einem Schlauch aus Teflongewebe verborgen ist. Das optimale Material, um zu verhindern, dass das Geschirr die Haut des Storches verletzt. Michael legt den Sender auf den Rücken des Vogels und schiebt Kopf und Hals durch die Schlaufe, die das Geschirr an seinem vorderen Ende bildet. Mit geübten Griffen führt er die beiden freien Enden der Schnur unter den Flügelachsen nach hinten und wieder hoch zum Sender, wo sie links und rechts in den Ösen befestigt werden. Der Sitz des Rucksacks wird überprüft und die Schnur sorgfältig nachjustiert. Nicht zu fest, nicht zu locker, so muss es sein. Die Enden der Schnur werden mit Metallklammern gesichert, mit dem Feuerzeug werden die Knoten verschweißt und zusätzlich mit Superkleber fixiert. Der letzte Test: ein Fingerbreit Spiel, das passt. Schließlich muss der Kleine noch in das Geschirr hineinwachsen. Zum Abschluss beringt Margrith den Storch und protokolliert alle Angaben in ihren Listen. Peter bringt unseren ersten «Senderstorch» zurück ins Nest. Gerade einmal 20 Minuten hat die Aktion gedauert. Guten Flug, tapferer Storch. Wir wünschen dir eine sichere Reise und ein langes Leben. Robert Schoop, der zuständige Storchenbetreuer, nimmt die obligatorische Pfeife aus dem Mund und nickt zufrieden. Peter fragt ihn, ob er denn einverstanden sei, wenn der Jungstorch nach ihm benannt wird. «Ja, das ist okay», meint Robert und fügt mit breitem Lächeln hinzu: «Wenn schon ich selbst nicht nach Westafrika komme, dann wenigstens ein Storch mit meinem Namen.»

Alles verpacken, rein in die Autos, und ab geht's zum nächsten Kandidaten. Bis zum Abend haben wir sechs weitere Jungstörche verarztet. Und dann wird es spannend: Steht die Verbindung mit dem Server? Wird der erste Datenabruf gelingen? Erleichterung: Alles funktioniert, die ersten Koordinaten trudeln ein. Nach einer guten Woche haben wir 22 Jungstörche besendert. Drei Sender sind jetzt noch übrig, die wir für erwachsene Störche reserviert haben. Die müssen wir aber erst einmal in die Hände bekommen. Den ersten Anlauf machen wir in Hünenberg bei einem Landgasthof. Willy Huwyler, der Wirt und gleichzeitig Storchenbetreuer im Kanton Zug, hat in seinem Garten eine ehemalige Voliere zu einer Fanganlage umgebaut. Seit Wochen schon steht die Tür sperrangelweit auf. Einmal täglich legt Willy mehrere Fische als Köder aus. Der in der Nachbarschaft brütende Storch hat sich längst an die Gratismahlzeiten gewöhnt. Jeden Nachmittag holt er sich seine Ration. Wird das auch heute funktionieren? Unser Plan ist, mit Hilfe einer langen Schnur blitzschnell die Tür zu schließen, sobald der Storch im Gehege ist. Willy drängt zur Eile, es ist Fütterungszeit. In sicherer Entfernung von der Falle hocke ich im Gras, mehr oder weniger gut versteckt, die gespannte Auslöseschnur fest in der Hand. Als Willy die Schüssel mit Fischen in der Voliere abstellt, ist unser Storch anfangs skeptisch. So richtig trauen mag er dem Braten noch nicht. Dann fasst er Mut, fliegt zur Voliere, landet, schreitet zielstrebig durch den Eingang und macht sich über die Mahlzeit her. Mit aller Kraft reiße ich an der Schnur – aber nichts geschieht. Mist, sie hat sich verhakt, irgendwo im hohen Gras. Noch mal ein kräftiger Ruck – scheppernd fällt die

schwere Tür ins Schloss. Panisch versucht der Storch zu entkommen. Zusammen mit Michael sprinte ich zur Voliere. Vorsichtig
öffnen wir die Tür, zwängen uns rein – und haben den Vogel nach
wenigen Sekunden gepackt. Vehement wehrt er sich, will sich mit
wütenden Schnabelhieben und Flügelschlägen befreien. Da hilft
nur eins: Ab in einen Sack, das wird ihn erst mal beruhigen. Die
Besenderung, inzwischen Routine, erfolgt ebenso wie bei den
Jungstörchen, abgesehen davon, dass die Handhabung des Vogels
wesentlich anstrengender ist. Kaum raus aus dem Sack, wehrt er
sich wieder nach Kräften. Über den spitzen Schnabel stülpen wir
ein Isolationsrohr aus weichem Schaumstoff, er ist eine gefährliche Waffe. Leichtsinn kann da im wahrsten Sinne des Wortes ins
Auge gehen. Nachdem wir dem Vogel außerdem ein dunkles Tuch
über den Kopf gelegt haben, beruhigt er sich zusehends. Diesmal
wird der Sender ohne Spiel passgenau angebracht. Schließlich hat
der Altstorch seine endgültige Körpergröße längst erreicht. Wie
immer werden Schnabellänge, Flügel und Beine gemessen. Der
Storch wird gewogen, beringt und auf Zecken, Milben und andere
Parasiten untersucht. Zwei kleine Federn werden ihm ausgezupft,
für genetische Untersuchungen und die Geschlechtsbestimmung.
Fertig, er darf wieder fliegen. Vorsichtig stelle ich den Vogel auf
den Boden. Langsam nehme ich die Hände weg, er zögert, macht
zwei verhaltene Schritte, realisiert, dass er tatsächlich frei ist, und
erhebt sich in die Luft. Elegant dreht er eine Kurve, fliegt zum Nest
und landet bei seinen Jungen. Und dann? Kaum trauen wir unseren Augen: Er würgt die Fische, die er in der Voliere verschlungen
hat, vor seinen Jungen in die Nestmulde. Ohne das geringste Zeichen von Stress, so als wäre überhaupt nichts geschehen. Bald darauf treffen die ersten Daten vom Satelliten ein: die Nahrungssuche,
die Rückkehr zum Nest. Ein paar Stunden gerade trägt der Vogel
den Sender und liefert doch schon interessante Informationen.

Zwei Altstörche fehlen jetzt noch. Am nächsten Abend sind wir mit den Besenderungen durch.

Mobiltelefon und GPS-Empfänger, Peilgeräte und Receiver, Kompass und Minicomputer, Kameras und Ferngläser. Dazu die passenden Akkus und Speicherkarten, zahllose Kabel, Erfassungsbögen, Notizbücher und unglaublich viel anderes Zubehör. Sorgfältig wird alles überprüft. Der Erfolg des Projekts hängt davon ab, dass Technik, Kommunikation und Dokumentation reibungslos funktionieren, dass nichts fehlt und nichts defekt ist. In der zweiten Julihälfte verlassen die besenderten Jungstörche erstmals ihre Nester. Wochenlang hatten wir nur langweilige Daten von den Neststandorten auf unseren Monitoren. Jeden Tag das gleiche Bild. Von jetzt an trudeln plötzlich Koordinaten ein, die teils mehrere Kilometer von den Nestern entfernt sind. Die Jungstörche werden flügge und fliegen, wie ihre Eltern und Artgenossen, auf die Wiesen, Weiden und Feuchtgebiete rund um ihren Geburtsort. Nun haben wir endlich die Gelegenheit, Erfahrungen mit den Methoden und Techniken zu sammeln, mit denen die ziehenden Vögel von den Teams aufgespürt werden sollen.

Unsere Goniometer sind das Nonplusultra der Peiltechnologie, neuartige Geräte, wie sie in der Vogelzugforschung noch nie verwendet wurden. Bislang zum Anpeilen von Schiffen und Fahrzeugen eingesetzt, sollen sie jetzt auch die Ortung der Störche vereinfachen. Übliche Peilantennen muss man in alle Richtungen drehen, um hoffentlich irgendwo das Signal zu empfangen. Aus mehreren Signalen oder durch sogenannte «Kreuzpeilungen» lässt sich dann ermitteln, in welcher Richtung die Störche sich aufhalten. Mit dem Goniometer dagegen – es ist etwas kleiner als ein Aktenkoffer – lässt sich die Richtung des Senders über eine kompakte, auf dem Dach montierte Stabantenne aus dem fahrenden Auto bestimmen. Die wichtigste Anzeige auf dem Gerät ist ein Kreis aus Dioden. Empfängt die Antenne das «Beep» eines Satellitensenders, dann leuchtet die entsprechende Diode und zeigt uns an, aus welcher Richtung das Signal kam. Ein weiteres Instrument zeigt die Stärke des Signals an, als Maß für die Entfernung des Senders. Außerdem übermittelt das Gerät die ID des Senders, um sicherzustellen, dass auch wirklich der richtige Storch angepeilt wird. Mit etwas Erfahrung lässt sich so aus einem einzigen Signal ermitteln, wo sich der Sender befindet, im günstigsten Fall aus bis zu 50 Kilometern Entfernung. Bei der Zugbegleitung wird das Goniometer das wichtigste Arbeitsgerät sein. Für den Fall, dass diese geniale Technik versagt, haben wir Alternativen wie den Differenzialpeiler an Bord, die aber vermutlich nur selten zum Einsatz kommen werden.

Anfang August. Nach insgesamt neunmonatiger intensiver Vorbereitung tritt unser Projekt in die heiße Phase. In wenigen Tagen werden die ersten Weißstörche abziehen. In der Storchensiedlung Altreu treffen die acht Mitarbeiter ein, die ich für die Teams ausgewählt habe. Eine bunte Gesellschaft, teils erfahrene Biologen, teils junge Leute und alle voller Erwartung auf ihre spannende Aufgabe. Einige sind alte Bekannte, die anderen habe ich bisher nur über E-Mails oder Telefonate kennengelernt. Schon nach den ersten Stunden habe ich den Eindruck: Die Jungs und Mädels vertragen sich bestens und sind gut gelaunt. Eine tolle Truppe, vier starke Teams: Joachim Hellmich und Christian Lauck aus Deutschland (Team 1), Michael Kaatz aus Deutschland und Daniel Schedler aus der Schweiz (Team 2), Stephan Roth aus der Schweiz und Olaf Diestelhorst aus Deutschland (Team 3) und Karsten Kohls und Norbert Kempf aus Deutschland sowie Valérie Pèche aus Frankreich (Team 4). Idealisten, Abenteurer oder begeisterte Vogelgucker. Ums Geldverdienen geht es ihnen nicht. Ihre Bezahlung: ein Taschengeld. Die Kosten für An- und Rückreise werden erstattet. Darüber hinaus erhält jeder eine Pauschale für Verpflegung und Übernachtung. Wer beim Essen geizt, wer bereit ist, auf den Campingplatz und die tägliche Dusche zu verzichten und stattdessen am Straßenrand übernachtet, dem bleibt am Ende sogar etwas übrig. Das alles bei einer Arbeitszeit, die keineswegs gewerkschaftstauglich ist: Bis zu 18 Stunden täglich kommen da schon zusammen. Der Job beginnt am frühen Morgen, bevor die Störche starten, und endet nach Sonnenuntergang. Manchmal auch wesentlich später. Ein Roadtrip im Expeditionsstil.

Der Endspurt beginnt. Zuerst muss die Technik in den Autos verbaut werden. Jeder hilft jedem, die technisch versierten Kollegen koordinieren das Ganze, und nach zwei Tagen ist das Gröbste geschafft. Jetzt heißt es für die Teams, noch mal die Schulbank zu drücken. Wann verwendet man welches Gerät, wie bedient man es, welche Einstellungen sind optimal? Wie erfolgt die Kommunikation, wie der Austausch der Daten? All das und viel mehr wird in Theorie und Praxis trainiert. Die Autos sind jetzt vollgestopft mit technischem Equipment, die vielen Geräte und Kabel können einen Neuling schon mal verwirren. Ich staune und bin begeistert, mit welchem Engagement die jungen Mitarbeiter die komplexen Aufgaben verstehen und in der Praxis bewältigen. Etwa eine Woche, nachdem sie in Altreu angekommen sind, stehen alle Teams mit scharrenden Hufen in den Startlöchern. In Kleindietwil wartet derweil auf Margrith und ihre Mitstreiter eine Marathonaufgabe: Mindestens 16 Stunden pro Tag werden sie während der nächsten Wochen im halbstündigen Rhythmus die Satellitendaten herunterladen, die kryptischen Zeichenfolgen in ein verständliches Format konvertieren und auf den Computer in meiner «mobilen Leitstelle» übertragen. Am Nachmittag meldet sich Margrith. «Es geht los», sagt sie, «die ersten Senderstörche sind abgezogen. Einer gestern, einer heute. Ich schicke dir gleich die Daten.» Nun werde auch ich ein bisschen nervös. Minuten später piept in meinem VW-Bus der Computer. Die SMS blinkt auf, ein paar Handgriffe, und schon erscheinen die Punkte auf der digitalen Landkarte. Jeder Storch hat seine eigene Farbe. Die beiden Vögel, die unterwegs sind, bewegen sich nach Südwesten. Das passt. Mindestens fünf Stunden noch bleibt es hell, da lohnt es, ein paar Leute direkt loszuschicken. Eine letzte kurze Lagebesprechung, und schon sind die Teams 1 und 2 auf dem Weg.

UNTERWEGS RICHTUNG SÜDEN

Noch am selben Abend kann Team 1 den ersten Erfolg vermelden. «Vogel gefunden, zusammen mit 43 anderen, übernachten südlich von Genf auf Hochspannungsmast» steht in der SMS, die ich von Joachim erhalte. Super, klappt doch. «Gut gemacht. Morgen früh dranbleiben», tackere ich in meinen Rechner. Auch Michael und Christian von Team 2 haben «ihren» Vogel gefunden. So darf es gerne weitergehen. Am nächsten Tag, es ist der 13. August, schickt Margrith mir einen «Großauftrag»: «Drei Störche abgezogen, wahrscheinlich im gleichen Trupp», schreibt sie, und nur Sekunden später erhalte ich die Koordinaten. Jetzt macht sich Team 4 auf den Weg, und Team 3 schicke ich in den Süden der Schweiz, erst mal ohne festes Ziel. Stephan und Olaf sollen bereitstehen für den Fall, dass sich heute und morgen weitere Störche auf den Weg machen. Auch ich würde am liebsten jetzt aufbrechen. Doch vorher muss unsere Internetseite stehen. Tägliche Berichte, samt Fotos und Karten der Zugwege, sollen jeden Abend verfügbar sein. Ich schreibe die Texte und schicke Bruno Grassi, unserem Webmaster, das Material. Allmählich dämmert mir, dass die kommenden Wochen kein Zuckerschlecken werden. Das Projekt ist gerade erst angelaufen, und von der gesamten Mannschaft ist schon voller Einsatz gefordert. Von null auf hundert gleich in die Vollen. Werden alle Mitarbeiter das durchhalten?

Am nächsten Abend meldet Valérie von Team 4, dass sie und Karsten ihre «Zielobjekte» zusammen mit mehr als 50 weiteren Artgenossen gefunden haben: In Chambéry südlich von Genf übernachten die drei Senderstörche mitten in der Stadt auf einem Baukran. Auch am folgenden Tag bleiben Karsten und Valérie dran. Stundenlang folgen sie ihren Störchen nach Süden durchs Rhonetal. Irgendwann jedoch wird es schwierig. Kein Sichtkontakt mehr, und auch die Signale der Sender lassen sich nicht mehr präzise orten. Karsten und Valérie irren stundenlang durch das Département Ardèche, ohne die Vögel wiederzufinden. Als am Nachmittag endlich neue Daten vom Satelliten eintreffen, stellt sich heraus, dass die Störche wohl doch den direkten Weg nach Süden genommen haben. Bald darauf erfahre ich, dass sie inzwischen unter der Kontrolle von Team 3 sind. Stefan und Olaf haben den Trupp, der sich unterwegs mit einem anderen zusammengeschlossen hat, bei der Ortschaft Lunel nahe Montpellier gefunden. Dort stehen auf dem Rand eines etwa 50 Meter hohen Wasserturms, der oben trichterförmig erweitert ist, dichtgedrängt im Licht der untergehenden Sonne an die 100 Störche. Energisches Klappern begleitet das laute Piepen der Goniometer. Kein Zweifel, die drei Senderstörche sind dabei. Darunter auch Robert, der Storch, den wir als ersten besendert haben.

Einen Wecker braucht man hier nicht. Mit den ersten Sonnenstrahlen kommen die beiden Teams – Team 2 war am Abend noch eingetroffen – schnell in Gang. Als die Störche auf dem Wasserturm so richtig munter werden, sind die Teams noch völlig entspannt. Die Störche fliegen ohnehin erst ab, sobald die Sonne genug Kraft hat, um Thermiken entstehen zu lassen. Stimmt dieses

Storchenbegleitung auf der Westroute | 179

Mal nicht: Völlig unerwartet, eigentlich viel zu früh und wie in Panik, fliegt der ganze Storchentrupp schlagartig ab. Auf dem engen Sims geht es ziemlich rumpelig zu, dann haben die Vögel Luft unter den Flügeln. Im schweren Ruderflug eilen sie davon. Die größere Gruppe verschwindet in der Ferne, die anderen Vögel landen in der Nähe des Turms. Schluss mit gemütlichem Frühstück: Stephan und Olaf springen ins Auto und heften sich mit Vollgas an die Spur der Vögel, die längst hinter den nächsten Hügeln verschwunden sind. Karsten und Valérie richten derweil ihre Fernrohre auf die verbliebenen Störche. Keiner davon trägt einen Sender. Eigenartig, denn aus dem Peilgerät sind noch mindestens zwei Sender zu hören. Laut und kräftig sind die Signale, und sie kommen unverändert aus der Richtung des Wasserturms. Ratlosigkeit macht sich breit. Sind die Vögel vielleicht im Umfeld des Turms an einer Stromleitung verunglückt? Die Nachsuche ergibt nichts. Sind es vielleicht Reflexionen der Signale, verursacht durch das Gebäude und die Topographie? Unwahrscheinlich. Oder sind die Vögel womöglich tot und liegen oben auf dem Turm? Und dann plötzlich dieser Gedanke: Vielleicht hat der Turm ja gar kein Dach? «Wir müssen da rauf», beschließen Karsten und Valérie.

Nach langem Rumtelefonieren machen sie schließlich einen Mitarbeiter des zuständigen Wasserverbands ausfindig. Der kommt umgehend vorbei, bestätigt, dass der Turm oben offen ist, und entriegelt die Tür. Im unteren Bereich über eine Treppe, danach auf steilen Leitern hasten die beiden nach oben. Als sie dort die Luke öffnen, verschlägt es ihnen den Atem: Der ganze Turm ist im oberen Bereich ein einziges großes Wasserbecken, nur umgeben von steilen Wänden. Eine tödliche Falle, der keiner entkommt, der hier erst mal reingefallen ist. Im grünlichen Wasser dümpeln 13 Störche. Die meisten leben noch und halten mit Mühe die Köpfe hoch, darunter auch zwei, die einen Sender tragen. Zwei Störche sind bereits ertrunken. Karsten zögert nicht lange. Er reißt sich die Kleider vom Leib und klettert über eine schmale Eisenleiter ins Wasser. Ein paar Schwimmzüge, dann greift er sich einen Storch nach dem anderen und reicht die ängstlich sich wehrenden Vögel Valérie. Sie lagert die erschöpften Störche auf dem schmalen Gitterrost neben der Leiter. Währenddessen trifft auch die Feuerwehr ein. Die Retter bringen die Vögel einzeln über den beschwerlichen Abstieg nach unten. Eingewickelt in Tüchern, liegen sie schließlich am Fuß des Wasserturms.

Wie konnte es zu der Tragödie kommen? Es gibt nur eine Erklärung, dass nämlich im Getümmel des hektischen Abflugs am Morgen einige Vögel abgerutscht und in das Becken gestürzt sind. Rauszuklettern war bei den steilen Wänden unmöglich, genauso wie aus dem Wasser ohne Grund unter den Füßen aufzufliegen. Wären unsere Teams nicht in der Nähe gewesen und hätten die Senderstörche nicht geortet, wären alle 13 Vögel ertrunken. Dass Karstens Rettungsaktion nicht ganz ungefährlich war, erfahren wir erst später. In das Becken wird Wasser abwechselnd hochgepumpt und bei Bedarf zur Bewässerung der umliegenden Felder durch ein Fallrohr abgelassen. Wer dabei im Wasser ist, ob Storch oder Mensch, hat schlechte Karten.

Die Feuerwehr bringt die elf Störche, die das Unglück bis jetzt überlebt haben, in eine Vogelpflegestation in Frontignan. Karsten und Valérie sind für die Nacht beim Feuerwehrhauptmann und seiner Familie in Lunel eingeladen. Am nächsten Morgen erfahren sie, dass vier der aus dem Wasser geborgenen Störche die Nacht nicht überlebt haben. Die anderen sieben, einschließlich der Senderstörche Robert und Lisa, werden nach ein paar Tagen Pflege wieder freigelassen und ziehen weiter nach Süden. Alle geretteten Störche stammen aus der Schweiz. Vor Beginn des Projekts SOS Storch gab es zuweilen Kritik: Die Kosten seien zu hoch, das Projekt zu akademisch, das Geld hätte man besser für den Schutz der Störche in der Schweiz investiert. Inzwischen weiß jeder: Allein hier in Lunel, im Süden Frankreichs, wurden dank des Projekts etwa zwei bis drei Prozent der schweizerischen Weißstorchpopulation vor dem sicheren Tod bewahrt – und das nur wenige Tage nach Projektbeginn. Seitdem sind die kritischen Stimmen verstummt.

Die Tage vergehen nun wie im Flug. Peu à peu machen sich die Störche auf den Weg. Das Procedere der Übertragung der Daten wird schnell zur Routine. Fast ständig sind die Peilteams unterwegs, folgen einzelnen Störchen nach Süden oder eilen zurück, um die nächsten Kandidaten abzufangen. Auch ich habe inzwischen meine Vorbereitungen in Altreu abgeschlossen und bin nun ebenfalls unterwegs. Fahren, anhalten, im mobilen Büro die neuen Daten sichten und an die Teams weiterleiten. Bald stellt sich der Rhythmus ein, und trotz aller Hektik ist jeder Kontakt mit den Teams wieder spannend. Die präzise und kontinuierliche Zugbegleitung bringt viel Interessantes an den Tag. Wo rasten die Vögel? Wo schlafen sie? Welche Strecken legen sie zurück? Wie verändert sich die Zusammensetzung der Trupps? Mit jeder Nachricht lerne ich mehr und verstehe den Zug der Störche besser. Schon nach wenigen Tagen kristallisiert sich heraus, welche Routen die Störche fliegen. Inzwischen können wir voraussagen, über welchen Pyrenäenpass die Vögel Spanien erreichen werden. Auch die Teams lernen allein anhand der Topographie zu erkennen, wo der Zugweg eines angekündigten Trupps verlaufen wird. Karsten und Valérie zum Beispiel sollten von Barcelona einen Storchentrupp auf seinem Weg südlich der Pyrenäen begleiten. «Da war dieser Hügel an einer Bergkette nahe Barcelona», sagte Karsten, «und irgendwie war es nur logisch, dass die Vögel da vorbeikommen würden.» In einem Freizeitpark positionierten sich die beiden an einem günstigen Aussichtspunkt. Und tatsächlich, etwa zwei Stunden später hörten sie den Sendervogel im Goniometer, entdeckten den Trupp und konnten ihn bis zum Abend verfolgen. Leider machen die Teams dabei nicht nur erfreuliche Beobachtungen. Schon drei Todesfälle wurden verzeichnet, alle auf Mittelspannungsmasten, auf denen die Vögel zum Übernachten gelandet waren.

Eines dieser Opfer lokalisierten Joachim und Christian bei Lérida in Katalonien. Den Vogel selbst konnten sie nicht auffinden, aber Einheimische erzählten, dass er an einer Freileitung tödlich verunglückt war, und zeigten ihnen die genaue Stelle: eine Doppelreihe von parallel verlaufenden Mittelspannungsleitungen. Bei der Bergung durch die Feuerwehr sei auch die Presse anwesend gewesen, sagte man ihnen. Über eine Redaktion erfuhren die beiden, dass sie den Vogel in der Kühltruhe einer Vogelpflegestation finden konnten. Sogar den Sender, der unbeschädigt war, erhielten sie dort zurück. Von spanischen Vogelschützern erfuhren sie, dass in den vergangenen fünf Jahren an der gleichen Leitung fünf weitere schweizerische Störche verunglückt waren. Wichtige Informationen, die uns helfen, die gefährlichen Hotspots entlang der Zugrouten zu identifizieren. Ein paar Tage später folgt Team 4 einem Trupp von etwa 50 Störchen durchs Rhonetal Richtung Süden, darunter fünf unserer Senderstörche. Auch dieser Trupp setzt sich vermutlich überwiegend aus schweizerischen Störchen zusammen. Karsten und Valérie bleiben kontinuierlich an den Vögeln dran. Gegen halb neun abends landen die Störche an ihrem Schlafplatz in Tresques nahe Orange. Das Erscheinen der vielen großen Vögel versetzt die Bevölkerung des kleinen Städtchens in wahre Begeisterung. Ein gutes Dutzend der Störche landet auf einem Wasserturm. Valérie und Karsten beobachten es mit einem mulmigen Gefühl – das Erlebnis von Lunel sitzt ihnen noch in den Knochen. Aber alles geht gut. Die Beobachtung zeigt, dass solche

Storchenbegleitung auf der Westroute | 183

Wassertürme tatsächlich beliebte Schlafplätze sind und somit im ganzen Süden Frankreichs eine Gefahr für die ziehenden Störche.

Mit meinem Auto kämpfe ich mich durch das Verkehrschaos von Barcelona. Uns fehlen noch einige Ausrüstungsgegenstände, die ich nur hier bekomme. 38 Grad im Schatten zeigt das Thermometer. Temperaturen, bei denen es Schöneres gibt, als in einer Großstadt festzuhängen. Karsten und Valérie sind wieder unterwegs nach Norden, um bei Valence weitere Störche «abzufangen». Die Teams 1 und 2 sind früh in Lérida aufgebrochen. Vor ihnen liegen 450 Kilometer bis nach Narbonne, wo sie den Trupp mit unseren fünf Senderstörchen in Empfang nehmen wollen. Ein paar Stunden später senden sie eine Nachricht. Als die Vögel an einem See landeten, zeigte das Goniometer, dass der Trupp Zuwachs bekommen hatte: den Storch Robert, der das Unglück im Wasserturm und den Aufenthalt in der Pflegestation überlebt hat. Für ihn ist das gefährliche Abenteuer damit, in seiner neuen Reisegesellschaft, endgültig abgehakt. Nach einer kurzen Nacht – die Schreibtischarbeit im mobilen Büro hatte sich endlos hingezogen – bin ich am späten Vormittag wieder in den östlichen Ausläufern der Pyrenäen. Ich will mir den Col de la Perche genauer anschauen, den Pass, den bisher viele unserer Störche auf dem Weg von Frankreich nach Spanien überflogen haben. Auf der Passhöhe ist es angenehm kühl. Team 2 meldet sich bei mir. Nahe Perpignan, in dem idyllischen Ort Latour-de-France, haben Michael und Daniel beobachtet, wie der von ihnen verfolgte Trupp zum Übernachten gelandet ist. «Ein großer Teil der Gruppe, in der unsere fünf Senderstörche ziehen, ist auf der Kirche in Latour gelandet», schreibt Daniel, «die Leute tanzen auf der Straße.» Die Jungs leisten Schwerstarbeit, sie haben es wirklich nicht leicht. Aber wenn ich so eine Nachricht lese, dann beneide ich sie. Nur zu gerne wäre ich jetzt auch in Latour und würde mit den Einheimischen den

Besuch der Störche feiern. Aber bald darauf entschädigt mich ein herrlicher Campingplatz nahe dem Col de la Perche: Winzig klein ist er, eine einfache Wiese mit Sanitärhütte vor der grandiosen Kulisse der Pyrenäen. Ich bin der einzige Gast, und die Betreiber des Platzes machen mir den Aufenthalt so angenehm wie möglich. Ich beschließe, zwei Tage zu bleiben. Eine Menge Schreibtischarbeit steht an, und die Koordination der Teams lässt sich auch bewerkstelligen, wenn ich nicht durchgehend unterwegs bin. Am nächsten Morgen erfahre ich von Team 2, dass unser Trupp mit den fünf Senderstörchen versuchte, den Col de la Perche zu überfliegen. Wegen des starken Gegenwindes machten die Vögel kehrt. Michael und Daniel folgten ihnen nordwärts zurück bis zum Ort Vernet-les-Bains, wo alle Störche auf der Kirche landeten. Auch dort wieder großer Bahnhof, die Menschen freuen sich. Tags darauf wagen die Störche einen erneuten Versuch. Und diesmal gelingt ihnen die Überfliegung des Col de la Perche. Bei fehlender Thermik, aber mit kräftigem Rückenwind fliegen sie im anstrengenden Ruderflug. Auch ich bin auf den Pass geeilt und treffe mich dort mit Team 2. Dank der Peilgeräte haben wir die Vögel unter Kontrolle, sehen können wir sie leider nicht. Sie wählen den Weg hinter einer Hügelkette und verschwinden schließlich in Richtung Lérida. Michael und Daniel sind geradezu euphorisch, schauen dann aber schon bald wieder nervös in ihre Computer: Weiter, wir müssen weiter, sonst verlieren wir unsere Vögel. Ein paar Stunden später erhalte ich von den beiden erneut eine spannende Nachricht: Sie folgen ihren Störchen nach La Seu d'Urgel in Katalonien. Plötzlich stob der Trupp auseinander und einer der Störche trudelte zu Boden, zusammen mit einem anderen großen Vogel. Ein Kaiseradler hatte den Weißstorch angegriffen und geschlagen. Als das Team den toten Storch fand, war der bereits weitgehend gefressen. Es war ein diesjähriger Jungstorch, beringt in Frankreich.

Storchenbegleitung auf der Westroute | 185

27. August 2000: Der Tag steht unter keinem guten Stern. Am Morgen weigert sich mein Auto anzuspringen. Die Pannenhelfer sind längst alarmiert, als ich dann doch irgendwie den richtigen Dreh am Zündschlüssel finde. Auch der Zug der Störche verläuft heute ziemlich verrückt. Sämtliche Mitarbeiter sind jetzt in Spanien hinter Storchentrupps her. Anfangs treffen, wie gewohnt, nur Erfolgsmeldungen ein. Am Nachmittag wird der Optimismus verhaltener. Viele Störche sind nur noch schlecht zu orten, manche verschwinden ganz aus der Reichweite der Peilgeräte. Am Abend beginnt der Frust. Nur zwei der insgesamt neun verfolgten Vögel können noch präzise lokalisiert werden, die anderen haben sich scheinbar in Luft aufgelöst. Eine Katastrophe für die erfolgsverwöhnten Teams. Erst die spät in der Nacht eingehenden Satellitendaten und ihre Auswertung bringen Licht ins Dunkel. Ein kräftiger Ostwind hat die Vögel von der Mittelmeerküste aus weit ins Inland verdriftet, sodass einzelne von ihnen heute bis zu 500 Kilometer zurückgelegt haben. Kein Peilteam hat da eine Chance, auf den schmalen Landstraßen mitzuhalten. Der Langstreckenrekord dieses launischen Tages lag übrigens beim Storch Robert. Unser erster besenderter Storch, verunglückt im Wasserturm, gerettet und wiederhergestellt, legte heute über 500 Kilometer zurück.

Auch gegen Abend bin ich nicht gerade vom Glück verfolgt. An der Costa Dorada sind alle Campingplätze belegt. Ohne geht es derzeit aber nicht: Wegen der defekten Lichtmaschine meines betagten Vehikels benötige ich für Computer, Telefon und Licht einen Stromanschluss. Was ich nach langem Suchen dann finde, meide ich normalerweise wie die Pest: einen Halligalli-Campingplatz mit winzigen Stellplätzen, Lärm und Disco, Schmutz und zur Krönung der Eisenbahnlinie Barcelona–Tarragona direkt nebenan. Aber ich darf nicht jammern. Meine Teams sind von früh am Morgen und oft bis nach Mitternacht im Auto unterwegs, um

186 | *Abenteuer Forschung:*

die Störche nicht zu verlieren. Gegessen wird, was man in einer Tankstelle oder in einem Dorfladen unterwegs schnell einkaufen kann. Und geschlafen wird dort, wo die Arbeit gerade endet, meist neben dem Auto. Für sie, so höre ich, wäre es schon schön, mal wieder eine Nacht auf einem Campingplatz zu verbringen. «Endlich mal wieder duschen, das wär was.» Dass sich bisher keiner diesen freien Abend gegönnt hat, spricht für den Ehrgeiz, mit dem die Teamkollegen dabei sind. Chapeau! So viel Einsatz, das erlebt man nur selten. Vielleicht ist gerade das die schönste Erkenntnis aus dem Projekt.

STORCHENFRIEDHOF UND ANDERE KATASTROPHEN

Seit mehr als drei Wochen sind wir jetzt unterwegs. Alle Handgriffe haben sich eingespielt, die Arbeit wird zur Routine. Einige Senderstörche sind tödlich verunglückt. Aber da die meisten Vögel permanent unter Beobachtung stehen, konnten bisher alle Sender geborgen werden. Zum Glück, denn die Technik ist teuer. Auch die Kommunikation zum Austausch von Daten und Informationen schlägt heftig zu Buche. An einem heißen Nachmittag, es geht gerade wieder besonders hektisch zu, bricht plötzlich der gesamte Telefonverkehr zusammen. SMS, Internet, E-Mails und Gespräche, von einer Sekunde zur anderen ist alles tot. Nicht nur bei mir, auch bei den Teams. Die Passanten rundum telefonieren fröhlich weiter. Sind unsere Geräte defekt? Kaum anzunehmen, dass alle gleichzeitig ausfallen. Bleibt eigentlich nur mein Mobilfunkprovider. Ein freundlicher Tankwart leiht mir sein Telefon. Ein Anruf in Deutschland löst das Rätsel. Während der vergangenen drei Wochen sind auf meinen fünf Mobiltelefonverträgen enorme Kosten aufgelaufen, Zigtausende D-Mark. Aus «Sicherheitsgründen» hat man ohne jegliche Rückfrage meine sämtlichen Anschlüsse gesperrt. Meine Reaktion und Schilderung der Situation waren offenbar deutlich genug, bis zum Abend waren alle Nummern wieder freigeschaltet – für zwei Teams allerdings zu spät. Sie hatten ihre Vögel verloren.

Storch Robert aus Avenches ist wieder der Erste, diesmal bei der Überquerung der Straße von Gibraltar. Die erste Nacht in Afrika verbringt er im Norden Marokkos und ist am darauffolgenden Abend auf der Höhe von Marrakesch. Sorgen dagegen macht uns gerade der Senderstorch Gantenbein. Sein Namensgeber: Herr Gantenbein, ein alter Freund von Peter Enggist. Knapp hundert Jahre und noch immer äußerst unternehmungslustig. Gerade «seinem» Storch hätten wir eine besonders erfolgreiche Reise gewünscht. Aber leider soll es anders kommen. Michael und Daniel von Team 2 haben den Vogel anhand der Satellitendaten in Südspanien aufgespürt. Mit einer schweren Beinverletzung steht er einsam in einem fast ausgetrockneten, schlammigen Flussbett. Er ist geschwächt, kann kaum mehr laufen und wird den Tag ohne Hilfe nicht überleben. «Muss ja sein», meint Michael, zieht sich bis auf die Unterhose aus und watet vorsichtig in den grundlosen Morast. Seine SMS: «14:10 Uhr. Gantenbein eingefangen. Bin bis zum Schniedelwutz im Schlamm versunken ...» Die Wunde des Vogels sieht böse aus. Sie hat sich entzündet und sitzt bereits voller Maden. Wo findet man in dieser gottverlassenen Gegend einen Tierarzt? Michael und Daniel machen sich auf die Suche und werden schließlich fündig. Die Wunde wird versorgt und mit Antibiotika behandelt. Trotzdem ist der Tierarzt skeptisch. Die Infektion sei schon sehr weit fortgeschritten. Eine Woche werde es wohl mindestens dauern, bis der Vogel, wenn überhaupt, wieder genesen ist. Bis dahin bleibt er bei ihm in Pflege. Den Sender nimmt Michael ab, da wir nicht wissen, ob Gantenbein überhaupt weiterziehen kann. Ein paar Tage später die traurige Nachricht: Der Storch hat die Infektion nicht überlebt. Vermutlich war er mit einer Freileitung kollidiert, vielleicht mit einem Weidezaun oder einem der vielen anderen Drähte, die in der Landschaft heute allgegenwärtig sind. Gerade unerfahrene Jungstörche können diese dünnen Hindernisse nicht einschätzen oder erkennen. Selbst eine leichte Berührung im Flug wirkt auf das filigrane, empfindliche Bein wie ein zerstörerischer Schlag. Eine natürliche Heilung kann kaum stattfinden, da die Bruchstelle ständig in Bewegung ist. Den Rest erledigt die Infektion.

Sechs Störche in der Schweiz warten jetzt, Anfang September, offenbar immer noch auf besseres Wetter. Das Feld derer, die auf dem Zug sind, hat sich weit auseinandergezogen. Sechs Senderstörche haben die Südspitze Spaniens erreicht. Alle anderen sind weiter nördlich unterwegs, verteilt über Frankreich und Spanien. Gerade habe ich die neuesten Daten sortiert, da trifft eine «Eilmeldung» ein, erneut von Michael und Daniel und wieder mit einer erschreckenden Information: «Haben Abschuss von Weißstorch beobachtet. Näheres telefonisch.» Postwendend rufe ich zurück. Das Team folgte schon länger einem Storchentrupp, in einer einsamen Region in den Hügeln Andalusiens. Plötzlich krachte irgendwann ein Schuss. Im gleichen Augenblick stürzte mitten aus dem fliegenden Trupp ein Storch wie ein Stein zu Boden. Michael und Daniel machten sich auf die Suche. In einiger Entfernung sprang zwischen Büschen unvermittelt ein Mann auf und hastete zu seinem Auto. Es war der Schütze – die Flinte in seiner Hand war nicht zu übersehen. In einer großen Staubwolke raste er über den Feldweg davon. Es dauerte eine Weile, bis Michael und Daniel den toten Storch in der dichten Macchie entdeckten. Der Jäger hatte noch eilig versucht, sein Opfer unter einem dornigen

Busch zu verbuddeln. Ein Flügel des Vogels war gebrochen. Auch andere Verletzungen wiesen auf den ersten Blick auf eine Kollision mit einer Freileitung hin. Daniel durchsuchte sorgfältig das Gefieder des Tiers und entdeckte mehrere Einschusslöcher. Winzig klein, offenbar verursacht durch Bleischrot. Das Röntgenbild vom Tierarzt zeigte denn auch sieben Schrotkugeln, die im Körper des Storchs steckten. Sie hatten den Flügelknochen zerfetzt und mehrere Organe beschädigt. Und das nicht etwa in Nordafrika oder im Nahen Osten, sondern in Spanien. In einem EU-Land, in dem der Weißstorch durch die EU-Vogelschutzrichtlinie streng geschützt ist. Dass selbst mitten in Europa gefährdete Großvögel schießwütigen Jägern als Zielscheibe dienen, erschüttert uns.

Es trudeln weitere Hiobsbotschaften ein, in den kommenden Stunden überschlagen sich die Meldungen. Team 3 schickt eine Nachricht, die ich gar nicht glauben will: «Position 37,23/-5,88. Haben Storchenfriedhof entdeckt. Mittelspannungsleitung. Bis jetzt elf Totfunde und kein Ende in Sicht. Noch keine Ringe dabei.» Elf stromtote Störche, unter einer einzigen Leitung? Ich informiere Kurt Anderegg, unseren Pressereferenten in der Schweiz, und bitte ihn, umgehend einen entsprechenden Bericht an die Presse zu geben. Gleichzeitig lassen Stephan und Olaf von Team 3 nicht locker. Sie suchen weiterhin das Gebiet im Umfeld der Masten ab und schicken Stunde für Stunde neue schockierende Zahlen. Um 19 Uhr erreicht mich die endgültige Bilanz ihrer heutigen Arbeit: «131 Totfunde, davon 123 unter 94 Mittelspannungsmasten, etliche Ringe: Spanier, Portugiesen und manche unbestimmt. Freier Abend?» Die Erholungspause haben die beiden sich redlich verdient.

Schmetterlinge sind etwas Schönes. Auch Nachtfalter. Aber wenn sie zu Hunderten auf meiner Computertastatur rumkrabbeln, mir ins Gesicht fliegen, den Bildschirm verdecken und in meinem Weinglas ertrinken, dann werden sie lästig. Meine «Schreibtischlampe» ist offenbar die einzige Lichtquelle weit und breit. Ich campiere auf einem abgeernteten Getreidefeld. Hier, in 1200 Meter Höhe im Süden Spaniens, ist die Temperatur einigermaßen erträglich. Mein kleiner Generator tuckert und liefert mir Strom für die Arbeit am Computer. Trotzdem fühle ich mich nicht besonders wohl. Obwohl es jetzt, um Mitternacht, stockfinster ist, knallen um mich herum die Schüsse. Keine Ahnung, was man in dieser rabenschwarzen Nacht überhaupt sehen, geschweige denn erlegen kann. Aber zumindest die Auswertung der heutigen Daten liefert Erfreuliches. Unseren Senderstörchen scheint es in der Südspitze Spaniens langweilig zu werden. Vier von ihnen haben inzwischen die Straße von Gibraltar überflogen und Marokko erreicht. Unser «Rekordstorch» Robert hält sich bereits im Nordwesten Algeriens auf und verbringt die Nacht in der Sahara. Dass einige Teams heute neu zusammengestellt werden mussten, stand von Anfang an fest: Daniel und Valérie reisen leider zurück. Norbert, ein alter Studienfreund, ist als Ersatz neu dazugekommen und bereits mit Karsten unterwegs, um in Südfrankreich weitere Störche zu «übernehmen».

Die Nachricht vom Storchenfriedhof sorgt in der Schweiz für Aufregung. Peter ruft mich an und teilt mir mit, das schweizerische Fernsehen plane einen TV-Beitrag. Fotos sind ja vorhanden, aber viel besser wären natürlich Filmaufnahmen. «Du hast doch eine Videokamera dabei», meint er, «kannst du nicht ein paar Minuten Material drehen und uns per Kurier zusenden?» Und so bin ich jetzt auf der Autobahn Richtung Sevilla. Beim Städtchen Dos Hermanas habe ich mich mit Stephan und Olaf verabredet. Mein GPS-Gerät führt mich geradewegs zu ihnen. Auf den ersten Blick wirkt die Sache gar nicht so spektakulär. Verrottende Kadaver von fünf toten Störchen. «Komm mit», fordert Olaf mich auf und mar-

Storchenbegleitung auf der Westroute | 191

schiert los. Unter dem nächsten Mast liegen drei Storchenleichen, am übernächsten sind es sieben. Fast eine Stunde lang geht es so weiter. Tote Störche unter jedem Mast, und Masten gibt es hier ohne Ende. Mittelspannungsmasten, mit extrem kurzen, waagrechten oder hängenden Isolatoren, die für jeden größeren Vogel eine tödliche Gefahr darstellen. Die Fundorte und auch die Art der Verletzungen sind deutliche Hinweise darauf, dass die Vögel den Stromtod starben. Nur wenige tote Störche liegen unter den Leitungen abseits der Masten. Sie sind durch Kollisionen mit den Leiterseilen zu Tode gekommen. Ein Großteil der Opfer ist ohnehin nicht mehr aufzufinden. Die Felder, über die die Leitung verläuft, wurden erst vor kurzem gepflügt.

Ein Bauer erzählt uns, dass tote Störche einfach untergepflügt werden. «Es sind so viele, was sollen wir machen?» Wenn wir wirklich wissen wollten, wie viele Störche hier sterben, dann müssten wir im Winter wiederkommen: «In den Reisfeldern am Guadalquivir, wo die Störche sich derzeit aufhalten, wird etwas später im Jahr, nach der Ernte das Wasser abgelassen. Alle Störche der gesamten Region versammeln sich dann zum Fressen an der nahegelegenen Müllkippe. Am späten Abend fliegen sie in riesigen Scharen zu den Leitungen, um auf den Masten zu übernachten.» Vor allem bei feuchtem Wetter und bei Nebel sei es, auch wegen dann auftretender Kriechströme, nicht ungewöhnlich, an einem Tag unter einem einzigen Masten 15 oder mehr tote Störche zu finden. Vor drei Wochen, erinnert sich der Landwirt, habe ein vom Stromschlag getroffener und brennend zu Boden fallender Storch ein ganzes Stoppelfeld in Brand gesetzt. Viele Bauern würden das Land direkt bei dem Masten deshalb schon nicht mehr bewirtschaften. Unglaubliche Geschichten, die ich in jedem anderen Fall als «Jägerlatein» abgetan hätte. Es sind wohl Tausende von Weißstörchen, die in dieser Region alljährlich den Freileitungen zum

Opfer fallen. Meine Videoaufnahmen vom Storchenfriedhof habe ich bald im Kasten. Allzu viel gibt es zu dem traurigen Thema ja nicht zu zeigen. Hässliche Bilder von toten Störchen, von Freileitungen und gefährlichen Masten. Nahaufnahmen, die die ehemals wunderschönen Vögel als von Maden zerfressene Kadaver präsentieren, mit schweren Verbrennungen an Körpern und Flügeln.

In der Schweiz herrscht inzwischen, nach mehreren kühlen Tagen, endlich Zugwetter. Und prompt haben sich fast alle restlichen Störche auf die Reise gemacht. Die «Afrikaflieger» sind ebenfalls auf Achse. Zwei von ihnen treiben sich im «Vierländereck» von Marokko, Spanisch-Sahara, Algerien und Mauretanien herum. Eugen, ein weiterer Senderstorch, nähert sich bereits Mali. Robert ist weiterhin unser unumstrittener «Schnellläufer». Wahrscheinlich steht er mit einem Bein bereits in Mali. Etwa zwei Wochen wird unser Marathon mit den Störchen noch dauern.

MÜLLDEPONIEN ALS NEUE WINTERQUARTIERE DER STÖRCHE?

Schon vor Beginn unseres Projekts hatten wir gehört, dass die durchziehenden Weißstörche in Spanien Mülldeponien aufsuchen. Und immer wieder hatten auch die Peilteams berichtet, dass einzelne unserer Senderstörche nicht etwa in Feuchtgebieten und anderen Naturlandschaften nach Nahrung suchten, sondern auf offenen, stinkenden Abfallhalden. Dass sich tatsächlich Tausende von Weißstörchen auf solchen Deponien aufhalten, konnte oder wollte ich mir nicht vorstellen. Unser Senderstorch Marie aus Ungersheim im Elsass hält sich, den neuesten Satellitendaten zufolge, auf einer dieser Müllhalden in Andalusien auf, nahe dem Städtchen Medina-Sidonia. Vielleicht bietet sich ja dort die Mög-

lichkeit, etwas mehr über diese unappetitlichen «Lebensräume»
zu erfahren.

Zwischen den rotbraunen Schollen gepflügten Ackerlands und
endlosen Olivenplantagen quäle ich meinen VW-Bus im Schritttempo bergauf. Oben, auf der Kuppe, fällt mein Blick über das vor
mir liegende Tal. Bunt gesprenkelt von Plastiktüten, die auch in
allen Zäunen und Hecken hängen, wirkt der nächste Hügel aus
der Ferne wie die Installation eines Landschaftskünstlers. Aber
es ist nicht Kunst, was da vor mir in der Sonne glitzert, sondern
ein gigantischer Berg aus Müll: Die Deponie von Medina-Sidonia,
nahe der Stadt Cádiz, ist eine der größten Müllkippen Spaniens.
Über der Halde sehe ich eine Wolke aus weißen Punkten. Es sind
Abertausende Möwen. Am tiefblauen Himmel segeln gemächlich
mehrere Gänsegeier mit ihren weit gespreizten brettartigen Flügeln. Und dann, mit bloßem Auge kaum zu erkennen, entdecke
ich die Störche. Fast 1000 sind es, die sich dort, ohne jeden Flügelschlag, in einer Thermik in schwindelnde Höhe schrauben. Wie
auf Kommando gehen sie plötzlich in den Gleitflug über, fliegen
einen großen Bogen und landen auf der Deponie. Ich muss rauf
auf den Müllberg, um endlich beobachten zu können, was sich
dort abspielt. Dank der Hilfe spanischer Kollegen habe ich das
«Permiso» bald in der Tasche. Nach der Ausweiskontrolle an der
Einfahrt werde ich in eine Besucherliste eingetragen und muss
meine orangefarbene Warnweste anlegen. «Vorsicht vor den Lkw»,
ruft mir der Wachmann noch hinterher, dann ist der Weg zu den
«Müllstörchen» frei.

Die Zufahrt, eine Straße aus festgefahrenem Müll, windet sich
am Rand der Deponie steil nach oben. Der süßliche, ekelerregende
Gestank vergammelnder Abfälle wird penetranter, je mehr ich
mich dem Plateau nähere. Schließlich liegt die Deponiefläche vor
mir. Der Weg weitet sich zu einem breiten, schlammigen Wende-

platz für die großen Laster. Dort beziehe ich Position. Ein Bulldozer, ein mächtiges Gefährt, mit dem der Müll verteilt wird, steht ganz in der Nähe. Ich öffne die Fahrertür, um besser beobachten zu können – keine gute Idee, denn in kürzester Zeit haben Hunderte Fliegen den Weg in mein Auto gefunden. Mit Mühe unterdrücke ich den Würgereiz, greife mir das Fernglas und die Kamera und verlasse das Fahrzeug, um mich draußen umzusehen.

Auf der Ebene aus platt gepresstem Müll stehen dicht an dicht die Möwen. Hunderte kleiner Kuhreiher suchen hektisch im Unrat nach Fressbarem. Dichtgedrängt rasten große Gruppen von Störchen am hinteren Rand der Fläche. Zählen kann ich sie nicht, aber mehrere tausend sind es bestimmt. Viele der Vögel sind stark verschmutzt, bei einigen ist das Gefieder rötlich verfärbt. Im Fernglas kann ich zwei Störche mit gebrochenen Beinen erkennen. Andere stehen mit hängenden Flügeln apathisch am Rand der Deponie.

Wie in einem geologischen Aufschluss lässt sich an manchen Stellen der Aufbau des Müllbergs ablesen: Meterdicke Schichten aus verdichteten Abfällen bilden die Grundlage dieses schaurigen Orts. Inmitten des Plateaus steht, wie vergessen, ein einsames Sofa. Nicht weit entfernt, hochaufgetürmt, ein unansehnlicher Stapel aus verdreckten Matratzen. Ganz in meiner Nähe, am Rande des Wendeplatzes, lagert frisch angelieferter Nachschub für die Deponie: Holzmöbel, Babywindeln, Kabelstränge, Bauschutt und allerlei Haushaltsabfälle, alles türmt sich dort wild durcheinander. Wo am gegenüberliegenden Rand das Plateau wieder abfällt, streiten ein paar Störche mit heftigen Schnabelhieben um die höchsten Standplätze auf zusammengeschobenem Müll. Hinter ihnen, in der Ferne, leuchtet, wie zum Hohn, im warmen Abendlicht die Kulisse der weißen Stadt Medina-Sidonia. Ein unwirkliches Bild, dieser Kontrast aus andalusischem Idyll und dem Dreck und Gestank der Halde.

Storchenbegleitung auf der Westroute | 195

Der Wind bläst mir den Staub der Müllkippe ins Gesicht. Dort setzt er sich fest und kriecht unerbittlich in die Nase. Die Augen tränen, und ich bilde mir ein, im Mund den Geschmack verwesender Abfälle zu spüren. Im kleinsten Gang kriecht ein riesiger Lkw die Halde herauf. Er wendet und rangiert mit piependem Warnton rückwärts an die Deponiefläche heran. Ein paar Möwen und Kuhreiher fliegen gierig herbei, die Störche verharren in stoischer Ruhe. Sie scheinen auch dann nicht interessiert, als ein neuer Müllhaufen sich rumpelnd aus dem Laster entlädt. Als jedoch der gigantische Bulldozer in Bewegung gesetzt wird, machen sie lange Hälse.

Mit klirrenden Ketten lärmt das große Fahrzeug an mir vorbei und nähert sich den Müllhaufen am Rand der Deponie. Jetzt plötzlich erwachen die Störche aus ihrer Lethargie. Neugierig drängen sie heran, und als der Bulldozer mit der gewaltigen Schaufel den Müll gleichmäßig auf der Halde verteilt, sind die Langschnäbel wie verwandelt. Aus den scheinbar gelangweilten Störchen werden gierige, streitsüchtige Aasfresser. Auch die Möwen steigen auf, ihr Gekreische steigert sich zu ohrenbetäubendem Lärm. Hinter den Ketten des Fahrzeugs treffen Störche, Kuhreiher und Möwen zusammen und balgen sich aggressiv um die Nahrungsbrocken. Die plötzliche Hektik, der röhrende Bulldozer, das Schreien der Möwen und das verärgerte Fauchen Hunderter Störche, all das vereint sich zu einem infernalischen Konzert. Apokalyptische Szenen spielen sich ab, gegen die Hitchcocks Film _Die Vögel_ wie eine Romantikschnulze erscheint.

Wie die Störche in Mitteleuropa dem pflügenden Bauern folgen, so kleben sie hier auf der Spur des lärmenden Bulldozers. Dicht hinter und vor dem Fahrzeug ist die Nahrungssuche am ergiebigsten, und so wagen sich die Vögel nahe an die gefährlichen Ketten heran. Fast panisch fliegen sie auf, um der Gefahr zu entgehen, wenn das ratternde Monstrum plötzlich die Fahrtrichtung wechselt. Aber was eigentlich fressen die Störche? In dem Gewirr aus hektisch rennenden Vogelkörpern und schlagenden Flügeln ist es nicht einfach, Details zu erkennen. Oft sind es nur winzige Happen, die die Vögel erbeuten. Manchmal zerren die Schnäbel ergiebigere «Leckerbissen» aus dem Müll. Fischköpfe sind dabei, mit oder ohne Gräten, blanke Hühnerknochen, aber auch große, unidentifizierbare Brocken, die kaum in den Schlund passen. Einer der Störche hat sich den meterlangen Darm eines Schlachttieres gepackt. Stück für Stück verschlingt er die unappetitliche Mahlzeit, bis es nicht mehr weitergeht, weil das andere Ende am Boden festhängt. Verzweifelt versucht der Vogel, den Darm, der ihn wie eine Angelschnur festhält, loszuwerden, während andere ihm die Beute schon wieder streitig machen.

Etwa 20 Minuten dauert das Spektakel, dann hat der Bulldozer seine Arbeit getan. Auch bei den Störchen kehrt jetzt wieder Ruhe ein. Alles Fressbare haben sie raussortiert aus dem soeben verteilten Müll. Langsam ziehen die Vögel sich zurück und nehmen ihre Warteposition am Rand der Deponie wieder ein. Einige fliegen zu einem nahegelegenen Tümpel, um sich im giftgrün schillernden Wasser zu erfrischen. Nur einer der Störche kann sich nicht entspannen. Der arme Kerl hat sich in einer Plastiktüte verfangen und steckt von Kopf bis Fuß in dem transparenten Gefängnis. Seine panischen Bemühungen, sich zu befreien, bleiben ohne Erfolg. Eine bizarre, erschütternde Szene. Vielleicht hat der Vogel es irgendwann doch noch geschafft, der tödlichen Falle zu entkommen. Einem anderen hat sich ein Gummiring über den Schnabel geschoben. Keine Chance, ihn wieder loszuwerden. Er wird qualvoll verhungern. Immer wieder sehe ich Störche, um deren Beine sich Plastiktüten verheddert haben. Im Flug wirken sie wie Bremsfallschirme. Die Nahrungssuche auf der Deponie hat ihren Preis. Viele Störche überleben solche und ähnliche Vorfälle nicht. Mit meinem kleinen Receiver und einer Handantenne orte ich das Signal unseres Senderstorchs Marie. Irgendwo in dem Gewimmel hält sich der Vogel auf. Wird er auch die nächsten Wochen und Monate dort verbringen? Allmählich schwant mir, dass wir umdenken müssen. Ist das etwa die Zukunft der westziehenden Weißstörche? Sehen so ihre neuen Rastplätze aus?

Die Störche von Medina-Sidonia wissen genau, wann es sich nicht mehr lohnt, auf eine nächste Fuhre zu warten. Kurz nach Sonnenuntergang, wenn auch der letzte Lkw abgefahren ist, verlassen sie die Deponie. In endloser Kette fliegen sie mit schweren Flügelschlägen vor dem roten Abendhimmel nach Westen. Da sind sie wieder, die beeindruckenden Bilder der «stolzen» Störche, wie wir sie eigentlich im Überwinterungsgebiet erwarten. Mehr als 2000 Vögel kann ich bei einem dieser abendlichen Schauspiele zählen. Acht Kilometer entfernt finde ich nach langer Suche den Schlafplatz. Dichtgedrängt verbringen die Vögel die Nacht in einem flachen Regenwassertümpel, inmitten der friedlichen Hügel Andalusiens. Kaum vorstellbar, dass dies dieselben Störche sind, die sich am nächsten Morgen auf der Müllkippe wieder als aggressive Streithähne um stinkende Abfälle prügeln werden.

FLUG ÜBER DIE MEERENGE VON GIBRALTAR

Schon Kilometer vorher kündigt sie sich an, die Südspitze Spaniens. Nicht nur mit dem markanten Felsen von Gibraltar. Rund um Tarifa, den südlichsten Ort der Iberischen Halbinsel, krönen Hunderte von Windkraftanlagen weithin sichtbar die Kämme der Hügel. Um den Wind dreht sich hier alles. «Costa del Windsurf»

verkündet ein großes Schild an der Einfahrt in das Städtchen. In-
dividualurlauber, meist mit Zelt oder Wohnmobil, verbringen in
Tarifa ihre Ferien und nutzen den ständigen Wind an der Südspitze Spaniens für ungebremstes Surfvergnügen. Zunehmend
entdeckt man im Frühjahr und Herbst auch ganz andere Indivi-
dualisten. Bewaffnet mit Fernrohren und Vogelbestimmungsbü-
chern, ziehen sie los und beobachten von exponierten Standorten
aus die Zugvögel, die hier auf dem Weg von Europa nach Afrika zu
Tausenden und Abertausenden vorüberziehen.

Auf einem Aussichtspunkt hoch über Tarifa habe ich Stellung
bezogen. Ebenfalls dort: eine Handvoll spanischer Ornithologen,
die alle gebannt in den Himmel starren. Unter uns verläuft die
Felsküste der Südspitze Spaniens und endet in der tiefblauen, vom
kräftigen Südostwind aufgewühlten See. Nur scheinbar zum Greifen nah ragen die klotzigen Gebirge Marokkos aus dem Meer. Weit
ist es nicht nach Afrika an diesem Flaschenhals des Storchenzugs.
Nur 14 Kilometer und trotzdem kein Katzensprung. So ähnlich
müssen es die Störche empfinden, wenn sie den Flug zum schwarzen Kontinent wagen. Ob das heute etwas wird bei diesem kräftigen Gegenwind? Etwa 700 Störche nehmen am Himmel über Tarifa gerade Anlauf, um die Überquerung der Meerenge zu wagen.
Wie ein lang aufragender Schlauch aus schwarz-weißen Vögeln
ragt die Thermik in den Himmel. Dann, genau über dem Hafen
von Tarifa, nehmen die ersten Vögel im Gleitflug Kurs aufs offene
Meer. Minuten später folgen alle anderen, in langgezogener Linie,
wie ein sacht schwingendes Band. Plötzlich jedoch: Abbruch, die
Störche kehren zur Küste zurück. Minuten später ein erneuter
Versuch. Wieder und wieder spielt sich das gleiche Schauspiel ab,
versuchen die Vögel den kräftigsten Aufwind zu finden, der sie
in größtmögliche Höhe bringt. Aber jedes Mal nimmt ihnen der
starke Wind den Mut. Das ist kein ruhiges Segeln und kein zielge-

Storchenbegleitung auf der Westroute | 199

richtetes Gleiten, wie ich es von anderen Beobachtungen kenne. Hier kämpfen die Vögel verzweifelt gegen den Wind, werden durchgeschüttelt wie fallendes Herbstlaub im Sturm. Fast eine Stunde lang geht das so, dann geben die Störche auf. Über der Küste formieren sie sich erneut zu einem kompakten Trupp und lassen sich vom Wind zurück übers Land treiben – dicht hinweg über unsere Köpfe. Irgendwo im Hinterland, nicht weit von der Küste entfernt, werden sie landen. Und sie werden es erneut versuchen – morgen, übermorgen oder nächste Woche. Wettersituationen wie die heutige haben zur Folge, dass es in der Südspitze Spaniens zum «Zugstau» kommt. Tausende von Störchen warten dann auf geeignete Wetterlagen. Von Tag zu Tag wächst die Schar der ungeduldigen Segler weiter an. Sowie der Wind dreht und günstige Flugbedingungen herrschen, sind plötzlich alle unterwegs. Manchmal ziehen dann Tausende von Störchen gemeinsam über die Straße von Gibraltar.

Ein paar Tage vorher sah das alles ganz anders aus: Gegenverkehr auf der Gibraltar-Route. Da zerbricht man sich tagelang den Kopf über den Einfluss des Windes auf die ziehenden Störche, studiert Wetterkarten und führt lange Diskussionen mit Kollegen. Und dann tun die Störche so, als sei das Ganze doch völlig easy. Zwei unserer Senderstörche überquerten zur gleichen Zeit die Straße von Gibraltar. Eigentlich nichts Besonderes, in diesem Fall aber doch: Sie waren in genau entgegengesetzter Richtung unterwegs. Der eine, so wie es sich gehört, von Nord nach Süd, der andere, entgegen allen Regeln, von Süd nach Nord. Für beide waren Windrichtung und -stärke, Thermik und Tageszeit offenbar optimal. An diesem Tag war es fast windstill, es herrschte bestes Thermikwetter. Unter solchen Voraussetzungen ist die Zugrichtung egal. Bei günstigem Wind scheint der Flug über die Meerenge einfacher zu sein, als wir bisher dachten. Aber warum fliegt ein Storch um diese Jahreszeit überhaupt von Afrika nach Europa? Der «Falschflieger» hatte in den Tagen zuvor von Spanien kommend afrikanischen Luftraum erreicht. Die erste Nacht in Marokko verbrachte er bei Tanger, die folgenden Nächte bei Asilah, und dann schließlich hielt er sich, etwa 180 Kilometer Luftlinie von der Meerenge entfernt, bei Larache auf. Immer in der Nähe größerer Städte, wahrscheinlich weil es dort Müllkippen und Nahrung gibt. Sein Schwenk zurück nach Norden kam völlig unerwartet. Dass er dann aber, nach einer knappen Woche, nach Spanien zurückkehrte, die Meerenge also erneut überflog, brachte mich zum Grübeln. Wozu das Ganze? Mir fällt nur eine Erklärung ein: Der Müll in Andalusien schmeckte ihm besser als der, den er in Marokko fand. Genauer gesagt: Die Müllkippen in Spanien sind wahrscheinlich ergiebiger als die in Marokko. Vorstellbar wäre das. Bei genauer Durchsicht der Sender-koordinaten zeigte sich, dass zwei weitere Störche sich ähnlich verhalten haben. Einer hielt es in Marokko nur knapp vier Tage aus, der andere kehrte sogar schon nach zwei Tagen wieder zurück. Waren diese «Kurzurlaube» vielleicht einfach nur Nahrungsflüge nach Marokko? Das würde vieles, was bisher über die Bedeutung der Meerengen geschrieben wurde, auf den Kopf stellen.

IN DEN REISFELDERN – KREBSE SATT

Unser Senderstorch Helene fällt aus dem Rahmen. Der Vogel hält sich seit einigen Tagen in den Reisfeldern am Rande des Guadal-quivir-Flusses auf. Das möchte ich mir genauer ansehen. Team 3 ist in der Nähe, und in dem kleinen Städtchen Las Cabezas de San Juan, auf halbem Weg zwischen Jerez und Sevilla, treffen wir uns. Karsten und sein neuer Teamkollege Norbert sind seit einem Tag an Helene dran. Gemeinsam fahren wir in die Reisfelder, die sich hier bis zum Horizont erstrecken. Der Reis wird mit dem Wasser des Guadalquivir bewässert, das in Kanälen in die mit Dämmen getrennten Kulturflächen strömt. Er beginnt soeben zu reifen, auf manchen Feldern wurde bereits mit der Ernte begonnen. Große Mähdrescher ziehen langsam ihre akkuraten Bahnen und lassen hinter sich kahle Stoppelfelder zurück. Auf einer der abgemähten Flächen erkennen wir durchs Fernglas, dass etwa 1600 Weißstörche hier auf Nahrungssuche sind. Energisch schreiten die Vögel die Felder und die Ränder der Bewässerungsgräben ab. Immer wieder packen sie mit dem Schnabel zu und verschlingen Beutetiere. Das Goniometer verrät uns, dass Helene mittendrin ist.

Als Intensivkultur hat der Reisanbau ökologisch keinen hohen Stellenwert. Im Gegenteil: Er zieht, wie auch andere Bewässerungskulturen in der Region, so viel Wasser aus dem Fluss, dass der am Mündungsdelta des Guadalquivir gelegene Nationalpark Coto de Doñana mehr und mehr ausgetrocknet wird. Und trotzdem bieten die Felder den Weißstörchen ein reiches Nahrungsangebot. Worum es sich dabei handelt, das sehen wir am Rand der Bewässerungsgräben. Überall auf den Dämmen, die die Gräben begleiten, finden wir die Scheren von Krebsen. Störche, Reiher und andere Vögel, die hier auf Nahrungssuche sind, haben sie von ihrer Beute abgeschüttelt. Der vor allem in Louisiana im Süden der USA heimische Rote Amerikanische Sumpfkrebs (Procambarus clarkii) wurde im Jahr 1973 über Spanien nach Europa eingeschleppt und hat sich seitdem massenhaft vermehrt. Bis zu 15 Zentimeter misst der Krebs, ist dunkelrot gefärbt, und die Männchen tragen große Scheren. In seiner ursprünglichen Heimat bevorzugt er amphibische Lebensräume, die periodisch trockenfallen. Die Bewässerungsgräben und Reisfelder bieten ihm somit optimale ökologische Bedingungen. Während der Reisernte ab September, wenn die Gräben noch Wasser führen, sind die Krebse für die

Vögel am leichtesten zu erbeuten. Selbst die Störche, die sich vorher überwiegend auf Mülldeponien ernährten, wechseln dann in die nicht weit entfernten Reisfelder. Die Schlafplätze der «Reisfeld-Störche» finden wir nicht weit entfernt vom Ort Villafranco del Guadalquivir, am nordöstlichen Rand des Reisanbaugebiets. In einer langgezogenen, nicht enden wollenden Kette ziehen die Vögel im letzten Licht über uns hinweg. Sie landen auf den zahlreichen Steineichen einer privaten Finca. Wenn etwa ab November die Gräben trockenfallen, kehren die Störche, flexibel, wie sie sind, auf die Deponien zurück.

Fast alle Weißstörche, denen ich bei meinen Fahrten über die Südspitze Spaniens begegne, halten sich im Umfeld von Mülldeponien oder in den Reisfeldern auf. Und die Daten unserer Senderstörche bestätigen dies. Vor etwa 25 Jahren habe ich zusammen mit meiner Frau Maria diese Gegend schon einmal bereist. Auf dieser Tour haben wir mehrfach in den Naturlandschaften abgelegener Täler, vor allem auch in feuchteren Regionen, größere Gruppen von nahrungssuchenden Störchen entdeckt. Zauberhafte Bilder von einer unberührten Natur, die sich mir nachhaltig eingeprägt haben. Der berühmte spanische Ornithologe Francisco Bernis erforschte in den frühen 1960er Jahren den Zug der Weißstörche über die Meerenge von Gibraltar. Auch in seinen Veröffentlichungen sind solche idyllischen Rastplätze beschrieben. Zum Beispiel die Reste der schon in den 1950er Jahren entwässerten Lagune von La Janda oder die Niederung des Jara-Flusses bei Tarifa. Die Zeichen der Zeit sind nicht zu übersehen. Für die Mehrzahl der Störche sind heute Müll und Reisfelder die wichtigsten «Biotope». Die noch verbliebenen Naturlandschaften haben ihre Attraktivität offenbar verloren.

Am Abend beziehe ich in der Nähe eines verlassenen Gehöfts mein Nachtlager und beginne meine tägliche Schreibtischarbeit.

Ein Ziegenmelker gaukelt mit monotonem Schnurren um mein Auto, und mit ihren melancholischen Rufen liefert eine Zwergohreule die abendliche Hintergrundmusik. Plötzlich bekomme ich ungebetenen Besuch. Hunderte kleiner Wanzen, gerade mal fünf Millimeter groß, schwirren um die Lampe, fallen benommen auf die Computertastatur und mögen anscheinend mein Blut. Das Jucken und die Quaddeln sind nicht einmal das Schlimmste. Die Ritzen und Spalten an meinem PC dienen den kleinen Quälgeistern als willkommene Verstecke. Seit einigen Minuten rattert der Kühlventilator verdächtig laut. Nur mit Mühe kann ich mich auf meine Arbeit konzentrieren. Bei der Auswertung der Satellitendaten zeigt sich wieder einmal, dass der Senderstorch Robert aus Avanches der King ist. Als Erster hat er das Überwinterungsgebiet erreicht, den Sahel südlich der Sahara. In Mali, ganz in der Nähe des sagenumwobenen Timbuktu, verbringt er die Nacht. Francis und Werner, zwei weitere Senderstörche, scheinen das gleiche Ziel anzupeilen. Warum gerade diese Region? Störche überwintern dort, wo sie Nahrung finden. Wanderheuschrecken? Schwärmende Termiten? Wir wissen es nicht. So perfekt die Sache mit den Sendern auch ist, für Afrika sagen sie uns nur, *wo* die Vögel sich aufhalten, nicht aber *warum*. Das soll sich ändern, im kommenden Jahr wollen wir den ziehenden Störchen bis in den Sahel folgen.

STORCHENPARADIES SPANIEN?

13. September. Alle besenderten Weißstörche sind unterwegs. Die Mehrzahl hat inzwischen Spanien erreicht. Die Iberische Halbinsel hat eine entscheidende Schlüsselfunktion für die westeuropäischen Störche. Zum einen verlaufen die Zugrouten fast ausnahmslos durch Spanien, zum anderen ist die spanische Brutpopulation

Abenteuer Forschung:

die größte von Westeuropa. Ein Storchenparadies, könnte man meinen. Aber wie verhält es sich tatsächlich? Jetzt, wo die heiße Phase unseres Projekts dem Ende entgegengeht, mache ich mich auf den Weg zurück Richtung Schweiz. Nicht in einem Rutsch, sondern in kleinen Etappen, während ich weiterhin die Teams mit Daten versorge. Dabei nutze ich nicht die schnellen Fernverkehrsstraßen und Autobahnen, sondern kleine Nebenstraßen, wo immer möglich, entlang der Zugrouten. Ich will wissen, wie es dort, wo unsere Störche nach Süden ziehen, um die Natur bestellt ist. Es geht dabei nicht um eine Biotopkartierung mit wissenschaftlichem Anspruch, sondern darum, mir einen Gesamteindruck zu verschaffen. Überfliegen die Weißstörche hauptsächlich Naturlandschaften mit reichem Nahrungsangebot? Oder eher nahrungsarmes Agrarland und Monokulturen? Als Segelflieger sind sie auf topographische Strukturen angewiesen, auf Bergketten, Hügel und eingeschnittene Täler. Vor allem dort entstehen die Thermiken, die sie während des Zuges nutzen. Die Flugwege sind ihnen somit weitgehend vorgegeben – und damit auch die Nahrungs- und Rastgebiete.

Meine erste Teilstrecke ist die Costa del Sol, zwischen Gibraltar und der Küstenstadt Málaga. Hier liegen so berühmte Badeorte wie Estepona, Marbella und Torremolinos. Die gesamte Küstenregion wird von Wohnanlagen, Bettenburgen und auswuchernden Siedlungen und Städten geprägt. Selbst vor den Hängen der Bergzüge am Rand der Küstenebene macht die Bauwut nicht halt. Die Peilteams beobachteten hier die Störche in so eigenartigen «Rastbiotopen» wie Golfplätzen, Hotelrasen von Seniorenresidenzen oder Villensiedlungen. Den Vögeln bleibt in diesem Landstrich gar keine andere Wahl. Sie müssen mit dem vorliebnehmen, was der Mensch sich als Wohnparadies, Spielwiese oder Sportanlage geschaffen hat.

Storchenbegleitung auf der Westroute | 205

Die nächste Region liegt westlich der Hauptzugroute, im dünn besiedelten Hinterland von Gibraltar. Etwas abseits der Küste hat der Touristentrubel ein Ende. Es ist leicht bergig, Gruppen von Steineichen stehen auf abgeernteten Getreidefeldern oder auf Viehweiden, und einzelne Bauernhäuser bringen weiße Tupfer in die sonnenverbrannte Landschaft. Spanien, wie es ähnlich wohl vor vielen Jahren schon aussah. Auf der Spitze eines Berges thront Alcalá de los Gazules mit seinen blendend weißen Häusern, und in der Ferne bimmeln die Glocken am Hals weidender Ziegen. Auch hier, trotz der naturnahen Landschaften, keine Störche. Gegen die «modernen Nahrungshabitate», wie die Deponien Medina-Sidonia und Chiclana de la Frontera, hat die Natur offenbar keine Chance.

Nördliches Andalusien, in der Provinz Jaén: Stundenlang fahre ich heute durch Olivenhaine. Nein, das sind keine Haine, sondern Berge und Täler, die bis zum letzten Quadratmeter mit Olivenbäumen bepflanzt sind. Zwischen Córdoba und Úbeda nichts als Oliven, so weit das Auge reicht. Olivenplantagen als endlose Wälder, wie mit dem Zollstock eingemessen. Die Bäume akkurat in Reih und Glied angeordnet, mit blankem Boden zwischen den Stämmen. Millionen Menschen können solche Massen an Oliven nicht essen. Es geht um Öl, vermutlich EU-subventioniert, hauptsächlich wohl um billiges und gelegentlich auch um Virgen Extra, kaltgepresst für die feine Küche. Mit dröhnenden Motoren donnert vor mir im Tiefflug ein Spritzflugzeug über die Straße. In weißen, langgezogenen Schwaden entlädt der Pilot über den Plantagen seine giftig stinkende Fracht aus Insektiziden und anderen «Pflanzenschutzmitteln». Bahn um Bahn zieht er über den Bäumen, eine neben der anderen. Meine Illusion von einem gesunden Naturprodukt aus dem spanischen Mittelmeerraum wird nachhaltig erschüttert. Und trotzdem sind hier einige unserer Störche durchgezogen. Übernachtet haben sie an einem der Stauseen zwischen

Úbeda und Linares, dem einzigen Lichtblick in dieser Einöde aus Olivenplantagen. Was immer auch an Lebensräumen hier einmal existierte – es ist verloren, nicht zuletzt wohl aufgrund einer unseligen Agrarpolitik. Es wird so bald auch nicht wiedererstehen.

Nächste Etappe, zwischen Úbeda und Valencia: Nach einigen Kilometern nehmen die Olivenplantagen tatsächlich ein Ende. Weiter geht es durch eine bergige Landschaft, mit Ackerflächen, Weideland und einzelnen Wäldchen aus Steineichen. In hellem Weiß erstrahlen die Farmgebäude der Haziendas, kleinere Bauernhäuser und ganze Dörfer sind aus erdfarbenen Lehmziegeln erbaut. Eine Landschaft mit vielen Strukturen und extensiver Landnutzung. Den Störchen dürfte es so gefallen. Bei Albacete ändert sich das Landschaftsbild: Eine riesige Ebene öffnet sich, kein Berg, kein Hügel, nichts, woran das Auge sich festhalten könnte. Endlose Ackerflächen. Das Grau frischgepflügter Felder, das Gelb der Stoppeläcker, dazwischen das grelle Grün bewässerter Luzernefelder. Von Natur ist hier nicht viel übrig. Danach großflächiger Weinanbau. Mir gefällt es rein optisch hier besser als in den riesigen Olivenplantagen. Den Störchen, die vor wenigen Wochen hier durchzogen, dürfte es egal gewesen sein, welchen Kulturpflanzen ihre Nahrungsflächen zum Opfer gefallen sind. Bei Requena, kurz vor Valencia, führt die Straße durch einen Einschnitt in einer Bergkette. Ein natürlicher Pass, dem die Störche auf dem Zug mehrfach folgten. Ich fahre jetzt durch eine wunderschöne Naturlandschaft. Das Tal wird enger und öffnet sich dann in einen gewaltigen Kessel. Zwischen den schroffen Bergflanken leuchtet am Grund ein großer Stausee. Genau dort haben die durchziehenden Senderstörche gerastet. Jenseits des Durchbruchs öffnet sich das Tal wie ein Trichter, der die aus dem Norden heranziehenden Störche aus der Ebene zwangsläufig zu dem Stausee hinleitet.

Die nächste Teilstrecke, die ich mir genauer ansehe, beginnt im südlichen Teil Kataloniens. Von der Küstenebene bei Tarragona aus bringen mich kleine Bergsträßchen wieder in höhere Lagen. Mein erstes Ziel ist Tàrrega. Einige unserer Störche sind auf dem Weg zur Mittelmeerküste hier durchgezogen. Ich durchquere eine abwechslungsreiche Landschaft mit kleinstrukturierter Landnutzung, häufig im Terrassenfeldbau. Bald darauf biege ich nach Nordosten in das Tal des Segre-Flusses ab. Links die Ausläufer der Pyrenäen, zum Teil mit steil abfallenden Felswänden. Beste Voraussetzungen für kräftige Aufwinde. Nicht zufällig zogen hier etliche der Störche nach Süden. Diese gesamte Region, knapp südlich der Pyrenäen, ist nicht nur dünn besiedelt und hat sich ihren ländlichen Charme erhalten. Die durchziehenden Störche, wenn sie denn hier landen, würden sicher auch gute Bedingungen für die Nahrungssuche finden. Am Himmel sehe ich immer wieder große Greifvögel. In genau dieser Region haben Michael und Daniel den Angriff eines Adlers auf einen Weißstorch beobachtet. Und inmitten dieser beeindruckenden Bergwelt liegt auch mein heutiger Übernachtungsplatz. Fünf Kilometer weit habe ich meinen betagten VW-Bus über eine steinige Holperpiste gequält, um zu dem kleinen Campingplatz mitten in einer wahrhaften Bilderbuchlandschaft zu gelangen. In einem kleinen Dorfladen konnte ich am Nachmittag nicht widerstehen: Es gibt Chorizo, leckeren Serrano-Schinken, gereiften Schafskäse und knuspriges Weißbrot. Dazu «Los Negros», die großen schwarzen Oliven. Natürlich darf auch ein eiskalter Rosado, der trockene Roséwein der Region, nicht fehlen.

Die Bergregionen an den südlichen Ausläufern der Pyrenäen haben ihren ursprünglichen Charakter als eine wilde Naturlandschaft noch weitgehend erhalten. Aber für die Störche ist hier die Topographie vermutlich wichtiger als eventuelle Nahrungsressourcen. Auf meiner letzten Etappe möchte ich mir deshalb anschauen, wie die Landschaft den Verlauf des Storchenzuges beeinflusst. Viele unserer Senderstörche überflogen die Pyrenäen über den Col de la Perche. Von Süden kommend folge ich der Straße durch das enge und von steilen Felswänden eingerahmte Tal des Segre-Flusses, das sich in den Pyrenäen südlich von Puigcerdà weit öffnet. Nördlich der Stadt überquere ich die Grenze nach Frankreich. Die Landschaft ist zuerst eher lieblich, mit viel Ackerbau und Beweidung. Erst ab Mont Louis wird es mit dem Tal des Têt-Flusses wieder wildromantisch. Dort, wo die Schlucht am engsten ist, kleben die Dörfer wie Adlernester an den Felshängen. Besenderte Störche in ihren Trupps rasteten dort auf den Türmchen und Dächern der Kirchen. Tagsüber, während des Zuges, segeln die Vögel in großer Höhe in den Thermiken, die von den schroffen Talwänden aufsteigen. Jetzt, wo ich die Zugroute nachvollzogen habe, erkenne ich, dass die Störche dem logischsten Weg durch die östlichen Pyrenäen folgen. Von Norden kommend werden sie durch einen Bergzug in südwestlicher Richtung in das Têt-Tal geleitet, folgen diesem bis zur Passhöhe und nutzen dann die Aufwinde des Segre-Tals, um zwischen den hohen Bergrücken der Pyrenäen hindurchzugelangen. Lediglich die Störche, die von Norden aus ganz eng der französischen Mittelmeerküste gefolgt sind, erreichen Katalonien auf direktem Weg durch Umfliegung der Pyrenäen im Osten.

Geschafft! Einmal mit dem Auto über die gesamte Iberische Halbinsel, entlang der Zugrouten der Störche, von Gibraltar bis in die Pyrenäen. Auf den schmalen Straßen kam ich nur langsam voran, nicht jede Teilstrecke war mit dem Auto erreichbar, und mehrfach musste ich von der «Ideallinie» abweichen. Gelohnt hat es sich trotzdem. Zu sehen, dass an der Mittelmeerküste die Landschaft großflächig verbaut ist und der Natur kaum noch Platz lässt, hat mich nicht besonders erstaunt. Dass aber das Land auch

Storchenbegleitung auf der Westroute | 209

im Landesinneren über Hunderte von Kilometern von unfassbar großflächigen und lebensfeindlichen Monokulturen geprägt ist, war mir vorher nicht klar. Eine akute Gefahr stellt all das für die ziehenden Störche vermutlich nicht dar. Sie sind flexibel genug, die wenigen Möglichkeiten zu nutzen, die der Mensch ihnen ungewollt neu geschaffen hat. Die Uferzonen von Stauseen zum Beispiel oder die Reisfelder am Guadalquivir. Dass Störche in der Lage sind, lange «Durststrecken» zu überwinden, beweisen die Afrikazieher, die selbst Tausende von Kilometern über die Sahara fliegen. Dennoch: Das Klischee vom Kinderbringer Weißstorch, der in einer wunderschönen Natur nach Mäusen und Fröschen jagt, gehört, zumindest in Südwesteuropa, der Vergangenheit an. Wer Tausende von Störchen im Müll Andalusiens nach Fressbarem hat wühlen sehen, der legt solche Vorstellungen ohnehin zu den Akten. Könnten die Störche dies lesen, dann würden sie wohl verständnislos mit den Köpfen wackeln. Sie scheren sich nicht um schön oder hässlich. Für sie zählt die Befriedigung lebenswichtiger Bedürfnisse. Und bei diesen steht an erster Stelle die Nahrung. Ob Essensreste der Menschen, auf einer Mülldeponie zusammengeklaubt, ob eingeschleppte Flusskrebse in Reis-Monokulturen oder ob Frösche in einem natürlichen Feuchtgebiet – den Störchen ist es schnuppe. Hauptsache viel und leicht verfügbar. Wie ihnen diese neue Art der Ernährung langfristig bekommt, das steht auf einem ganz anderen Blatt.

Als ich am Abend die neuesten Koordinaten abrufe, erhalte ich eine traurige Nachricht. Unser Rekordstorch Robert ist sehr wahrscheinlich tot. Er überlebte den Unfall im Wasserturm und erreichte als Erster unserer Senderstörche das westafrikanische Winterquartier. Es schien fast so, als sei er unverwundbar. Und jetzt ist er verschollen in Mali, am Nordrand des Niger-Binnendeltas, nahe der sagenumwobenen Oasenstadt Timbuktu. Verunglückt oder getötet? Keine Information. In der nur dünn besiedelten Region, in der er verschwunden ist, kann ein Unfall an einer Freileitung fast ausgeschlossen werden. Alles Weitere wäre Spekulation. Schade nach all der Zeit, in der gerade dieser Storch uns fast täglich mit neuen Spitzenleistungen überrascht hat. Zumindest einen Wunsch hat er seinem schweizerischen Namengeber Robert Schoop erfüllt: Er ist in Westafrika angekommen.

Es ist so weit. Die Zugbegleitung durch Frankreich und Spanien neigt sich dem Ende entgegen. Ich bitte die drei Peilteams, die weiterhin unermüdlich bei der Arbeit sind, ebenfalls in die Schweiz zurückzukehren. So recht freuen will sich darüber niemand. Allen fällt es schwer, sich von ihren Aufgaben zu trennen. Team 2, Michael und Christian, lassen den Senderstorch Monika bei Murcia nur widerwillig alleine weiterziehen. Karsten und Norbert von Team 4 laufen bis zur letzten Minute die Stromleitungen in der Nähe von Müllkippen ab und zählen tote Störche. Und Stephan und Olaf kontrollieren noch immer die Senderstörche in der Südspitze Spaniens. Schluss damit, aufräumen, die Peilgeräte abmontieren und packen – dann geht es in einem langen Ritt zurück in die Schweiz. Ich bin mir sicher, die Teams werden auf der Rückreise ihre Peilgeräte ständig laufen lassen – es könnte ja noch irgendwo ein bisher verschollen geglaubter Senderstorch auftauchen. In der Schweiz dann der endgültige Abschied. Ein bisschen Wehmut ist dabei. Aber natürlich freuen wir uns auch, nach diesen aufreibenden Wochen Familien und Freunde endlich wiederzusehen.

Hat sich der riesige Aufwand gelohnt? Ohne Zweifel. Jeder einzelne der am Projekt beteiligten Mitarbeiter, sowohl im Gelände als auch im Büro in der Schweiz, hat allen Grund, stolz zu sein auf die geleistete Arbeit. Fast alle 25 besenderten Weißstörche wurden bis nach Gibraltar, oder zumindest bis sie verunglückten, unter Beobachtung gehalten. Einige Storchentrupps waren sogar kontinuierlich unter der Kontrolle eines Teams. Die straffe Organisation der Zugbegleitung forderte sehr viel von allen Beteiligten. Insgesamt 70 000 Kilometer fuhren die Teams, wobei jedes die Strecke Altreu-Gibraltar mehrmals zurücklegte. Rund 4000 SMS wurden während des Projektes verschickt, 6000 Arbeitsstunden von den Teams und der Projektleitung geleistet und mindestens weitere 800 von den Mitarbeitern in der Schweiz. Mehr als die Hälfte dieser Leistungen erfolgte auf ehrenamtlicher Basis. Auf der täglich aktualisierten Internetseite mit den «Berichten des Projektleiters», mit Landkarten der Zugrouten und zahlreichen Fotos, konnte die Öffentlichkeit Tag für Tag das Schicksal der Störche sowie den Verlauf der Expedition verfolgen. Innerhalb von nur vier Wochen besuchten mehr als eine halbe Million Menschen die Website. Das Interesse der Medien am Projekt war enorm. TV-Magazinbeiträge zur besten Sendezeit sowie Berichte in Nachrichtensendungen informierten über SOS Storch, und auch in den Printmedien waren wir bestens vertreten. Es ist sicher nicht übertrieben, die bisherige Phase des Projekts SOS Storch als eine der bislang erfolgreichsten Natur- und Artenschutzkampagnen der Schweiz zu bezeichnen.

AUF DER SPUR DER STÖRCHE DURCH WESTAFRIKA

NEUE HERAUSFORDERUNGEN

Viel Zeit, mich auf den Lorbeeren auszuruhen, hatte ich nicht. Die Daten mussten ausgewertet, Beobachtungen und Fotos archiviert sowie Projektberichte geschrieben werden. Winter und Frühjahr vergingen wie im Flug. Auch im Sommer und Herbst 2001 folgten wir wieder den Störchen durch Frankreich und Spanien. Zusammen mit den 13 noch lebenden Störchen aus dem Vorjahr standen uns insgesamt 31 Senderstörche zur Verfügung. Mit neuen Teams und teils neuer Technik lief die Feldarbeit auch diesmal wie geschmiert – mit Ergebnissen, die alles bestätigten, was wir im Vorjahr entdeckt hatten.

Jetzt steht mir eine neue Herausforderung bevor. Ich werde den Störchen mit einem Begleitteam durch Westafrika folgen, um sie dort in ihren Überwinterungsgebieten zu beobachten. Bei einer solchen Expedition, von Südspanien durch die Sahara bis in den Sahel, gibt es viele Ungewissheiten. Straßen und Pisten sind in den weiten Savannen und Halbwüsten Westafrikas nur dünn gesät. Oft werden wir die Störche nur auf langen Fahrten durch schwieriges Gelände erreichen können. Das kostet Zeit und ist nicht immer ungefährlich. Schließlich gehören Mali, Mauretanien und Niger nicht gerade zu den Reisezielen, die vom Auswärtigen Amt empfohlen werden. Die Technik muss hundertprozentig funktionieren, von den Fahrzeugen bis zur Kommunikation. Bürokratische Hindernisse, Tropenkrankheiten, die Versorgung mit Wasser und Lebensmitteln sowie die allgemeine Sicherheitslage können sich zu echten Problemen entwickeln. Eine gute Woche vor Beginn unserer Expedition, am 11. September 2001, verloren bei den islamistischen Terroranschlägen auf das World Trade Center und andere Einrichtungen in den USA Tausende unschuldiger Menschen ihr Leben. Die US-Regierung hat daraufhin viele islamische Länder zur «Achse des Bösen» erklärt. Jedes Land, das nicht an der Seite Amerikas stehe, gelte, so Präsident George W. Bush, als Feind und müsse mit Vergeltung rechnen. Unsere Expedition wird durch einige dieser Staaten führen. Wie werden die Menschen dort auf westliche Fremde reagieren? Misstrauen und Unsicherheit werden uns begleiten. Die Behörden von Deutschland und der Schweiz konnten eine Gefahr natürlich nicht ausschließen. Wir entschieden, die Expedition nach den umfangreichen Vorbereitungen trotzdem durchzuführen.

Mein geliebter VW-Bus hat ausgedient. Eine Fahrt durch Westafrika hätte er wohl kaum überlebt. Mir fiel ein Stein vom Herzen, als Peter mir mitteilte, dass ich einen würdigen Ersatz zur Verfügung gestellt bekäme: Ich erhielt ein hervorragend geeignetes Fahrzeug, einen King-Cab-Pick-up, mit Allrad und Differenzialsperre, Geländeuntersetzung und riesigen Sandreifen. Selbst die Dünen der Sahara werden mich mit diesem Gefährt nicht aufhalten können. Komplettiert wurde mein fahrbares Expeditionsbüro durch den Aufbau einer robusten Wohnkabine, mit ausziehbarem Schlafplatz, großem Wassertank, einem Schreibtisch und Platz für die zahlreichen Alukisten mit der Ausrüstung. Die perfekte Kombination für die Geländefahrten und Wellblechpisten in Afrika. In meiner Dreiquadratmeterkabine ist es zwar eng, aber alles hat seinen festen Platz, vom PC bis zur Zahnbürste. Und solange ich es schaffe, die Ordnung beizubehalten, sollte auch die stundenlange tägliche Computerarbeit zu ertragen sein.

VON MAROKKO NACH MAURETANIEN

Mitte September 2001: Seit heute ist unser «Westafrika-Team» komplett. Am Flughafen Málaga habe ich Horst Timmermann abgeholt. Zusammen mit Karsten, der schon beim gesamten Projekt durchgehend dabei war, werden wir in Kürze in Richtung Sahara aufbrechen. Horst, 40 Jahre jung, ein drahtiger Typ, Marathonläufer. Er studiert Landwirtschaft mit Spezialisierung auf Tropischen Pflanzenbau. Mein Kumpel Jens-Uwe, der mehrfach mit Horst in Afrika unterwegs war, hat ihn mir als profunden Kenner des Sahel empfohlen. Von seiner Afrika-Erfahrung wird unser Projekt während der kommenden Wochen profitieren.

Letzte technische Vorbereitungen. Karsten und Horst machen ihr «Afrika-Fahrzeug» pistensicher: Sie montieren stabile Antennenbefestigungen, erneuern die Verkabelung der Peilanlagen und verstauen Reservereifen und Ersatzteile auf dem Dachgepäckträger. Alles muss extrem robust verzurrt und verschraubt sein, um Tausende Kilometer auf mörderischen Wellblechpisten und im Gelände zu überstehen. Ich selbst sitze im Staub und verlöte unsere Funkgeräte für den Anschluss ans Bordstromnetz. Während der gesamten Reise sollen unsere beiden Geländewagen in kontinuierlichem Funkkontakt stehen. Am Nachmittag arbeiten Karsten und Horst in Algeciras die lange Liste noch ausstehender Besorgungen ab. Unsere beiden Fahrzeuge werden noch einmal auf Herz und Nieren gecheckt. Wechsel von Öl und Bremsflüssigkeit, Reifendruck, alles in Ordnung für die lange Tour.

Am Abend überprüfe ich, welche Senderstörche wir nach derzeitigem Stand im Sahel erwarten können. Viele sind es nicht, denn ein Großteil der Vögel ist gleich in Spanien geblieben oder hält sich weiterhin im Norden Marokkos auf. Nur sechs besenderte Störche haben das klassische Überwinterungsgebiet südlich der Sahara erreicht: Bruno, Ciconia, Francis, René, Ruedi und Schwelli. Ihre aktuellen Aufenthaltsorte sind weit verteilt, über mehr als 2000 Kilometer in West-Ost-Richtung in den Ländern Mauretanien, Mali und Niger. Wir machen uns keine Illusionen – ein Vergnügungstrip wird die Reise nicht. Unsere Route bis in den Sahel steht längst fest. Um auf schnellstmöglichem Weg nach Süden zu gelangen, umfahren wir die Sahara im Westen. Von Tanger aus etwa 2500 Kilometer entlang der Atlantikküste, durch Marokko, Westsahara (das ehemalige Spanisch-Sahara) und Mauretanien bis zur Hauptstadt Nouakchott. Von dort aus geht es dann südlich der Sahara nach Osten, in unser eigentliches Arbeitsgebiet. So weit der Plan. Wie es wirklich läuft, wird sich in den kommenden Wochen zeigen.

21. September 2001. Adios España. Endlich sind wir unterwegs. Karsten und Horst in einem Fahrzeug, ich alleine im zweiten. Um halb zwölf legt die Fähre in Tarifa ab. Lange dauert die Überfahrt mit dem riesigen Katamaran nicht. Bald nach der Abfahrt ein ornithologisches Highlight: eine Korallenmöwe – nur noch etwa 15 000 Brutpaare gibt es von dieser Art. Über den Wellen segeln mehrere Basstölpel und ein Gelbschnabelsturmtaucher. Und mitten auf der Meerenge zieht eine Rohrweihe im Ruderflug einsam Richtung Marokko. Ein anrührender Moment, diesem mir aus meiner norddeutschen Heimat so vertrauten Vogel hier über der offenen See vor Afrika zu begegnen. Große Tümmler, die häufigsten Meeressäuger in der Straße von Gibraltar, durchfurchen nahe der Fähre die Wasseroberfläche. Manchmal scheint es, als würden sie auf den Kielwellen surfen.

Ankunft im Hafen von Tanger. Wir sind in Afrika. Passkontrolle, Fahrzeugkontrolle, Fahrzeugeinfuhrbescheinigung, die Beamten sind korrekt und freundlich. Die Schlepper dagegen, die uns mit allen möglichen Dienstleistungen Geld aus der Tasche zu ziehen versuchen, gehen uns gehörig auf die Nerven. Als wir endlich wieder auf der Straße sind, beschließen wir, heute so weit wie möglich nach Süden zu fahren. Unser Zeitplan ist eng. Rabat, Casablanca, Essaouira, Agadir, die touristischen Hotspots huschen an uns vorbei. Die Küstenstraße, ein schmales Asphaltband, führt uns durch wunderschöne Landschaften, vorbei an schroffen Felsen, endlosen Stränden und dem türkisfarbenen Meer. Während eines Tankstopps fragt mich ein Marokkaner, welche Krankheiten die Störche hätten. Krankheiten? Ratlos schaue ich ihn an. Er zeigt auf den Projektnamen «SOS Storch», der groß auf unseren Autos prangt. Offenbar vermutet er, wir seien eine Art Ambulanz für erkrankte Störche. So war das eigentlich nicht gedacht. Als er erfährt, worum es uns wirklich geht, findet er die Sache nicht mehr spannend. Immerhin beweist er mir noch, dass er sich mit der Vogelwelt auskennt: Ganz in der Nähe, erklärt er mir, im Nationalpark Souss-Massa, wo die letzten marokkanischen Waldrappe brüten, würden auch Störche regelmäßig rasten. Ich kenne den Park von früheren Besuchen und würde ihn mir gerne mal wieder anschauen. Geht nicht, wir müssen weiter.

Am Straßenrand südlich von Tiznit ein großes Schild mit Entfernungsangaben: noch 1962 Kilometer bis nach Nouakchott, unserem ersten echten Etappenziel. Nach zwei Tagen Fahrt liegt noch einiges vor uns. In dichtem Nebel, bei starkem Regen und Wind überqueren wir die westlichen Ausläufer des Atlasgebirges. Hinter qualmenden Lkw quälen wir uns über die schmalen Gebirgssträßchen, ohne das Geringste von der Umgebung zu sehen. Karstens lakonischer Kommentar per Funk: «Zumindest laut Reiseführer soll die Landschaft hier sehr schön sein.» Bis spät in die Nacht sind wir unterwegs, bevor wir am Straßenrand unser Lager aufschlagen. Am nächsten Morgen: Kaiserwetter. Der Blick nach draußen zeigt, was uns bei der Ankunft gestern Nacht verborgen blieb. Wir sind in der Wüste angekommen. Weit um uns herum, bis zum Horizont, erstreckt sich eine steinige, vegetationslose Ebene. Auch Horst und Karsten sind gerade dabei, sich aus ihren Schlafsäcken zu pellen. Bald kocht im Kessel das Wasser, und ein starker Kaffee verjagt die letzte Müdigkeit. Rein in die Autos, und weiter geht's. Kontinuierlich zeigt mein Autokompass nach Südwesten. Über lange Strecken das gleiche Bild: links von uns steiniges, trockenes Land, rechts der blaue Atlantik, an dessen Küste gestrandete Schiffe vor sich hin rosten. Die Verkehrsschilder, die vor Haustieren auf der Straße warnen, haben sich geändert. Zeigten sie gestern noch Kühe, sind es heute Kamele. Sandverwehungen auf der Straße und kleine Dünen sind unverkennbare Hinweise, dass die Sahara, die größte Wüste der Welt, nicht weit entfernt ist.

«Willkommen in Laâyoune», so begrüßt uns ein weißes Schild am Ortseingang. Die Stadt im von Marokko verwalteten Territorium Westsahara begrüßt uns mit einem sandfarbenen Torbogen über der Straße. Ich weiß nicht, warum, aber in meinen Gedanken war dies immer der Ort, an dem unsere eigentliche Afrika-Expedition beginnen würde. In den breiten Straßen herrscht geschäftiges Treiben. Trotzdem wirkt die Stadt wie verloren am Rand der Sahara. Bei der Weiterfahrt auch heute wieder zahlreiche Polizeisperren und immer die gleichen Fragen am Checkpoint: Passnummer, Autonummer, Name des Vaters und der Mutter und vor allem unser Beruf. Die Polizisten sitzen an improvisierten Tischchen im Freien, füllen ellenlange Listen mit unseren Angaben und sind trotz ihrer eintönigen Arbeit freundlich und bestens gelaunt.

Auch hier, in der Westsahara, führt uns eine schmale Asphaltstraße weiter nach Süden. Bis zum Horizont ist das Land topfeben. Euphorbien, Wolfsmilchgewächse, sind die einzigen Pflanzen. Menschen begegnen wir nur selten, und zwischen den wenigen Siedlungen liegen oft mehr als 100 Kilometer. Jahrzehntelang lieferten sich Marokko und die Frente Polisario blutige Auseinandersetzungen um diesen vergessenen Landstrich. Immer wieder brausen große Lkw mit unverminderter Geschwindigkeit an uns vorbei. Die Fahrer denken nicht daran auszuweichen. Da hilft nur eins: Tempo drosseln, mit den rechten Rädern die Asphaltspur verlassen und Platz machen für den Stärkeren.

Endlich erreichen wir Dakhla. Die Stadt liegt im Süden von Westsahara, auf einer schmalen Landzunge, die parallel zur Atlantikküste verläuft. 2000 Kilometer sind wir gefahren, seit wir vor drei Tagen Südspanien verlassen haben. Am Ortseingang von Dakhla finden wir einen «Campingplatz»: eine quadratische, von hohen Mauern umgebene Fläche, die etwa 30 Fahrzeugen Platz bietet. Sandiger Boden und keine Bäume, einfache Duschen und Toiletten. Außer uns stehen nur acht weitere Fahrzeuge auf dem Gelände. Dakhla ist eine typische afrikanische Garnisonsstadt. Nicht gerade der Ort, an dem man seine Ferien verbringen möchte: staubige Straßen, flirrende Hitze und schweißtreibende Luftfeuchtigkeit. Die meisten Häuser sind einfache Zweckbauten, vieles schon sehr marode und mit einem gewissen morbiden Charme. Die einzigen Touristen, die sich hierher verirren, sind Globetrotter auf Trans-Sahara-Tour. Oder – und das ist die Mehrzahl – Autoschieber, die ihre Gebrauchtfahrzeuge in den Ländern Westafrikas verkaufen wollen.

Auch unser Campingplatz wird in erster Linie von Durchreisenden frequentiert, die sich, wie wir, dem Militärkonvoi nach Mauretanien anschließen werden. Als wir unsere Autotanks und Reservekanister mit Diesel auffüllen, freuen wir uns über die niedrigen Preise. Hier in Westsahara ist der Kraftstoff hoch subventioniert. Uns soll es recht sein, denn in unsere Tanks und Kanister passen gut 300 Liter. Nun fehlen nur noch die Dokumente, die wir für die Konvoifahrt nach Mauretanien benötigen. Zuerst geht es zur Nationalpolizei, wo die Ausreisepapiere erstellt werden, danach zum

Zoll, für die Überprüfung der Fahrzeugdokumente, und schließlich zur Militärpolizei, wo wir uns für den Konvoi registrieren lassen. Nach zwei bis drei Stunden halten wir alle erforderlichen Dokumente in der Hand. Unserer Etappe zur mauretanischen Grenze steht nichts mehr im Weg.

Am nächsten Morgen sind wir früh auf den Beinen. Am Polizeiposten an der Ortseinfahrt wird der Konvoi zusammengestellt. Eine bunt gemischte Gesellschaft hat sich hier versammelt. Autoschieber, Gemüsehändler, Globetrotter, Rucksackreisende, Mitarbeiter humanitärer Hilfsorganisationen. Fahrzeuge und Menschen aus Marokko, Frankreich, Belgien, England, Österreich und anderen Ländern. Fabrikneue Geländewagen stehen aufgereiht neben uralten Limousinen, betagte Kleinlaster neben funkelnagelneuen Wohnmobilen. Abenteuerlich bepackt sind vor allem die Autos der einheimischen Händler. Insgesamt etwa 60 Fahrzeuge kommen zusammen, einige perfekt für Wüstenfahrten ausgerüstet. Andere haben nur das Allernötigste dabei. Während der stundenlangen Warterei kommt man sich näher. Ich komme mit einem Franzosen ins Gespräch, der bereits mehrfach die Route von Marokko nach Mali zurückgelegt hat. Als er erfährt, dass wir nördlich von Timbuktu nach überwinternden Störchen suchen wollen, schüttelt er den Kopf: Es habe dort während der letzten Wochen stark geregnet, die gesamte Region sei wegen großflächiger Überschwemmungen mit dem Auto nicht zu erreichen. Zudem sei Mali nördlich des Niger-Binnendeltas ein gefährliches Pflaster. Wer dort mit einem einigermaßen brauchbaren Fahrzeug unterwegs sei, müsse jederzeit damit rechnen, von Banden aufständischer Tuareg ausgeraubt zu werden. Keine guten Aussichten für unser Projekt. Trotzdem: Bange machen gilt nicht. Wir werden uns ohnehin in Mali bei der deutschen Botschaft über die Sicherheitslage im Land informieren.

Auf der Spur der Störche durch Westafrika | 221

Kurz vor Abfahrt werden alle Mitreisenden des Konvois aufgefordert, ihre Pässe und Fahrzeugpapiere abzugeben. Vor der mauretanischen Grenze sollen wir die Dokumente angeblich zurückbekommen. «Gib niemals deine Papiere aus der Hand», lautet unter Afrika-Reisenden ein ungeschriebenes Gesetz. Als ich sehe, dass keiner sich der Anordnung widersetzt, springe auch ich über meinen Schatten. Wird schon gutgehen, die Marokkaner waren bisher immer korrekt. Dann geht's los. Zuerst bewegt sich der Tross als geschlossener Konvoi durch die Wüste. Bald jedoch zieht er sich weit auseinander, und es dauert nicht lange, bis wir alleine unterwegs sind. Wozu das ganze Theater? Jeder Aufständische, jede Räuberbande könnte uns unbemerkt von der Straße schießen.

Wider Erwarten ist die Straße keine Schlaglochpiste mehr, sondern ein neues Asphaltband. Wir kommen zügig voran, fahren durch schöne Wüstenlandschaften und passieren ausgedehnte Salzpfannen. Kamele am Straßenrand schauen uns gelangweilt hinterher. Die 300 Kilometer bis nach Guerguerat, kurz vor der mauretanischen Grenze, erscheinen uns wie ein Katzensprung. Auf dem berühmt-berüchtigten Campingplatz «La Poubelle», übersetzt «Der Müll», errichten wir unser Lager. Der Platz sieht gar nicht so grauenhaft aus wie häufig geschildert. Und zumindest sind wir hier wirklich in der Wüste, nicht eingemauert wie in Dakhla. Schnell finden sich auch hier wieder Grüppchen zusammen. Als Wüstenreisender weiß man ja nie, wann man das nächste Mal wieder Gesellschaft hat. Wir werden eingeladen zu Tortellini mit Tomatensoße, und bald sitzen acht Leute, Engländer, Österreicher und Deutsche, um den großen Topf. Im Auto habe ich als eiserne Reserve noch einige Tetrapaks billigen Weins. Da, wie ich erfahren habe, nach Mauretanien kein Alkohol eingeführt werden darf, nutze ich diese Gelegenheit, meine Vorräte unter die Leute zu bringen.

Erleichterung am nächsten Morgen: Wir erhalten unsere Dokumente zurück. Vor uns liegt das berüchtigte Niemandsland zwischen Westsahara und Mauretanien. Ein Wegstück, das es in sich hat. Noch immer sind dort Minen vergraben. Mit großem Abstand rumpeln wir über die löchrige Piste, ständig darauf bedacht, ja keinen Zentimeter von der schmalen Fahrspur abzuweichen. Es ist ein beklemmendes Gefühl zu wissen, dass links und rechts tödliche Sprengsätze lauern, unsichtbar im Boden verborgen. Die Gefahr ist sehr real: Direkt neben der Piste rostet das Skelett eines Landrovers vor sich hin, zerfetzt und bis zur Unkenntlichkeit verbogen. Dann, auf einer leichten Anhöhe, der erste mauretanische Grenzposten. Ein kleiner Unterstand aus aufgeschichteten Felsbrocken. In der archaischen Wüstenlandschaft erscheint er uns wie eine steinzeitliche Wohnhütte. Durch ein kleines Loch reichen wir unsere Pässe hinein – ohne zu wissen, wer sie entgegennimmt. Eine groteske Situation. «Ist das der letzte Vorposten der Menschheit?», flüstert einer der Mitreisenden. Die üblichen Fragen, das Hämmern eines schweren Stempels klingen aus dem Dunkel. Eine halbe Stunde später kriecht unser Lindwurm aus Autos auf der schlechten Piste weiter. Irgendwann der nächste Halt. Ein verbeulter Geländewagen mit der Aufschrift «Douane». Unter einer Plane ein verrosteter Tisch, an dem sich zwei Zollbeamte langweilen. Die freundlichen Beamten tragen die Autos in unseren Pässen ein – um sicherzustellen, dass wir sie auch wirklich wieder exportieren. Als wir die mit verhaltener Stimme geforderten «Gebühren» bezahlt haben – eine Quittung gibt es natürlich nicht –, sind die Zollformalitäten erledigt. Noch eine weitere Prüfung steht uns bevor. In einem Beduinenzelt stempelt ein Grenzer unsere Devisenerklärungen ab – wieder gegen Bakschisch –, und ein weiterer Polizist macht Anstalten, unsere Autos zu durchsuchen. Die «Gebühr» rutscht mir hier besonders schnell aus der Hand – «für Ihre Frau und Kinder ...» –, keine einzige meiner Alukisten wird geöffnet. Zum Glück, denn die Peilgeräte, das Satellitentelefon und andere Technik wollte ich hier lieber nicht präsentieren. Geschafft! Jetzt sind wir ganz offiziell in Mauretanien. Die Grenze, die wir für die schwierigste Hürde auf unserem Weg zu den Störchen hielten, liegt hinter uns.

Ein sympathischer junger Mauretanier fragt, ob wir ihn nach Nouadhibou mitnehmen könnten. Dort, am Ziel unserer heutigen Etappe, betreibt er einen Campingplatz. Das passt doch. Da mein Passagier mit dem verwirrenden Verlauf der zahlreichen Pisten vertraut ist, kommen wir flott voran und erreichen Nouadhibou nach nur drei Stunden. Mauretanien gilt als eines der ärmsten Länder der Welt. Ganze Siedlungen aus Hütten, erbaut aus Holzresten und aufgeschnittenen Eisenfässern, bilden einen Ring um die Stadt, und selbst im Zentrum sucht man höhere und moderne Gebäude vergeblich. Unser Campingplatz «Baie du Lévrier» liegt mitten in der Stadt. Er ist nicht mehr als ein staubiger Innenhof, umgeben von einer hohen Mauer. Wohlfühlen kann man sich hier trotzdem. In einem Berberzelt, das in einer Ecke aufgebaut ist, reicht man uns zur Begrüßung stark gesüßten arabischen Tee. Ab morgen geht es durch den Nationalpark Banc d'Arguin weiter nach Süden. In Nouadhibou heuern wir einen Guide an. Hameida heißt er und wird uns in den nächsten Tagen begleiten.

Unterwegs nach Nouakchott, der Hauptstadt Mauretaniens. Nach wenigen Kilometern endet die Asphaltstraße. Dann eine Zwangspause. Einer der gigantischen Eisenerzzüge dröhnt über den eingleisigen Schienenstrang, der unsere Piste kreuzt. Zweieinhalb Kilometer lang sind diese Kolosse und damit die längsten planmäßig verkehrenden Züge der Welt. Sie transportieren Erz und andere Güter aus der westlichen Sahara zum Hafen von Nouadhibou. Endlich ist der Weg frei. Vor uns liegen jetzt mehr als 500 Kilometer Piste. Was uns wirklich erwartet, wissen wir nicht. Von «Spazierfahrt» bis «kaum zu schaffen» reichten die Kommentare, die wir von anderen Reisenden gehört haben. Anfangs ist die Piste noch breit und fest. Je weiter wir uns von Nouadhibou entfernen, desto beeindruckender zeigt sich die Landschaft. Ausgedehnte Sabkhas, die typischen Salzpfannen, rote Sicheldünen, ein paar einzelne Akazien. Mit jeder Minute wird der Weg sandiger und schmaler. Wir reduzieren den Luftdruck unserer grobstolligen Reifen, um im Sand besser voranzukommen. Kilometerweit fahren wir mit Allrad im niedrigen Gang. Viel Gas, rein in die langen sandigen Passagen, abbremsen, wenn scharfe Felsen den Sand durchbrechen, runterschalten und mit heulendem Motor rauf auf die nächste Düne. Die Landschaft wird zunehmend karger, vor uns liegt eine riesige vegetationslose Ebene mit festem Boden. Nach den Sandpassagen kommt sie uns wie eine Autobahn vor. Nach etwa 100 Kilometern schweißtreibender Fahrt erreichen wir ein paar ärmliche Hütten am Fuß einer großen Düne. Das ist es also, das «Restaurant», von dem unser Guide Hameida schon seit zwei Stunden schwärmt. In einem hölzernen Verschlag nehmen wir Platz auf dem Boden. Eine Schale Nudeln mit dünner Soße, ein Gläschen Tee, dann geht es weiter nach Süden. Inzwischen ist es brütend heiß. Das Thermometer steht bei 42 Grad im Schatten. Wie die Luft aus einem Föhn pfeift der Fahrtwind durch die offenen Fenster. Endlich wieder ein Blickfang am Horizont. Aus der Nähe betrachtet eher ernüchternd. Drei Pflöcke im Boden, ein Quadrat aus Lehmziegeln, das ist alles. Wir sind an der Kameltränke Bir el Gareb, in deren Brunnen der Wasserspiegel in zig Meter Tiefe liegt. Kaum zu glauben, aber dieser unscheinbare Ort findet sich sogar auf unserer Karte. Am Horizont tauchen ein paar Dünen auf und dann vor uns der Atlantik. Die Luftfeuchtigkeit ist hier an

Auf der Spur der Störche durch Westafrika | 225

der Küste unerträglich hoch. Der Schweiß läuft in Strömen. Unser heutiges Etappenziel ist das Fischerdorf Ionik, das auf einer kleinen Landzunge liegt. Ein paar ärmliche Hütten, Boote am Strand und Kinder, die ausgelassen umhertollen. Ein sympathischer Ort mit netten Menschen. Eine Mutter kommt mit ihrer Tochter schüchtern zu meinem Auto. Sie bittet um Medikamente für das kleine Mädchen. Es habe eine Unterleibsinfektion. Ich schäme mich, dass wir weder die Medikamente noch das Wissen haben, um dem Kind zu helfen. Hameida entscheidet, bei Bekannten im Dorf zu übernachten. Karsten, Horst und ich machen es uns an einer Düne außerhalb des Orts «gemütlich».

Unser letzter Tag auf dem Weg nach Süden. Wir sind gerade dabei, unser Camp abzubrechen, da bekommen wir Besuch. Aus dem Landrover, der den Schriftzug des Nationalparks trägt, steigen zwei offiziell aussehende Männer. Der eine ist Mauretanier, der andere, der eine große Sonnenbrille trägt, kommt vermutlich aus Südeuropa. Sie stellen sich als Repräsentanten des Nationalparks vor. Wir erzählen von unserem Projekt, und schnell entwickelt sich ein angeregtes Gespräch. Irgendwie habe ich den Eindruck, den Herrn mit der Sonnenbrille zu kennen. Als er seinen Namen nennt, fällt bei mir der Groschen. Antonio Araujo war in den 1990er Jahren nationaler Koordinator des internationalen Weißstorchzensus in Portugal. Ich habe damals intensiv mit ihm zusammengearbeitet. Auch er hat mich nicht mehr erkannt. Die Jahre sind wohl an uns beiden nicht spurlos vorübergegangen.

In Iouik sammeln wie unseren Guide ein und sind bald wieder unterwegs. Als am Horizont größere Dünen auftauchen, zeigt Hameida nach vorne und warnt, dass jetzt schwierig zu fahrende Tiefsandstrecken kommen. Ein letztes Wadi mit festem Grund, und dann beginnt der Höllenritt. Die beiden Fahrspuren im weißen Sand sind tiefer, steiler und vor allem viel länger als alles, was wir gestern überwunden haben. Anlauf mit Vollgas, und schon bin ich mit meinem Pick-up mittendrin. Ob Kurve, Hangfahrt oder größere Bodenwellen: anhalten oder mit reduzierter Geschwindigkeit fahren ist hier unmöglich. Karsten und Horst, die hinter mir fahren, erzählen mir später, sie hätten befürchtet, mein schweres Gefährt mit der «Bürokabine» würde umkippen. Sieben Kilometer weit wühlen wir uns durch tiefen Sand, immer besorgt, uns festzufahren und den Rest der Strecke mit stundenlangem Schaufeln und Schieben verbringen zu müssen. Als wir endlich wieder festen Boden unter den Rädern haben, bin ich schweißgebadet – und Karsten, der den zweiten Wagen fährt, geht es nicht anders. «Good cars», meint Hameida erleichtert. Zum Schaufeln hatte auch er offenbar keine Lust. Eine weite, offene «Rennstrecke», zwischen hohen Dünenzügen und dem Atlantik, lässt uns nun schneller vorankommen. Direkt an der Küste des Nationalparks herrscht reges Vogelleben. Rosapelikane und viele Graukopfmöwen bevölkern den Strand, Raubseeschwalben, Fischadler, Löffler und vor allem viele Watvögel, darunter Regenbrachvögel, Pfuhlschnepfen und Sanderlinge. Singvögel rasten zwischen den angespülten Tangfetzen und suchen nach Nahrung. Schließlich erreichen wir mehrere Lehmhütten und unansehnliche Betonbaracken. Ein verrostetes Schild mit der Aufschrift «Namghar» zeigt uns, dass wir die wichtigste Siedlung im Nationalpark erreicht haben. Im provisorischen Büro der Nationalparkverwaltung melden wir uns an und lassen unsere Betretungsgenehmigung abstempeln.

Über den von vielen Fahrspuren zerwühlten Sandstrand holpern wir mit unseren Geländewagen runter zum Wasser. Ab hier verläuft unsere Route nach Nouakchott direkt am Meer. «Direkt» ist dabei wörtlich zu nehmen. Denn problemlos zu befahren ist nur der feuchte, von auflaufenden Wellen regelmäßig überflutete Spülsaum. Schon wenige Meter landeinwärts wird der Sand weich

Auf der Spur der Störche durch Westafrika | 227

und grundlos. «Farine» nennen ihn die Einheimischen, und wie in trockenem Mehl fährt man sich dort fest. «Strecke machen» kann man deshalb nur direkt am Wasser. Im Prinzip ist das kein Problem. Den zurückweichenden Wellen folgt man seewärts, vor auflaufenden Wellen weicht man landwärts aus. Wehe aber dem, der die Wellen falsch einschätzt. Sekundenschnell zieht das Wasser dem Fahrzeug im Wortsinn den Boden unter den Rädern weg. Sind die Räder erst mal versunken, dann gräbt sich das Auto nur noch tiefer ein. Auch die Gezeiten machen die 180 Kilometer von Namghar nach Nouakchott nicht gerade einfacher. Wer bei Ebbe startet, der hat knapp fünf Stunden Zeit, Nouakchott zu erreichen. An vielen Stellen ist es kaum möglich, in die steilen Dünen landeinwärts auszuweichen. Bummeln kann man sich deshalb nicht leisten.

Trotzdem: Autofahren entlang der Wasserkante des Atlantiks, die genaue Fahrstrecke vorgegeben vom Lauf der Wellen – das ist schon ein einzigartiges Erlebnis. Scharen von Watvögeln fliegen im Spülsaum auf, wenn wir uns nähern, um gleich darauf hinter uns wieder zu landen. Hohe Wanderdünen reichen an manchen Stellen bis auf den Strand. Bei den zwei Fischerdörfern, die wir passieren, müssen wir im Zickzackkurs um Boote und Ankerleinen kurven. Der befahrbare Strandabschnitt wird zunehmend schmaler. Auf den letzten Kilometern verläuft zusätzlich landeinwärts als Flutlinie ein steiler Absatz. Rechts das Wasser, links die Mauer aus Sand – wie kommt man da wieder raus? Die nächste Kurve – verdammt, direkt vor mir hat sich ein alter Lkw tief im Sand festgefahren. Fieberhaft sind einige Männer dabei, das schwere Fahrzeug auszugraben. Warten? In zehn Minuten würde ich selbst im Wasser versinken. Vorbeifahren? Keine Chance. Zurück? Geht auch nicht. Dann eben die rabiate Variante: Flucht über die Flutkante. Ich habe nur einen Versuch. Differenzialsperren rein, niedrigste Untersetzung. Und jetzt los mit Vollgas und heulendem Motor, das Steuer nach links eingeschlagen. Ich pralle schräg auf die Kante, die Vorderräder schaffen es nach oben, dann drehen sie in der Luft. Raus aus dem Auto, Schaufeln ausgepackt, und in Rekordzeit räumen Hameida und ich Berge von Sand unter dem Chassis heraus. Sandbleche unter die Räder, rein ins Auto, und los geht's. Mühsam klettert das schwere Gefährt über die Bleche, wühlt sich den Hang hinauf, wird schneller – und schafft es tatsächlich nach oben. Noch ein paar Meter muss ich den Wagen über grundlosen Mehlsand quälen, dann stehen wir wieder auf festem Grund. Das war knapp. Mit zitternden Knien betrachte ich die Bresche, die mein Auto in die Flutkante geschlagen hat. Horst und Karsten, die hinter mir waren, haben rechtzeitig meine Notlage erkannt. Sie nutzten eine flachere Auffahrt, die sie ohne Probleme meisterten. Nur noch ein kurzes Stück, dann hat der Asphalt uns wieder. Für heute haben wir genug. Erschöpft löffeln wir unsere Tagesration Nudeln. Duschen wäre jetzt schön. Aber wir lassen es sein. Die sanitären Anlagen auf dem einzigen Campingplatz von Nouakchott sind alles andere als einladend.

AUF DER «STRASSE DER HOFFNUNG» ZU CICONIA

Die Sahara liegt hinter uns, wir sind im Sahel. Diese Landschaft – nicht Wüste, nicht Savanne, sondern eine Art Übergangszone zwischen beiden – begrüßt uns mit quälenden Temperaturen. 37 Grad Celsius, nicht etwa mittags in der Sonne, sondern nachts um 22 Uhr. Kein Lufthauch, der etwas Abkühlung bringen könnte. Ab heute beginnt in Sachen Klima der anstrengendere Teil unserer Expedition. Die kühlen Nächte in der Sahara werden wir bald herbeisehnen.

Von Nouakchott aus zeigt unser Kompass nach Osten. Dort halten sich einige unserer Senderstörche auf. Die Route de l'Espoir, die «Straße der Hoffnung», die Mauretanien knapp südlich der Sahara von West nach Ost durchquert, wird in den kommenden Tagen unsere Leitlinie sein. Mit dem Bau dieser Asphaltstraße wurde in den 1970er Jahren begonnen, fertiggestellt war sie 1985. Über ihren Zustand haben wir kaum Informationen. Unsere Diesel- und Wassertanks sind bis zum Anschlag gefüllt. Unser erstes Ziel ist der Senderstorch Ciconia. Seinen letzten Koordinaten zufolge müssten wir ihn, etwa 1000 Kilometer entfernt, im Südosten Mauretaniens finden, irgendwo zwischen den Städten Ayoûn el-Atroûs und Néma. Bisher ist die Straße in einwandfreiem Zustand. Lediglich die zahlreichen Checkpoints halten uns auf – zwei ausgediente Benzinfässer, eines am rechten, das andere am linken Straßenrand, dazwischen ist eine einfache Kette gespannt. Die Kontrolle der Pässe und Fahrzeugpapiere ist ja okay. Nervig ist aber die ewige Aufforderung: «Cadeau!», «Gib mir ein Geschenk!» Immer wieder das gleiche Spiel, bis zu zehnmal am Tag. Kugelschreiber? Nicht interessiert. Geld soll es sein, selbst den Betrag nennt man uns. Nach langer Diskussion geben sich die meisten mit ein paar Zigaretten zufrieden. Die Kette wird ausgehängt, die Straße ist frei. Am Fuß der rotbraunen Dünen östlich von Nouakchott ein nach den vergangenen Wochen ungewohnter Anblick: zartes Grün, das den Boden bedeckt. Überall sieht man mannshohe Büsche des Fettblattbaums Calotropis, die in voller Blüte stehen. Sie sind ein deutlicher Hinweis auf starke Überweidung. Kühe, Ziegen, Schafe und selbst Kamele meiden dieses Gewächs, das einen bitteren und giftigen Milchsaft enthält. Die Calotropis breitet sich deshalb ungehemmt aus, während andere Pflanzen verschwinden. Typische Sahel-Dörfer, mit aus Lehmziegeln erbauten kubischen Häusern, säumen unseren Weg, teils vor beeindruckender Dünenkulisse.

Fast jedes Dorf wird von einer Moschee überragt. Die Dünen werden kleiner, verschwinden dann ganz und machen Platz für eine weite, offene Ebene. Der schüttere Bewuchs mit Gräsern, die zahlreichen Tümpel und kleinen Bachläufe lassen keinen Zweifel, dass es hier vor einigen Wochen kräftig geregnet hat.

Wir kommen gut voran und sind optimistisch, dass wir unseren Storch Ciconia schnell erreichen werden. Doch dann macht uns die Straße einen Strich durch die Rechnung. Sie wird zunehmend schlechter und besteht bald nur noch aus riesigen, tiefen Löchern. Nicht selten ist der Asphalt über ganze Strecken hin vollständig weggerissen. Wir haben die Wahl, entweder im Schritttempo um die Löcher zu kurven oder auf der sandigen Wellblechpiste abseits der Straße zu fahren. An ein schnelles Vorankommen jedenfalls ist nicht mehr zu denken. In einem der zahlreichen Dörfer, die wir durchfahren, nehme ich einen Anhalter mit: einen Militärpolizisten, der zum Dienst in seinen 20 Kilometer entfernten Kontrollposten will. In einem anderen Ort stoppt uns ein Zollbeamter und drückt mir einen Brief in die Hand, den ich an der nächsten Straßensperre wieder abgeben soll. Reisende werden hier mehr oder weniger freiwillig in die Bewältigung logistischer Probleme einbezogen. Bei jedem Stopp in der Nähe einer der kleinen Siedlungen versammeln sich sofort Kinder, junge Männer und Frauen um unsere Autos. Sie wollen wissen, wo wir herkommen. Für sie alle sind Deutschland und die Schweiz unendlich weit entfernt. Mit einem jungen Mauretanier komme ich ins Gespräch. Er ist begeisterter Naturfreund und kennt sich in der Vogelwelt erstaunlich gut aus. Er ist überzeugt, dass Weißstörche, die hier vorbeikommen, wohl kaum eine Chance hätten, lange zu überleben. Jäger würden auf alles schießen, was sich bewegt. Eine betrübliche Information, aber sie passt zu den Erfahrungen, die wir in den vergangenen zwei Jahren gemacht haben. Vor allem hier im Süden Mauretaniens sind mehrere unserer Sender ohne erkennbaren Grund verstummt. In unserer Statistik zählen diese Störche als verschollen. Aber vieles spricht dafür, dass sie getötet wurden.

Normalerweise übernachten wir irgendwo knapp abseits der Straße. In Ayoûn el-Atroûs finden wir endlich mal wieder einen Campingplatz. Und dort gibt es doch tatsächlich eine Dusche. Herrlich, den Staub und Schweiß der letzten Wochen loszuwerden. In frischen Klamotten statten wir am nächsten Morgen einem mauretanisch-deutschen Entwicklungshilfeprojekt einen kurzen Besuch ab. Hauptthema dort ist die Viehzucht. Aber da die zahlreichen Tümpel und Wasserflächen sowohl für die Nutztiere als auch für die Vogelwelt bedeutsam sind, kümmert sich das Projekt auch um den Naturschutz. Seit zwei Jahren werden hier die Bestände der Vögel in den Feuchtgebieten der Provinz erfasst. Auch die durchziehenden und überwinternden Weißstörche wurden gezählt. Ihr Fleisch gelte als schmackhaft, erzählt man uns, die Vögel würden deshalb, wenn auch illegal, intensiv bejagt. Viel Zeit für einen längeren Plausch haben wir nicht. In der Akaziensavanne, die wir durchfahren, sind auffällig viele Singvögel unterwegs, darunter so farbenprächtige Arten wie Weißkehlspint und Senegalracke. Der Grund: In der ganzen Gegend gibt es sehr viele Heuschrecken. Auch für unseren Senderstorch Ciconia ist der Tisch hier offenbar reich gedeckt.

Als wir Timbédra durchfahren, erhält meine gute Laune einen Dämpfer. Sowohl die Menschen auf der Straße als auch ein Polizist, der uns aus fadenscheinigen Gründen anhält, geben uns zu verstehen, dass sie westlichen Besuchern nicht gerade wohlgesinnt sind. Auch die «bin Laden»-Rufe und geballte Fäuste tragen dazu bei, dass wir schnellstmöglich die Ortschaft verlassen. Noch immer ist nicht klar, welche Konsequenzen die verheerenden Terroranschläge in den USA haben werden. Im streng islamischen Mauretanien lägen im Falle einer militärischen Aktion die Sympathien sicher nicht auf Seiten der USA und ihrer Verbündeten. Wir beschließen, die nächste Nacht weit abseits des Städtchens zu verbringen. Die Piste, über die wir uns unserem Senderstorch nähern wollen, wird zunehmend schlechter – und verläuft schließlich im Nichts. Nur GPS und Kompass helfen uns jetzt noch weiter. Wir fahren durch eine große, feuchte Senke, überqueren eine Düne mit steilen Flanken, und als wir schließlich auf einer weiten, völlig vegetationsfreien Ebene aus rotem Löss ankommen, wird es auch schon dunkel. Nur noch gut zehn Kilometer bis zu Ciconia, sagt das GPS. Weiterfahren im Dunkeln, quer durchs Gelände, ist aber sinnlos. Als ich in der Nacht in meinem «Büro» bei offener Tür arbeite, fliegt plötzlich ein großes Insekt herein, knallt gegen die Innenwand und fällt zu Boden. Es ist eine sechs Zentimeter lange Wanderheuschrecke. Sie bleibt nicht die einzige. Storchenfutter!

«Dort sind sie», rufe ich Karsten und Horst zu, «schaut euch das an. Ein großer Trupp.» Stundenlang hatten wir Ciconia in unseren Peilgeräten gehört, waren den Signalen über Stock und Stein gefolgt, hatten sie verloren, dann wiedergefunden – aber zu Gesicht bekommen haben wir den Storch bisher nicht. Jetzt segelt er über uns, in einem Trupp von 180 Vögeln. In der Schweiz hatte ich Ciconia in der Hand gehalten, als wir ihm den Sender aufbanden. In Spanien hatte ich ihn beobachtet, bevor er es wagte, die Straße von Gibraltar zu überfliegen. Und jetzt treffen wir ihn hier im Westen Afrikas wieder. Was für ein Gefühl. Aber schon bald haben wir den Trupp wieder aus den Augen verloren. Wir lassen uns vom Goniometer nach Südwesten führen, dann wieder nach Nordosten. Kein Mensch begegnet uns während der mehrstündigen Odyssee. Am späten Nachmittag schließlich verstummen die Signale erneut. Erst kurz vor Sonnenuntergang finden wir Ciconia und seine Reisegruppe endgültig. Die Vögel haben sich auf großen Akazien nie-

Auf der Spur der Störche durch Westafrika | 233

dergelassen. Sie sind ausgesprochen scheu, wahrscheinlich haben sie schlechte Erfahrungen mit Menschen gemacht. Mit dem Fernrohr können wir Ciconia identifizieren. Wir beschließen, ebenfalls die Nacht hier zu verbringen, um beim ersten Auffliegen der Vögel am Morgen gleich wieder an ihnen dran zu sein.

Der Grund, warum die Vögel gerade an diesem Ort übernachten, ist ersichtlich: Große Akazien bieten den Störchen sichere Schlafplätze. Und in puncto Nahrung ist dieses Gebiet ein wahres Schlaraffenland. Wo auch immer wir stehen oder laufen, überall fliegen Hunderte Heuschrecken vor uns auf. Es sind mehrere Arten von Feldheuschrecken (Acrididae). Nirgendwo sonst hatten wir bisher eine ähnlich hohe Individuendichte dieser Insekten gesehen. Ein paar kleine repräsentative Flächen zählen wir aus. Stellenweise finden wir auf einem Quadratmeter mehr als 1000 Individuen in verschiedenen Entwicklungsstadien, die zwischen etwa einem und fünf Zentimeter Größe variieren. Auch das Verhalten der jagenden Störche spricht eine deutliche Sprache. Sie schreiten langsam durch die Savanne, bleiben dann und wann stehen und erbeuten an ein und derselben Stelle oft mehr als zehn Heuschrecken. Was für die Störche ein Segen ist, ist für Horst, unseren «Expeditionskoch», eine wahre Plage. Er kommt gar nicht damit nach, die Hüpfer, die sich wie Kamikaze-Kommandos in den brodelnden Eintopf stürzen, wieder herauszufischen. Um in meinem Auto ungestört arbeiten zu können, muss ich Türen und Fenster geschlossen halten, sodass die Temperatur in meinem mobilen Büro am späten Abend noch bei mehr als 40 Grad liegt.

Der nächste Tag birgt für mich eine besondere Herausforderung. Ich muss einen Vortrag halten, auf der Jahrestagung der Deutschen Ornithologen Gesellschaft (DOG), die diesmal in der Schweiz stattfindet. Noch bevor ich sicher war, dass unsere Afrika-Reise stattfinden würde, hatte ich für diese Veranstaltung einen

Beitrag über unser Projekt angemeldet. Als ein halbes Jahr später feststand, dass ich wegen der Expedition den Vortrag eigentlich absagen müsste, hatte Peter Enggist die rettende Idee: «Ist doch ganz einfach», meint er grinsend, «du hältst deinen Vortrag aus Afrika über Satellitentelefon. Ich kündige dich vor dem Publikum an und stelle das Projekt vor. Dann berichtest du von der Expedition, und das Ganze wird per Lautsprecher übertragen.» Zuerst habe ich das damals als einen Scherz gesehen. Aber warum eigentlich nicht? Berichterstattung live aus der Storchenforschung in Afrika. Und nun sitze ich in der mauretanischen Savanne an meinem Computer, stelle Fotos zusammen und schicke sie per Satellitentelefon an Peter. Da wir gerade jetzt unseren ersten Senderstorch gefunden haben, ist das Timing perfekt. Während ich in meinem Auto am Vortrag arbeite, sind Karsten und Horst auf der «Pirsch». Stundenlang folgen sie unserem Senderstorch und kartieren seine Ortsveränderungen. Sie beobachten ihn und seine Reisekumpane bei der Jagd auf Heuschrecken und stellen fest, dass unser Storch auch heute Nachmittag wieder thermiksegelnd viele Kilometer zurücklegt. Etwa 500 Meter beträgt die Fluchtdistanz des Storchentrupps gegenüber Menschen. Den Jägern hier dürfte es somit schwerfallen, sich den Vögeln auf Schussentfernung zu nähern. Außerdem haben Karsten und Horst festgestellt, dass die Heuschreckendichte drastisch abnimmt, je weiter man sich von den Aufenthaltsorten der Störche entfernt. Wieder einmal fragen wir uns, wie die Vögel in der weiten Landschaft diese kleinen Bereiche finden, in denen das Nahrungsangebot so reichhaltig ist. Und wieder haben wir den Eindruck, dass ihnen die Kommunikation über das Thermiksegeln dabei hilft.

Um die Mittagszeit ist es heute wieder unerträglich heiß. Als Horst und Karsten für eine Verschnaufpause ins Camp zurückkehren, drängen sie sich erschöpft unter dem Sonnensegel in die kleine schattige Ecke. Unseren Durst stillen wir mit lauwarmem, schalem Wasser, das mit Micropur sterilisiert wurde. 17 Uhr, Zeit, das Satellitentelefon für den Vortrag fertig zu machen. Sind die Akkus geladen? Ist die Antenne korrekt ausgerichtet? Alles in Ordnung, dann kann es losgehen. Ich wähle Peters Nummer. Das wird der teuerste Vortrag, den ich jemals gehalten habe, schießt es mir durch den Kopf. Jede Minute am Satellitentelefon kostet ein kleines Vermögen. Dann ist Peter in der Leitung, klar und deutlich, als würde ich neben ihm stehen. «Hast du die Fotos erhalten?», frage ich ihn. «Alles angekommen, der Beamer ist schon eingeschaltet», antwortet er. Über das Telefon kann ich hören, wie er die Gäste begrüßt und das Projekt vorstellt. Jetzt bin ich dran. Noch einmal tief durchatmen. «Meine sehr verehrten Damen und Herren, liebe Kollegen», spreche ich in den Hörer. Die ersten Worte kommen mir noch merkwürdig vor, dann bin ich drin. Ich orientiere mich an den Bildern, erzähle dem Publikum, wo ich bin, dass über mir unser Senderstorch segelt, während es brüllend heiß ist, berichte über bisherige Ergebnisse. «Ich danke Ihnen für Ihre Aufmerksamkeit», sage ich zum Abschluss, «und wünsche Ihnen noch eine erfolgreiche Tagung.» Erleichtert lege ich auf. Meine beiden Kollegen grinsen zu mir herüber. Kann ich verstehen. Sieht ja auch etwas affig aus, einen Vortrag ohne Publikum im mauretanischen Sahel zu halten. Eine halbe Stunde später rufe ich Peter wieder an und erfahre, dass die Zuhörer anfangs wohl dachten, ich würde den Vortrag von einem Nebenzimmer aus halten. Irgendwann war ihnen aber klar, dass die Show echt ist. Der topaktuelle Livebericht direkt aus der Forschung war ein Erfolg.

Bald erreichen wir Néma, das Städtchen am östlichen Ende der Route de l'Espoir. Eigentlich ist es eher eine Ansammlung von Lehmhütten, zwischen denen ein paar staubige Pisten verlaufen. Und wieder mal Konflikte mit der Obrigkeit. Ein Polizeibeamter stellt mit gespieltem Bedauern fest, dass unsere mauretanische Fahrzeugversicherung heute Nacht abläuft. Wenn wir ihm eine Spende von 200 Französischen Francs zahlen, könne er uns trotzdem sofort weiterfahren lassen. Erneut wechseln ein paar Geldscheine den Besitzer. Da unsere Trinkwasservorräte fast aufgebraucht sind, suchen wir einen Brunnen auf. Neben einem Militärjeep ziehen zwei ausgesprochen unfreundliche Soldaten in Gummibeuteln das bräunlich-trübe Wasser aus etwa zehn Metern Tiefe nach oben und füllen es in verbeulte Kanister. Als wir endlich an der Reihe sind, schimmert tief unten nur noch eine kleine, schmutzige Pfütze. Zum Glück finden wir in Néma einen kleinen Laden, in dem man uns fünfzig Liter Wasser in Flaschen verkauft. Zu einem stolzen Preis, wie uns das strahlende Gesicht des Händlers zeigt.

Höchstens 300 Kilometer trennen uns von drei weiteren Senderstörchen. Leider halten sie sich nördlich des Niger-Binnendeltas auf, im Grenzbereich Mauretanien–Mali. Von etlichen Seiten hatte man uns gewarnt, die Gefahr von Überfällen durch Aufständische sei dort viel zu groß. Also disponieren wir um. Über Malis Hauptstadt Bamako wollen wir nun versuchen, uns den Senderstörchen von Süden zu nähern. Auch von der Strecke zwischen Néma und Nara, dem ersten Ort in Mali, hatte man uns abgeraten, sie sei ebenfalls sehr riskant. Etwas südlich von Néma finden wir zwischen hohen Akazien einen versteckten Übernachtungsplatz. Möglichst kein Licht, keinen Lärm machen, unauffällig bleiben. Ein bisschen flau ist uns schon im Magen. Aber niemand stört uns in der Nacht. Erst am nächsten Morgen entdeckt ein Hirte unser Camp. Eine ältere Dame, wahrscheinlich seine Mutter, gesellt sich bald darauf zu ihm. Bis zu unserer Abfahrt beobachten die beiden jede unserer Bewegungen. Fremde kommen hier nicht allzu oft vorbei.

MALI – ANKUNFT IM «ECHTEN» AFRIKA

Tief ausgefahrene Spuren, lange Schlammpassagen, manchmal ist die sogenannte «Straße» fast nicht mehr zu erkennen. Zum Glück ist sie auf meinem GPS eingetragen als eine der Hauptverbindungen von Mauretanien nach Mali. Nach fünf Stunden erreichen wir den mauretanischen Grenzort Adel Bagrou. Die Piste endet mitten in der Stadt, auf einem wuseligen Wochenmarkt. Im Schritttempo bahnen wir uns den Weg durch die Menschenmassen. In einer unscheinbaren Hütte entdecken wir den Grenzposten. Das Büro besteht aus einer auf dem Boden ausgebreiteten Bastmatte, die als Sitzfläche und Schreibtisch dient. In einem grünen, verrosteten Erste-Hilfe-Kasten wird die große Kladde zum Registrieren der Durchreisenden verwahrt, außerdem der amtliche Stempel und das Stempelkissen. Die Formalitäten sind erstaunlich schnell erledigt. Nur die Sache mit dem Ausreisestempel dauert etwas länger, da das Stempelkissen ausgetrocknet ist. Nach viel Anhauchen und kräftigem Drücken haben wir den erforderlichen Abdruck in unseren Pässen. Der – zumindest für den Polizisten – wichtigste Teil der Operation beginnt danach. Er sei krank, erklärt er uns, leide unter «fatigue», also Erschöpfung, habe häufig Fieber, sei blutarm – eindrucksvoll zieht er seine Lippen und Augenlieder herunter – und habe einfach «keine Kraft mehr». Jedenfalls benötige er dringend Medikamente. Wahrscheinlich leidet er unter Malaria, und wir geben ihm einige von Horsts Malariapillen. Wie er die Tabletten einnehmen muss, erklärt ihm ein mauretanischer Krankenpfleger, der zufällig vorbeikommt. Als wir den Polizisten zwei Stunden später wiedertreffen, meint er, er habe wie angewiesen die ersten sechs Tabletten geschluckt. Danach sei ihm übel geworden und er habe sich übergeben. Die richtige Dosierung war dem Krankenpfleger wohl doch nicht geläufig.

Jetzt fehlt uns nur noch die Bestätigung über die Wiederausfuhr unserer Fahrzeuge. Dazu müssen wir zum Zoll. Erneut starten wir eine Odyssee durch das Gewirr der Gässchen. Wir finden das Haus des Zollchefs, aber dort sagt man uns, der sei auf dem Markt. Also macht Karsten sich, mit einem riesigen Tross von Kindern im Schlepptau, zu Fuß auf den Weg. Horst und ich sind während der Wartezeit damit beschäftigt, einer ganzen Kinderschar zu zeigen, wie man pfeift, Tiere imitiert und Grimassen schneidet. Die Kleinen haben einen Heidenspaß und lachen sich kaputt über die komischen Fremden. Als Karsten nach einer halben Stunde zurückkehrt, schüttelt er lachend den Kopf. Er habe den Zollbeamten gefunden. Der sei beim Teetrinken und habe ihm erklärt, heute am Samstag werde in Mauretanien nicht gearbeitet. Er sei aber bereit, eine Ausnahme zu machen, wenn wir ihn mit dem Auto vom Markt abholen. Zehn Minuten später ist der hohe Herr bei uns – beeindruckend, würdevoll und gut gewandet. Korrekt und zügig erledigt er die nötigen Eintragungen in unsere Pässe, verpasst uns die erforderlichen Stempel und wünscht uns eine gute Reise. Respekt! Würde man einen deutschen Beamten beim Feierabendbier um eine dienstliche Tätigkeit bitten, dann wäre die Chance auf Erfolg wohl eher gering. Natürlich bringt Karsten den hilfsbereiten Würdenträger mit dem Auto auch wieder zurück zum Markt. Wenig später passieren wir die Grenze nach Mali, und kurz nach Sonnenuntergang errichten wir unser Camp. In den Akazien im hochgewachsenen Grasland sind Millionen Goldsperlinge laut tschilpend zum Schlafen eingefallen. Unzählige Insekten umschwirren uns, darunter auch die gefürchteten blister beetles. Die großen Käfer verursachen bei Berührung mit der Haut riesige, wassergefüllte Blasen. Unser geliebtes Abendessen können wir nicht so recht genießen, bei all den Insekten, die in unserem Kochtopf landen. Jetzt sind wir richtig in Afrika …

Auf der Spur der Störche durch Westafrika | 239

Nara, das erste Städtchen in Mali. Die Einreiseformalitäten in das Land verlaufen korrekt und höflich. Wir fühlen uns auf Anhieb wohl. Viele Lehmhäuser, wenige Backsteingebäude, breite Sandstraßen und ein kleiner Kaufladen. Geld wechselt man im Schreibwarengeschäft, wo fast ausschließlich bunte Schulhefte verkauft werden. Eine Tankstelle suchen wir vergeblich, dafür gibt es in einer unscheinbaren Hütte Diesel aus 20-Liter-Kanistern. Ein Bier, eisgekühlt – das erste seit drei Wochen –, ist unser Highlight des Tages. Eine breite Lateritpiste führt uns Richtung Bamako. Die Landschaft wird «afrikanisch», die Savanne üppiger, viele Felder mit Hirse und anderen Ackerfrüchten. Die Menschen sind bunt gekleidet, die Frauen, unterwegs auf ihren Eselskarren, meist unverschleiert. Wir kommen durch schöne Dörfer, in denen große Mangobäume Schatten spenden. Tockos, krähengroße Vögel mit mächtigen Schnäbeln, gaukeln über die Straße, Greifvögel jagen nach Heuschrecken und Mäusen. An einer ausgetrockneten Pfütze laben sich Hunderte von Schmetterlingen am Salz, das sich dort abgesetzt hat. Eine halbe Stunde vor Sonnenuntergang verlassen wir die Piste und schlagen auf einer größeren, vegetationsfreien Fläche unser Lager auf. Heute sind wir schlauer, unser Abendessen ist zubereitet, bevor die Flut der Insekten über uns hereinbricht. Dann jedoch, wenige Minuten nach Sonnenuntergang, sind die ersten Blattwanzen in der Luft. Heerscharen der stinkenden Krabbeltiere fallen über uns her. Sie kommen aus allen Richtungen, sitzen auf der Kleidung, an den Augen, kriechen durch die Haare, die Luft ist erfüllt von ihnen. Wir ergreifen die Flucht. Zu dritt quetschen wir uns in mein Büro, schließen alle Türen und Fenster, während draußen die Wanzen wie ein heftiger Hagelschauer auf das Auto prasseln. Bald sind wir schweißgebadet. Zum Glück hat der Spuk nach 15 Minuten ein Ende. Als wir die Tür öffnen, ist die Luft wieder rein. Nur das Summen unzähliger Stechmücken warnt uns davor, die nächste Stunde allzu leichtsinnig zu genießen. Unsere in gebührendem Abstand aufgestellte Gaslampe ist umringt von Tausenden Wanzen, dazwischen Gottesanbeterinnen, die in einem Festmahl schwelgen. Auf der Jagd nach Fluginsekten umschwirren uns Fledermäuse mit tickernden Geräuschen. Tropennacht – wir müssen uns erst noch daran gewöhnen.

Bamako. Wir sind in der Hauptstadt Malis, am südlichsten Punkt unserer Expedition. Seit wir in Tanger / Marokko vor drei Wochen die Fähre verlassen haben, haben wir 4500 Kilometer zurückgelegt, 1500 Kilometer davon auf Pisten oder unbefestigten Straßen. In der Bar des Hôtel des Arbres, in dessen Hof wir heute Nacht campen, begießen wir den bisher erfolgreichen Verlauf unserer Tour mit ein paar Flaschen guten malischen Biers. Inzwischen haben wir uns mit Ibrahim angefreundet. Sein Spitzname, unter dem jeder in Bamako ihn kenne, laute «grand père», erzählt er mir. Ich wundere mich, wie er zu dem Namen kommt, denn wie ein Opa sieht der junge Mann mit seinem Safarihut wirklich nicht aus. Den Namen habe er schon als Kind erhalten, erklärt er, da er damals die meiste Zeit bei den Alten verbracht habe. In Mali gebe es ein Sprichwort: Wenn ein alter Mann stirbt, dann ist das, als verbrenne eine Bibliothek. Er habe damals viel von den Alten gelernt, was ihm auch heute noch von großem Nutzen sei. Ibrahim ist Teilhaber einer Firma, die Rundreisen für ausländische Touristen organisiert. Da er neben Arabisch, Französisch und gutem Englisch auch noch eine Menge japanischer Worte kennt und gut mit Fremden umgehen kann, ist er sicher ein begehrter und oft gebuchter Reiseleiter. Gemeinsam mit ihm schauen wir uns den Niger-Fluss an, dessen Wasserstand ungewöhnlich hoch ist. Seit 30, wenn nicht 40 Jahren habe es nicht so stark geregnet wie vor einigen Wochen, erzählt Ibrahim. Ins Niger-Binnendelta könne man praktisch nur per Motorboot gelangen. Das lässt nichts Gu-

Auf der Spur der Störche durch Westafrika | 241

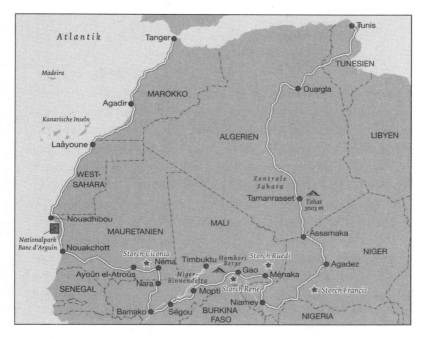

Reiseroute durch Westafrika auf der Suche nach unseren besenderten Störchen

tes erwarten für die weitere Reise. Auch mit der deutschen Botschaft in Bamako nehmen wir Kontakt auf und erkundigen uns dort über die Straßen- und Sicherheitssituation im Norden Malis. Die Informationen, die wir erhalten, sind ebenfalls nicht gerade ermutigend. Im gesamten Niger-Binnendelta nördlich der Hauptstraße Bamako–Mopti seien praktisch alle Straßen überflutet und die Brücken zerstört. Nur an wenigen Orten sei es möglich, mit einem Geländewagen durchzukommen, und auch das nur mit einem ortskundigen Führer. Selbst unsere Senderstörche, die sich im Randbereich des Binnendeltas aufhalten, werden wir also wahrscheinlich nicht aufsuchen können. Auch vor dem Besuch der Region nordöstlich des Niger-Bogens, zwischen Gao und Kidal, werden wir gewarnt, weil es dort in letzter Zeit häufiger zu Überfällen gekommen sei. Dort hält sich noch immer einer unserer besenderten Störche auf, und auch diesen werden wir nicht bearbeiten können. Gleiches gilt für die zwei Störche im Grenzbereich Mali–Mauretanien, Tuareg-Attacken könnten nicht ausgeschlossen werden. Ich erinnere mich an die Informationen, die mir in Nouadhibou ein französischer Globetrotter gegeben hatte. Er hatte leider recht mit allem, was er erzählte.

Zumindest sehen wir jetzt etwas klarer und können die weiteren Schritte planen. Uns bleiben drei Senderstörche, die erreichbar sind: einer im Elefantenschutzgebiet Gourma, einer im äußersten Südosten von Mali nahe der Stadt Ménaka und einer in der Republik Niger nahe der Stadt Zinder. Auch unsere Route ist damit weitgehend klar. Wir fahren weiter nach Osten bis in die Republik Niger und von dort aus durch die algerische Sahara nach Tunis. Zuerst jedoch werden wir, der schlechten Straßensituation zum Trotz, versuchen, das Dorf Diafarabé im Niger-Binnendelta zu erreichen. Von dort ist bekannt, dass gelegentlich Weißstörche beziehungsweise Storchenringe auf den Märkten zum Kauf angeboten werden. Am Nachmittag sind wir wieder unterwegs, Richtung Ségou.

VORSTOSS INS NIGER-BINNENDELTA

Ségou ist eine kleine Stadt direkt am Niger-Fluss. Wir verlassen die Hauptstraße und biegen ab Richtung Niger-Binnendelta. Am Ortsausgang der übliche Kontrollposten. Zwei in Zivil gekleidete Jungen wollen uns pro Fahrzeug 100 Franc CFA (Westafrikanische

Auf der Spur der Störche durch Westafrika | 243

Francs) abknöpfen, angeblich als Straßennutzungsgebühr zur Finanzierung der afrikanischen Fußballmeisterschaft. Ich schüttle den Kopf, überzeugt, dass das wieder nur ein Trick ist, um Geld abzuzocken. Eine Minute später steht ein Polizist in Uniform neben mir. «Dokumente bitte», sagt er freundlich. Als ich ihm den Pass und meine Fahrzeugpapiere reiche, bedankt er sich, steckt die Dokumente in seine Hosentasche und verschwindet ohne weitere Erklärung. Nach einer halben Stunde mache ich mich auf die Suche nach ihm. Hinter einer Lehmhütte sitzt er im Schatten und klopft mit seinen Kollegen Karten. Als er mich sieht, steht er auf, geht in seine Hütte und kommt mit einem in Folie eingeschweißten Dokument wieder heraus: «Hier ist der behördliche Erlass», meint er. Tatsächlich, ein Schreiben mit Briefkopf des Ministeriums und mit hochoffiziellem Stempel. «Pardon, konnte ich ja nicht wissen», sage ich, etwas zerknirscht. Als ich ihm die geforderte Summe, umgerechnet gerade mal ein paar Pfennige, in die Hand drücke, lächelt er freundlich, händigt mir meine Dokumente aus und kehrt zu seinen Kumpels zurück. «Deine Sturheit hat uns eine ganze Stunde gekostet», murrt Karsten. Recht hat er.

Auf einer gewaltigen Stahlgerüstbrücke überqueren wir den Niger. Breit wie ein See dehnt sich der Fluss unter uns aus. Pisten, die eigentlich zum Ufer führen sollen, enden jetzt einfach im Wasser. Direkt an der Straße stehen provisorische Hütten aus Blech und Holz, Notunterkünfte für Menschen, die durch die Fluten ihr Zuhause verloren haben. An einem Anlegeplatz für die am Niger typischen Einbäume herrscht reges Treiben. Jetzt, wo viele Dörfer und Siedlungen nur über Wasser zu erreichen sind, machen die Bootsführer gute Geschäfte. Beidseitig des Damms, auf dem die Straße verläuft, ist die Landschaft geprägt von großflächigen Hirsefeldern. Dazwischen immer wieder Seen und Tümpel, bewachsen mit Wasserhyazinthen und Seerosen. Dörfer aus kubischen

Lehmhütten liegen versteckt zwischen uralten Bäumen. Das Quaken tropischer Frösche, das Summen von Myriaden Insekten begleitet uns kilometerweit. Selbst das Weidevieh hat sich auf amphibische Lebensweise umgestellt. Bis zum Bauch stehen die Tiere im kühlenden Nass und fressen das saftige Grün. Das Leben der Menschen, der komplette Verkehr konzentriert sich auf schmalen Dämmen. Zwischen den Hütten tollen die Kinder im Wasser. Auf großen Tüchern breiten Frauen Hirse zum Trocknen aus, und nebenan verarbeitet ein Mann das Getreide mit seiner dieselgetriebenen Mühle zu Mehl. Das Niger-Binnendelta ist keine wilde Naturlandschaft mehr, sondern dient zu großen Teilen als Kornkammer Malis.

Am späten Nachmittag erreichen wir Macina, ein größeres Dorf am Ende der gut befahrbaren Piste. Von hier aus führt ein unbefestigter Weg weiter in Richtung Diafarabé. Noch 45 Kilometer sind es bis zu unserem Ziel. Und dann versinkt unser Weg in Wasser und Schlamm. Der Damm wurde von den Fluten weggerissen, ab hier gibt es definitiv kein Durchkommen mehr. Unsere Erkundungsfahrt ins Innere des Binnendeltas muss hier enden. Direkt neben der Piste, nicht weit von Macina, finden wir ein Plätzchen, auf dem wir unser Lager aufbauen können. Es ist schwül, wie ich es bisher nur selten erlebt habe. Selbst bei Untätigkeit läuft der Schweiß von der Stirn, brennt in den Augen und tropft dann vom Kinn zu Boden. Es dauert nicht lange, bis die ersten Besucher sich einfinden. Auch der Dorfchef kommt vorbei und nimmt sich die Zeit für einen längeren Plausch – während wir hektisch arbeiten, um vor der Dunkelheit die Feldbetten und mein Auto mückensicher zu verpacken. Angesprochen auf die Weißstörche meint er, in dieser Saison habe er noch nicht viele gesehen. In trockeneren Jahren jedoch würden sie in großen Trupps hier erscheinen. Und geschossen würden diese Vögel ohnehin nicht, fügt er ungefragt hinzu, denn «Störche sind in Mali geschützt und dürfen offiziell nicht bejagt werden». Ich habe den Eindruck, dass beim Wort «offiziell» ein Schmunzeln um seine Mundwinkel spielt. Die Flinte, die er, wie viele andere Männer hier auch, über der Schulter trägt, dient ihm sicher nicht nur als Statussymbol. Ein Bauer, der mit seinem Eselskarren vorbeikommt, beschaut kopfschüttelnd unsere Feldbetten. Ob wir nicht wüssten, dass es hier draußen sehr viele Moskitos gibt, fragt er. Natürlich wissen wir das, zumindest ahnen wir, was auf uns zukommt. Kurz vor Sonnenuntergang beginnt der Tanz. Die Luft sirrt, die ersten Plagegeister schwirren um unsere Köpfe, und wir fliehen unter die Moskitonetze. Als es dunkel ist, eröffnen Heerscharen von Insekten ein Konzert aus zirpenden, schnarrenden und sägenden Geräuschen, untermalt vom Quaken ungezählter Frösche. Ich sitze in meinem Auto, werte Daten aus und schreibe am Tagebuch. Quälend heiß ist es in meiner hermetisch abgeriegelten Kabine. Angelockt vom Licht meiner Arbeitslampe, bohren sich unzählige winzige Insekten durch die Klebebänder und Klettverschlüsse, mit denen ich sämtliche Ritzen dicht gemacht habe. Sie krabbeln auf mir und um mich herum, kriechen in Nase, Ohren und Mund und stechen und beißen. Für einen entspannten Abend gibt es bessere Orte.

Als wir am nächsten Tag auf dem Rückweg zur Hauptstraße sind, geht mir eine Frage nicht aus dem Kopf: Einige unserer Senderstörche halten sich im Umkreis des Niger-Binnendeltas auf. Keiner jedoch hat bisher dieses riesige Feuchtgebiet selbst als Winterquartier gewählt. Warum? Die Reisfelder in Andalusien, die großen Überschwemmungsflächen in den kroatischen Save-Auen und viele andere Flussauen in Europa dienen den Störchen als optimale Nahrungsgebiete. Was ist der Grund, dass sie gerade das Niger-Binnendelta meiden? Mangel an Nahrung kann es nicht sein. Amphibien, Blutegel, Fische sind in Hülle und Fülle vorhanden und werden in anderen Regionen gerne gefressen. Und älteren Berichten zufolge war das Niger-Binnendelta einst ein sehr wichtiges Überwinterungsgebiet. Sind vielleicht Vegetation und Wasserstand in der jetzigen Regenzeit zu hoch? Oder sind die Heuschrecken in den trockeneren Landesteilen einfach attraktiver? Eine endgültige Erklärung haben wir noch nicht gefunden. Wir benötigen mehr Daten aus zurückliegenden Jahren, auch aus solchen, in denen im Sahel weniger Regen fiel. Vielleicht ergibt sich dann ein ganz anderes Bild.

BEGEGNUNG MIT DEM SENDERSTORCH RENÉ

Der nächste Senderstorch, den wir aufsuchen wollen, ist René. Seit mehreren Tagen zeigen seine Koordinaten auf eine Region etwa 1000 Kilometer weiter östlich. Afrikanische Straßen kann man nur selten an europäischen Standards messen. Und so dauert die Tour wieder mal länger als geplant. Von Ségou aus folgen wir anfangs dem Niger Richtung Gao. Die quirlige Hafenstadt Mopti, die Stadt Djenné mit ihrer beeindruckenden Lehmarchitektur, gerne hätte ich sie mir genauer angeschaut. Aber die Zeit drängt. Ein wenig schade ist es schon, durch ganz Westafrika zu hetzen, ohne wenigstens die beeindruckendsten Sehenswürdigkeiten zu genießen. Auch das Bandiagara-Felsmassiv mit den berühmten Dörfern der Dogon lassen wir rechts liegen. Wenigstens die grandiose Landschaft der Homboriberge, des «Monument Valley» Malis, können wir hautnah erleben, da unsere Straße mitten hindurchführt. Die Landschaft wird trockener, je näher wir unserem Ziel kommen. Wir sehen riesige Termitenhügel, in deren Schatten wir unsere Autos parken könnten, majestätische Baobabs, die aussehen, als würden sie kopfüber, mit nach oben

Auf der Spur der Störche durch Westafrika | 247

ragenden Wurzeln, im Boden stecken. Nach drei Tagen Fahrt ein
Schild «Réserve des Éléphants du Gourma». Elefanten werden
wir dort zwar nicht finden, die sind jetzt weiter im Süden. Ganz
in der Nähe jedoch sollte sich unser Senderstorch René aufhalten.
Eine Piste gibt es dort nicht. Aber die Koordinaten des Punktes,
an dem wir die Straße verlassen müssen, sind ebenso im GPS ein-
gespeichert wie die Wegpunkte für die 27 Kilometer Geländefahrt
zur Position des Vogels.

Um ein Uhr mittags geht es los. In genau östlicher Richtung
verlassen wir die Straße. Von jetzt an gelten keine Landkarten
mehr. Ein schmaler Strich auf dem Display des GPS-Geräts ist jetzt
das Maß aller Dinge. Solange das Pfeilsymbol, das meine derzeiti-
ge Position anzeigt, von dem Strich nicht abweicht, sind wir auf
dem richtigen Weg. Zuerst geht es durch ein sandiges Wadi. Wir
halten an, um die Antenne des Goniometers auf dem Fahrzeug-
dach zu montieren. Ein paar kleinere Dünen überfahren wir, dann
wird es rauer. In der steinigen Ebene, in der Felsbrocken uns zu
einem Zickzackkurs zwingen, kommen wir nur im Schritttempo
voran. Zwischendrin immer wieder mal sandige Wadis. Als Folge
der letzten Regenfälle sind diese Trockentäler tief ausgewaschen.
Immer wieder das gleiche Prozedere: über steile Abbruchkanten
rein in das sandige Flussbett, gefühlvoll mit dem Gas spielen, um
sich nicht festzufahren, und im niedrigsten Gang auf der anderen
Seite langsam wieder raus. Sand und Fels wechseln sich ab, und
es dauert fast zwei Stunden, bis wir die ersten 15 Kilometer hinter
uns haben. Plötzlich liegt vor uns ein mit grünen Bäumen dicht-
bewachsenes Trockental, wo sich das Hochwasser bis zu zwei Meter tief in den Boden eingegraben hat. Ein Durchkommen gibt es
hier nicht. Aus einer Grashütte in der Nähe rennt ein Junge heran
und führt uns zu einer geeigneten Überfahrt. «La route», ruft er
voller Stolz, «die Straße», und zeigt auf eine schmale Furt. Dort

gelangen wir auf die andere Seite und können endlich wieder nach unseren Wegpunkten fahren. Weitere Trockentäler folgen, Dünen und Steinfelder, häufig mit scharfen, senkrechten Felsplatten, die in langen Reihen aus dem Boden ragen. Kaum zu glauben, aber wir kommen ohne Reifenpanne durch. Und dann, nach 23 Kilometern und gut drei Stunden nervenaufreibender Geländefahrt, sehen wir sie: 18 Weißstörche. Sie stehen in einer flachen Senke, die mit trockenem Gras, zahlreichen Calotropis-Büschen und vielen Akazien bewachsen ist. Fast paradiesisch erscheint uns die Szene, nach der verwüsteten Landschaft, die hinter uns liegt. Aus dem Goniometer tönen laut und deutlich die Signale von René. Weit weg kann er nicht sein. Aber in der Gruppe, die wir beobachten, ist er trotzdem nicht zu entdecken.

Es dämmert bereits, als wir auf einer völlig vegetationslosen Ebene unser Camp errichten. Der steinharte Boden wirkt wie poliert. Unser Reis – diesmal mit grünen Bohnen – köchelt gerade im Topf, da reiten, wie aus heiterem Himmel, zwei Tuaregs auf ihren Kamelen vorbei, mitten zwischen unseren Autos und Feldbetten. Die bunten Sättel, die stolzen Männer in ihren blauen Gewändern, die Art, wie sie von ihren Reittieren herab kurz grüßen und ihren Weg unbeirrt fortsetzen – es ist eine Begegnung wie aus einer anderen Zeit. Über dem Horizont hängen dicke Rauchschwaden. Als die Sonne untergegangen ist, flackert am Himmel ein roter Schein. Ein gewaltiges Buschfeuer muss dort wüten. Solche Brände ziehen Weißstörche wie magisch an. Die Vögel lassen sich die «gegrillten» Eidechsen, Nagetiere und Insekten schmecken, oder sie lauern auf alles Getier, das vor der Feuerwalze flieht. Hat die Anwesenheit von René in dieser Region vielleicht damit zu tun?

Gut ausgeschlafen sind wir früh auf den Beinen. Mit dem Satellitentelefon lade ich mir noch einmal die neuesten Daten auf den PC: 4,5 Kilometer sind es laut GPS bis zu den aktuellen Koordinaten von René. Und das Goniometer bestätigt die Richtung. Irgendwo hinter dem Tal, in dem wir gestern die ersten Störche gefunden hatten, hält er sich auf. In der weiten grasbewachsenen Ebene, die wir erreichen, entdecken wir wieder Störche. Zuerst einzelne, dann kleinere Gruppen und schließlich mehrere große Trupps, die im Aufwind segeln. Hunderte sind es. Wir haben offenbar einen bedeutenden Überwinterungsplatz gefunden. Über den Störchen, die am Boden nach Nahrung jagen, gaukeln Schwarzmilane und Lannerfalken. Immer wieder tauchen sie bis dicht über den Boden ab und greifen sich mit den Fängen ihre Beute. Vorsichtig tasten wir uns näher heran und stellen fest: Auch hier gibt es wieder Heuschrecken, in ähnlicher Dichte wie am Fundort des Senderstorchs Ciconia. In unserer Begeisterung haben wir vergessen, auf die Signale von René zu achten. Das Goniometer weist auf den Trupp der etwa 80 Vögel, die wir gerade beobachten. In der hitzeflimmernden Luft zeigt das Fernrohr nur Schemen. Dann aber, nur für Sekunden, erkenne ich im Gewimmel der schwarzweißen Vogelleiber den Sender. Das ist René! Wir sind erleichtert, ihn wohlauf vorzufinden. Bald danach gelingen mir ein paar Fotos, die deutlich den Sender und die Antenne zeigen. Karsten, Horst und ich, wir freuen uns wie kleine Kinder. Wir haben unseren zweiten Senderstorch in Afrika gefunden.

Nicht weit entfernt sind Menschen in der Ebene unterwegs. Ihre Unterkünfte sind einfache Schattenspender, in den Boden gerammte Stangen, zwischen denen ein großes Tuch aufgespannt ist. Ein paar Männer kommen zaghaft näher. Wahrscheinlich sind wir die ersten Europäer, die sie in dieser schwer erreichbaren Gegend jemals gesehen haben. Bald stehen sie neugierig um unsere Autos. Einer von ihnen spricht leidlich Französisch. Er erzählt uns, dass sie hier draußen leben und Grassamen sammeln. Eine unglaublich mühsame Arbeit. Die Frauen fegen mit ihren Reisigbesen durch das Gras. Alles, was dabei zu Boden fällt, wird zusammengekratzt und in Bastschalen gesammelt. Das Gemisch wird gereinigt, indem man es langsam aus einer Schale in die andere rieseln lässt. Der Wind trägt die leichteren Bestandteile davon, die schwereren Samenkörner fallen in die zweite Schale. Viele Stunden harter Arbeit unter glühender Sonne, für eine Handvoll Körner, die nicht viel größer als Mohnsamen sind. Das Abendessen für die Familie, wie einer der Männer uns zu verstehen gibt.

Etwa drei bis vier Monate im Jahr seien die Vögel hier, erzählen unsere Besucher, und zwar in jedem Jahr. Einer der Männer fängt ein paar Heuschrecken und zeigt sie mir: Das sei es, weshalb die Störche hierher kämen. Ich frage, ob er und seine Leute die Störche töten und essen. «Warum sollten wir das tun? Sie leben hier mit uns, bei der Arbeit freuen wir uns, sie zu sehen», ist seine Antwort. Und tatsächlich können wir feststellen, dass die Vögel vor den Grassammlern keinerlei Scheu haben. René hat es offenbar gut getroffen. Sein Überwinterungsgebiet ist sicher und bietet ihm alles, was er braucht.

Die grasbewachsenen Flächen mit Termitenhügeln und kleinen Akazienwäldchen erstrecken sich über weite Strecken. Wir fahren das Gebiet langsam ab, notieren sorgfältig jeden einzelnen Storch, den wir sehen. Immer wieder begegnen wir Trupps, und fast ständig segeln größere Scharen am Himmel. Schließlich müssen wir uns eingestehen, dass eine akkurate Zählung in der unübersichtlichen Landschaft nicht möglich ist. Es sind wohl an die 1000 Störche, die hier überwintern, wahrscheinlich sogar wesentlich mehr. Bei unseren Fahrten durch das Gebiet stellen wir fest, dass hier während der Regenzeit gewaltige Wassermassen durchgerauscht sind. Im jetzt knochenharten Boden sieht man tiefe Hufabdrücke von Weidetieren. Und in den breiten Rinnen, die die Fluten in die Landschaft gerissen haben, steht an tieferen Stellen noch jetzt das

Wasser. Die Menschen hier erzählten uns, dass sich die Störche und andere Tiere dort regelmäßig zum Trinken einfinden.

Gerade als die Sonne untergeht, fliegt der Trupp mit René auf. Kaum in der Luft, landen die Vögel auch schon wieder in einem nahegelegenen Wäldchen. Andere Störche gesellen sich dazu. Dichtgedrängt stehen sie auf den großen Akazien und werden dort, in sicherer Höhe, auch die Nacht verbringen. Jetzt verstehen wir, warum die Koordinaten von René tagelang konstant aus der gleichen Region kamen. Nahrung, Wasser, Schlafplätze, alles ist hier in etwa ein bis zwei Quadratkilometern Umkreis vorhanden. Und da gravierende Störungen nicht existieren, gibt es für René und seine Artgenossen keinen Grund, dieses engbegrenzte Gebiet zu verlassen.

Als wir unsere Beobachtungen beenden, ist die Sonne längst hinter dem Horizont verschwunden. Noch lange sitzen wir im Licht unserer Gaslampe zusammen und diskutieren. Nach allem, was wir in den vergangenen Wochen gesehen haben, wird es Zeit, die Ansichten über das Verhalten von Störchen, die in Westafrika überwintern, zu überdenken. Nicht Sümpfe und Feuchtgebiete haben sich bisher als Nahrungsareale erwiesen, sondern trockenes Grasland, in dem reichhaltige Niederschläge der vorausgegangenen Regenzeit lokal für eine üppige Vegetation gesorgt haben. Die wiederum ist die Grundlage für die massenhafte Vermehrung von Heuschrecken in eng definierten Bereichen. Ornithologen haben schon mehrfach versucht, in Westafrika entlang von Straßen und Pisten überwinternde Weißstörche zu zählen. Dabei wurde vor allem auf Gewässer geachtet, die Resultate waren meist nicht sehr ergiebig. Im Sahel braucht es wohl wirklich die modernen Technologien, zum Beispiel die Telemetrie, um überwinternde Störche überhaupt erst zu finden – und um Ökologie und Verhalten der weit gereisten Segelflieger zu verstehen.

ABENTEUERLICHER WEG ZU RUEDI

Drei Tage haben wir geplant für die Fahrt zum nächsten Sender-storch. Es geht weiter nach Osten, parallel zur Südgrenze Malis. Kurz vor Gao haben wir Glück: Die alte Nigerfähre liegt an unserem Ufer vor Anker. Gao, direkt am Nigerfluss gelegen, besteht vor allem aus Lehmstraßen, die von zahllosen kleinen Läden gesäumt sind. Mittelpunkt der Stadt ist der große Markt. An den vielen hölzernen Ständen kann man praktisch alles kaufen, was in Westafrika erhältlich ist. Wir bunkern Wasser und füllen unsere Dieseltanks auf. Auf einer roten Lateritpiste folgen wir dem Niger nach Südosten, übernachten nahe Ansongo neben der Straße und verlassen am nächsten Morgen den Niger-Fluss und die Hauptstraße. Weiter geht es auf einer schmalen Piste, über fürchterliches «Wellblech», die berüchtigten Querwellen, die wahre Autokiller sind. Schrauben lösen sich beim ständigen Gerüttel, Verschweißungen reißen auf, und nur wer relativ schnell fährt im «überkritischen Bereich», kommt ohne größere Schäden ans Ziel. Bei dieser Fahrweise hat das Auto allerdings nur wenig Bodenhaftung und gerät leicht ins Schlingern, jede Bremsung wird zum Abenteuer. Fehler darf man sich dabei nicht erlauben, und Adrenalin haben wir ohnehin wahrlich genug im Blut. Die Polizei hatte uns gewarnt: Im Gebiet, das wir heute durchfahren, komme es immer wieder zu Überfällen durch Tuareg-Rebellen. Einen anderen Weg nach Ménaka und dem Senderstorch Ruedi gibt es aber nicht. Bei solchen Angriffen geht es in aller Regel um die Autos, und wir beschließen, sie im Notfall widerstandslos aufzugeben. Unsere Daten und Dokumente verpacken wir in den Hosentaschen und halten ein paar Flaschen Trinkwasser bereit. Im schlimmsten Fall kämen wir so auch ohne die Autos weiter. Damit es gar nicht erst so weit kommt, wollen wir die kritische Wegstrecke möglichst schnell hinter uns bringen.

Auf der Spur der Störche durch Westafrika | 253

Mit voller Konzentration und 80 Stundenkilometern brettern wir über die Bodenwellen, immer darauf bedacht, bloß kein tieferes Loch zu übersehen. Allmählich liegen die Nerven blank. Die Hälfte der Strecke nach Ménaka haben wir hinter uns, da taucht völlig überraschend ein halbmetertiefes Loch vor mir auf. Vollbremsung, mein Wagen schlingert, kommt erst in letzter Sekunde zum Stehen. Das war knapp. Zu knapp, denn im gleichen Augenblick rumpelt es hinter mir. Gummi radiert über den harten Boden, und dann kracht es auch schon gewaltig. Karsten hatte zwar ebenfalls sofort gebremst, aber bei diesem Tempo hatte er keine Chance. Auffahrunfall – ausgerechnet hier. Zum Glück ist keiner von uns verletzt. Auch mein Pick-up hat den Aufprall fast unversehrt überstanden. Schlimmer sieht das zweite Fahrzeug aus. Kühlergrill und Motorhaube sind verbeult, die Lampengläser zersplittert. Das Schlimmste jedoch: In kräftigem Strahl läuft Flüssigkeit aus dem Motorraum und versickert im trockenen Boden. Der Ventilator hat ein großes Loch in den Kühler gerissen. Das war's für heute. Weiterfahren unmöglich.

Während wir noch überlegen, wie wir aus diesem Schlamassel wieder herauskommen, rast in einer dicken Staubwolke ein Geländewagen heran. Das erste Auto seit Stunden, natürlich voll besetzt mit Tuaregs. Die Männer springen von der Ladefläche. Als sie im Halbkreis um uns stehen und ich die Kalaschnikows sehe, beschleicht mich ein sehr ungutes Gefühl. Die Tuaregs sehen sich den Schaden an, schütteln die Köpfe, lachen und klopfen sich auf die Schenkel. Feixend klettern sie wieder in ihr Fahrzeug und brausen davon. Glück gehabt! Aber was jetzt? Abschleppen? Nicht dran zu denken. Das nächste Dorf ist 100 Kilometer entfernt. Als Erstes müssen wir hier von der Bildfläche verschwinden. Ich nehme Karstens Auto auf den Haken und schleppe es von der Piste. Hinter einer Düne fühlen wir uns einigermaßen sicher. Mit dem

Satellitentelefon versuche ich herauszufinden, wo wir einen neuen Kühler herbekommen können. Nach einer halben Stunde endlich ein Lichtblick. Herr Touré, Geschäftsführer von der Nissan-Vertretung in Niamey, spricht sogar Englisch. «Wir wollen nicht nur helfen, wir müssen euch helfen», versichert er. Morgen, am späten Nachmittag, würden zwei Mechaniker mit einem neuen Kühler bei uns eintreffen. Klack – die Verbindung bricht ab. Wird schon gutgehen, unsere Koordinaten hat er. Aber dann kommen doch Zweifel. Wie soll das gehen? 400 Kilometer sind es von Niamey, auf schlechtesten Pisten. Egal, eine Alternative haben wir nicht.

Ein neuer Tag, brütende Hitze. Alle paar Minuten schauen wir auf die Uhr. Abends um zehn – es ist längst stockdunkel – warten wir immer noch. Die Mechaniker sind seit etlichen Stunden überfällig. Karsten und ich stehen mit meinem Auto am Straßenrand. Unser zweites Fahrzeug bleibt in seinem «Versteck». Horst hat auf der Düne Stellung bezogen und beobachtet den Horizont. Bei jedem Geräusch zucken wir zusammen. Mal knackt es, dann streift irgendetwas durchs hohe Gras. Aus der Ferne hören wir das Heulen von Schakalen. Aber kein Auto. Das einzige Fahrzeug in den letzten sechs Stunden war ein vollbeladener Lkw, der mit Vollgas in Richtung Ansongo an uns vorbeirauschte.

Um 23 Uhr – die Hoffnung auf schnelle Hilfe haben wir längst aufgegeben – meldet sich Horst per Funk. Ein Auto nähere sich aus Richtung Ansongo. Ich starte den Motor. Wenn nötig, wollen wir sofort abhauen können. Fünf Minuten später stoppt in der Dunkelheit ein betagtes Geländefahrzeug neben meinem Wagen. «Are you Mr. Schulz?», fragt eine Stimme in perfektem Englisch. Herr Touré persönlich ist es. Große Strecken der Piste seien in einem katastrophalen Zustand, erzählt er, neun Stunden habe die Fahrt gedauert. Sofort machen sich seine beiden Mechaniker daran, den defekten Kühler auszubauen. Der dritte Mann, der mitgekommen ist, ein Tuareg, bereitet währenddessen im stachligen Cram-Cram-Gras einen Bastteppich aus. Er holt einen verbeulten Kessel hervor, und bald darauf werden wir mit köstlichem Beduinentee bewirtet. Monsieur Touré in seinem farbenfrohen Gewand und ich in meinen verschwitzten Klamotten lassen uns in der Dunkelheit auf dem Teppich nieder, um die geschäftlichen Dinge zu regeln. Während wir Tee trinken, zähle ich dem Geschäftsführer die Dollarscheine in die Hand. Der Preis ist nicht ohne, aber angesichts der strapaziösen Anreise absolut fair. Nach einer halben Stunde haben die Mechaniker den Kühler ausgetauscht. Eine kurze Testfahrt mit dem reparierten Auto, und fertig ist die Sache. Um Mitternacht, knapp eine Stunde nachdem wir ihr Auto in der Ferne gesichtet hatten, sind die Nissan-Leute wieder auf dem Heimweg. Haben wir das eben wirklich erlebt? Oder war das Ganze ein Traum? Trotz unseres Unfalls sind wir noch immer im Zeitplan.

Ein paar Stunden Schlaf, dann sind wir wieder unterwegs. Kurz vor Ménaka entdecken wir sechs Weißstörche neben der Straße. Auch hier wieder das übliche Bild: trockenes Gras, viele Heuschrecken. Am Ortseingang von Ménaka erzählt uns ein freundlicher Polizist, dass sich an dem kleinen See direkt neben dem Dorf gelegentlich Störche aufhalten. Bejagt würden die Vögel aber nicht, betont er, ihr Fleisch sei hier nicht beliebt. Die Piste zum Brunnen In-Telli, in dessen Nähe sich laut der Satellitendaten unser Senderstorch Ruedi aufhält, sei leicht zu finden. «Einfach im Dorf links abbiegen», meint er. Ganz so einfach ist es dann aber nicht. Nach langer Suche finden wir endlich einen schmalen Weg, zu erkennen nur an wenigen alten Fahrspuren, die uns durch eine archaisch anmutende Landschaft führen: riesige vegetationsfreie Schotterfelder, ein ausgetrockneter Salzsee, grasbewachsene Dünen und tückischer Weichsand. Und dann, nur noch 17 Kilometer entfernt von Ruedis Koordinaten, endet die Piste mitten auf einer sandigen Ebene. Kein Problem, wir haben ja GPS. Von wegen. Tiefe Wadis, schwarze, scharfsteinige Lavafelder – in einem Labyrinth ständig neuer Hindernisse versuchen wir, uns dem Storch zu nähern, und verfahren unseren wertvollen Diesel. Irgendwann höre ich aus Richtung meiner Hinterachse schabende Geräusche. Das klingt nicht gut! Anhalten, nachschauen – und dann der Schock. Die rechte Blattfeder ist angebrochen. Und nun? Mit etwas Glück würden wir die Strecke nach Niamey ohne vollständigen Federbruch schaffen. Aber an eine Fortsetzung unserer Arbeit mit meinem Auto ist nicht zu denken. Wir müssen mit dem zweiten Fahrzeug weitersuchen.

Karsten bietet sich an, bei meinem defekten Pick-up die Stellung zu halten. Als im GPS-Gerät alle erforderlichen Wegpunkte und Koordinaten einprogrammiert sind, machen Horst und ich uns auf den Weg, fahren genau nach Westen, in der Hoffnung, die Piste zum Brunnen In-Telli doch noch zu finden. Von dort aus wäre es nur ein Katzensprung zu unserem Senderstorch. Plötzlich liegt sie vor uns: eine deutliche Fahrspur, die in ihrer Ausrichtung genau den Wegpunkten auf unserem GPS entspricht. Ein breites Wadi mit tiefem Sand durchfahren wir ohne Schwierigkeiten. Am anderen Ufer ein kleines Dorf. Haria heißt es. Die Fahrspuren fächern sich auf und verlaufen im Nichts. Ratlos stehen wir neben dem Auto. Ein paar Dorfbewohner finden sich ein. «In-Telli? Das findet ihr nur mit einem Führer.» Ob es denn einen gibt im Dorf, will ich wissen. Natürlich, und der Preis wird auch schnell genannt: 200 Französische Francs, ein Wahnsinnshonorar für hiesige Verhältnisse. Trotzdem, ich schlage ein. Ein älterer Beduine wird uns vorgestellt. Basu Ag Sali heißt er. Ein schlanker, drahtiger Mann, vielleicht 60 Jahre alt, gekleidet in weiter Pluderhose und bunten Tüchern. Auf dem Kopf trägt er ein kunstvoll geschlungenes Tuch, ähnlich dem Tagelmust der Tuaregs. Wo soll er sitzen in unserem voll bepackten Auto? Kein Problem, meinen die Dorfbewohner, und eine Minute später kauert Basu hinter uns auf dem Berg von Kisten, Schlafsäcken und anderem Gepäck. Mühsam arbeitet er sich in eine Position, von der aus er durch die Frontscheibe sehen kann.

Mit knappen Handbewegungen zeigt er uns, wo es langgeht. Sein energisches Fingerschnipsen zwingt uns zurück auf den richtigen Weg, wenn wir wieder mal glauben, es besser zu wissen. Ohne Führer hätten wir keine Chance, uns hier zurechtzufinden. «La route», ruft Basu schon zum wiederholten Mal – vermutlich das einzige französiche Wort, das er kennt. Eine halbe Stunde lang dirigiert er uns durch metertiefes Gras und Gestrüpp, aber alle ihm bekannten Furten sind nach dem letzten Hochwasser verschwunden. Schließlich macht er sich zu Fuß auf die Suche und wird fündig. Horst, der gerade am Steuer sitzt, stehen die Haare zu Berge, als er die Abbruchkanten sieht. «Und was tun wir, wenn wir das Auto in dieser Einöde versenken?» Aber alles geht gut. Unsere Hoffnung, das Schlimmste hinter uns zu haben, wird allerdings enttäuscht. Kilometerweit erstreckt sich der Irrgarten aus Erosionsrinnen und trockenen Flussläufen. Oft kämpfen wir uns im Schritttempo voran. Mit unseren Nerven sind wir ziemlich am Ende. Die Hitze und das ständige Gerüttel im Auto machen uns mürbe. Viel Zeit haben wir nicht mehr, denn wir müssen vor Einbruch der Dunkelheit zurück sein bei Karsten. Sollen wir aufgeben? Nein, noch nicht. Als Ruedis Koordinaten laut GPS nur noch vier Kilometer entfernt sind, überzeugen wir unseren Führer mit viel Mühe, dass wir nicht wirklich nach In-Telli wollen, sondern von jetzt an nur noch nach GPS fahren müssen. Mehrere scharfsteinige Lavazungen und eine letzte Düne, dann sind wir an den Koordinaten von Ruedi. Von oben blicken wir auf eine große offene Fläche, dicht bedeckt mit trockenem Gras. In einiger Entfernung entdecken wir einen Trupp von 21 Weißstörchen, dazwischen auch einige Regenstörche. Horst und ich reißen vor Freude die Arme hoch. Wir haben unser Ziel tatsächlich erreicht. Verschwitzt und erschöpft, aber auch erleichtert und stolz, dass wir trotz aller Schwierigkeiten die Flinte nicht ins Korn geworfen haben. Basu schüttelt verständnislos den Kopf, als wir uns überschwänglich für seine Hilfe bedanken.

Wir fahren auf die Ebene, nähern uns den Störchen so weit als möglich und kartieren und dokumentieren ihr Aufenthaltsgebiet. Heuschrecken, die auch hier wieder in Massen vorhanden sind, fliegen vor uns auf und knallen gegen die Frontscheibe. Inselartig liegt das Gebiet inmitten einer sehr schroffen Landschaft und erinnert frappierend an den Überwinterungsort von René. Unseren Senderstorch Ruedi hören wir zwar im Peilgerät laut und deutlich – aber im Storchentrupp vor uns am Boden sehen wir ihn nicht. Hoch in der Luft, mit bloßem Auge kaum zu erkennen, segeln weitere Weißstörche in der Thermik. Wahrscheinlich ist Ruedi dort dabei. Für genaue Zählungen reicht die Zeit leider nicht. Aber wir schätzen die Zahl der Vögel allein in diesem eng begrenzen Gebiet auf mindestens 500. Es ist wirklich erstaunlich, drei Senderstörche haben wir im Sahel inzwischen gefunden, verteilt über knapp 2000 Kilometer. Tausende nicht markierter Störche konnten wir an den erreichten Standorten ebenfalls nachweisen. Die wichtigsten Ressourcen an allen Fundorten: Heuschrecken als Nahrung, bodendeckende trockene Vegetation und Hinweise auf die vorausgegangene Regenzeit, zum Beispiel frische Trockenrisse in den Wadis. Zumindest unter klimatischen Bedingungen wie in diesem Jahr lassen sich Präferenzen für die Überwinterungshabitate klar definieren.

Drei Stunden später sind wir wieder im Dorf Haria, wo wir von den Männern und der Jugend des Dorfes bereits erwartet werden.

Als ich unserem Führer Basu seinen verdienten Lohn in die Hand drücke, sind alle begeistert. Wahrscheinlich hat der Guide mit seinem heutigen Einsatz nicht nur uns ein Erfolgserlebnis verschafft, sondern auch die Tee- und Zuckerversorgung des Dorfes für die nächsten Wochen gesichert. Wir spendieren ihm noch einen Satz Tabletten für die Behandlung seiner Malaria, der Dorflehrer erhält einen Beutel mit Kugelschreibern, und dann geht es zurück zu Karsten. Kurz nach Sonnenuntergang kommen wir bei ihm an. Schon von weitem stellen wir erleichtert fest, dass er und mein Auto unversehrt sind. Das Thema Ruedi können wir nun, nach drei Tagen schweißtreibender Feldarbeit, abschließen. Wir wollen uns gerade auf den Weg machen, da zeigt Horst auf den linken hinteren Radkasten meines Autos: «Ich befürchte, wir haben noch ein Problem.» Auch dort ist inzwischen die Feder gebrochen. Hilft nichts. Während der Tour zurück nach Ménaka fahre ich wie auf rohen Eiern. Als wir die Straße erreichen, fällt mir ein Stein vom Herzen.

Zwei Tage dauert die Fahrt nach Niamey. Eine endlose Zitterpartie. Das unablässige Scheppern der defekten Federblätter zerrt an den Nerven. In Niamey, der Hauptstadt von Niger, steuern wir direkt unseren Übernachtungsplatz an: «Camping Touristique», ein einfacher Campingplatz, den Horst von früheren Reisen her kennt. Zeit zum Ausruhen haben wir nicht. Karsten und Horst machen sich sofort auf den Weg zur algerischen Botschaft, um unsere Visa verlängern zu lassen. Für mehr als sechs Wochen wollte man sie uns vor unserer Abreise nicht ausstellen – nun sind sie abgelaufen, bevor wir überhaupt Algerien erreicht haben. Meine beiden Kollegen kommen mit schlechten Nachrichten zurück. Angeblich darf die Botschaft für Ausländer keine Visa erteilen. Aber man wolle sehen, was man für uns tun könne. Jeder Tag zählt, wenn wir auch noch den Senderstorch Francis finden wollen. Mit meinem Auto dagegen habe ich mehr Glück. Den Austausch der Blattfedern erledigen wieder mal die Mechaniker von Herrn Touré, und zwar direkt auf dem Campingplatz. Fünf Tage lang hängen wir in Niamey fest, bevor wir endlich die Visa erhalten. Zumindest haben wir jetzt eine Chance, in Tunesien unsere Fähre nach Europa rechtzeitig zu erwischen.

DURCH DIE ZENTRALE SAHARA ZURÜCK

4000 Kilometer nach Tunis liegen vor uns, davon 2000 Kilometer durch die zentrale Sahara. Unsere Tanks und Kanister sind randvoll mit Diesel betankt, und Wasservorräte haben wir für mindestens eine Woche gebunkert. Durch die typische Sahellandschaft des Niger gelangen wir nach Tahoua. Zum Aufenthaltsort des Senderstorchs Francis sind es jetzt nur noch 50 Kilometer. Zeit, ihn aufzusuchen, haben wir leider nicht. Zu lange wurden wir in Niamey aufgehalten. Am Abend erreichen wir Agadez, wo wir letzte Einkäufe erledigen können. Unser nächstes Ziel ist Nigers Uranstadt Arlit. Hier endet die Asphaltstraße nach Norden. Und hier sollten wir eigentlich einen Tuareg-Führer treffen, der uns, wegen der kritischen Sicherheitslage im Grenzgebiet, bis nach Assamaka begleiten würde. Weil er auch Stunden nach dem vereinbarten Termin nicht eintrifft, setzen wir unsere Reise ohne Begleitschutz fort. Anfangs ist die Piste gut zu befahren, dann tauchen die ersten größeren Sandpassagen auf. Mit stark reduziertem Reifendruck fahren wir weiter. Nur wenige Lkw begegnen uns. Auf den Ladeflächen unendlich viele Menschen, dichtgedrängt wie in einer Sardinenbüchse und begleitet von einem bewaffneten Tuareg. So ganz ohne Grund hatte man uns wohl nicht zu einem einheimischen «Bodyguard» geraten. Als wir uns Assa-

Auf der Spur der Störche durch Westafrika | 261

makka, dem nigrischen Grenzposten, nähern, ist es bereits dunkel. Langsam und vorsichtig, mit abgeblendeten Scheinwerfern und eingeschalteter Innenbeleuchtung, fahren wir an das finstere Dorf heran. Wir wissen, dass zu Zeiten der Tuareg-Aufstände übernervöse Militärs versehentlich auf Touristenfahrzeuge schossen. Solche «Missverständnisse» wollen wir tunlichst vermeiden. Zwischen einem Brunnen, einer halbverfallenen Lehmhütte und einer Sanddüne parken wir unsere Autos, und als wir uns im Windschatten zum Abendessen hinsetzen, haben wir bald Gesellschaft aus dem Dorf.

Unfreundliche Militärs und Zöllner machen uns den Abschied von Niger leicht. Vor allem die Einforderung einer ominösen «Tourismussteuer» verärgert mich. Aber ich denke an meine Erfahrung mit der «Fußballsteuer» im Niger-Binnendelta – und halte den Mund. Auf einer sandigen Piste geht es weiter nach Norden. Am algerischen Grenzposten In Guezzam erweisen sich die Einreiseformalitäten als sehr korrekt und unkompliziert. Freundliche Beamte nehmen unsere Personalien auf, registrieren die Fahrzeugpapiere und füllen große Formblätter aus. Keine zwei Stunden dauert die Prozedur unter glühender Wüstensonne, dann sind wir legal im Land. Jetzt beginnt die berühmte Hoggarpiste. Vor dem Einsetzen der Unruhen in Algerien wurde sie von «Abenteuertouristen» und Wüstenfans häufig befahren. Wir staunen nicht schlecht, als wir eine breite, befestigte Erdstraße vorfinden statt der sandigen Piste, die vor einigen Jahren noch viele Wüstenreisende das Fürchten lehrte. Zügig kommen wir voran. Selbst jetzt am Vormittag steigt das Thermometer auf etwa 40 Grad. Trotzdem lässt sich die Hitze dank der geringen Luftfeuchtigkeit gut ertragen. Man scheint nicht zu schwitzen, die Klamotten bleiben trocken. Trotzdem verbraucht jeder von uns an die fünf Liter Trinkwasser pro Tag. Die Laouni-Sandfelder lassen wir «links liegen», von ihren berüchtigten Tiefsandpassagen bleiben wir auf der Lateritpiste verschont. Ohne Ankündigung endet die Straße, was folgt, sind 300 Kilometer Sandpiste bis nach Tamanrasset in der zentralen Sahara. Wir genießen die weite, offene Landschaft, die bizarren Felsformationen und die absolute Einsamkeit der Südsahara. Nicht immer ist die Piste klar zu erkennen, manchmal fächert sie sich über mehrere Kilometer auf. Aber dank des GPS finden wir immer wieder auf die Hauptpiste zurück.

Übernachtung im Nirgendwo. Hunderte von Kilometern um uns herum keine Stadt, kein Dorf, keine Straßen. Nur gelbbrauner Sand, schwarze Steine und dunkle kegelförmige Berge. Tagsüber brannte die Sonne erbarmungslos von einem wolkenlosen Himmel. Jetzt um 22 Uhr wird es bitterkalt, obwohl der schneidende Wind, der uns den ganzen Tag lang begleitet hatte, bei Sonnenuntergang eingeschlafen ist. Wir kommen uns winzig vor in unserem Camp. Am nächsten Morgen durchqueren wir noch einmal ein Stück «Bilderbuchwüste», bevor die Piste vor Tamanrasset auf einer löchrigen Asphaltstraße endet. Zwei Tage lang haben wir die Wüste im wahrsten Sinne des Wortes hautnah «erfahren». Dies war ohne Zweifel einer der schönsten Abschnitte unserer Expedition auf der Spur der Störche. Tam, wie die Wüstenfahrer die Saharastadt Tamanrasset liebevoll nennen, ist für uns in jeder Hinsicht eine Überraschung. Die Straßen und Gebäude blitzsauber und gepflegt und Menschen, die unglaublich freundlich und hilfsbereit sind. Selbst an der Tankstelle, an der wegen Dieselmangels Lkw und Personenwagen Schlange stehen, dirigiert ein Polizist uns ganz nach vorne.

Von jetzt an geht es überwiegend auf einem schmalen Asphaltband gen Norden, durch die zentrale Sahara, eine der einsamsten Regionen der Welt. Aus technischen Gründen ist es von einer Sekunde zur andern tagelang nicht mehr möglich, unsere Internetseite zu aktualisieren. Dass wir in der Öffentlichkeit plötzlich als verschollen gelten, erfahren wir erst nach unserer Heimkehr. Meist sind wir alleine unterwegs, nur gelegentlich begegnen uns schwerbeladene Lkw. Die Landschaft ist überwältigend – die wildromantische Arak-Schlucht, gewaltige rötlich schimmernde Sanddünen, die endlosen Sandebenen südlich von In Salah. Sechs Tage nachdem wir in Assamakka den Niger verlassen haben, erreichen wir an der tunesischen Grenze den Nordrand der Sahara. Einen Tag vor Abfahrt der gebuchten Fähre begrüßt uns Tunesien mit sintflutartigen Regenfällen. Die Straßen werden zu gefährlichen Rutschbahnen, auf denen unsere abgefahrenen Sandreifen kaum Halt finden. Noch eine Übernachtung am Straßenrand, und am nächsten Tag warten wir im Hafen von Tunis auf unsere Passage nach Genua. 12 500 Kilometer Westafrika-Expedition liegen hinter uns.

Hat die Expedition sich gelohnt? Auf jeden Fall, die Reise war jede Anstrengung wert. Wir haben viel gelernt über das Verhalten der überwinternden Weißstörche. Wir haben Tausende Weißstörche entdeckt, denn jeder einzelne unserer Senderstörche war mit zahlreichen Artgenossen unterwegs. Und zwar in verschiedenen Regionen, die über einen Großteil des westafrikanischen Überwinterungsgebiets verteilt waren. Die Beobachtungen zu Verhalten, Ökologie und Nahrungsbiologie können somit als repräsentativ für die westziehende Weißstorchpopulation gelten. Neu sind vor allem die Erkenntnisse über die Habitatwahl des Weißstorchs in Westafrika. Die Bedeutung von Feuchtgebieten, zum Beispiel des Niger-Binnendeltas, wurde zuvor offenbar deutlich überschätzt. Wir wissen nun, welche Ressourcen die Störche im Sahel benötigen und dass sie selbst kleinste Areale mit optimalen Nahrungsressourcen auffinden, oft weit entfernt von Feuchtgebieten. Wir haben erfahren, dass nicht die berüchtigten Wanderheuschrecken ihre wichtigste Nahrung sind, sondern verschiedene Arten nicht wandernder Feldheuschrecken (Acrididae). Und wir wissen, dass zusätzliche Ressourcen wie Baumbestände als Schlafplätze und kleine Restgewässer zum Trinken in den Überwinterungszonen von Bedeutung sind. Und vor allem haben wir während der Expedition einen guten Eindruck von der gesamten Region erhalten, die den westziehenden Störchen als Überwinterungsgebiet dient. Unsere Erfahrungen und Beobachtungen werden die spätere Interpretation der Satellitendaten erheblich verbessern. Für mich persönlich und sicher auch für meine beiden Kollegen war diese Tour darüber hinaus eines der größten Abenteuer unseres Lebens. Trotzdem freuen Karsten, Horst und ich uns auch wieder auf den «normalen» Alltag – bei unseren Familien, Freunden und in einer vertrauten Umgebung.

DIE FORSCHUNG GEHT WEITER

Auch mehr als zehn Jahre nach der Westafrika-Expedition bleibt es dabei: Die Weißstörche lassen mich nicht mehr los. Wie auch? Im Storchendorf Bergenhusen begleiten sie mich über das halbe Jahr hinweg jeden Tag, vom zeitigen Frühjahr bis zum Ende des Sommers. Und beruflich haben sie mich ohnehin fest im Griff. Mit jedem Monat, den ich den Störchen widme, eröffnen sich neue Fragen. Trotz aller Nähe zu uns Menschen bleiben die Störche in vieler Hinsicht ein Mysterium.

Die enorme Bedeutung der Mülldeponien in Spanien ist weiterhin ein brennendes Thema. Vor allem angesichts einer EU-Richtlinie, die für sämtliche offenen Deponien fordert, den Anteil organischen Mülls auf ein Minimum zu reduzieren, entsprechend den jeweiligen nationalen Rechtsvorschriften. Im Klartext: Auf den Müllkippen müssen Essensreste und ähnliche Haushaltsabfälle aussortiert und kompostiert, verbrannt oder in Biogasanlagen verwertet werden. Vorrangiges Ziel des ambitionierten Vorhabens ist die Vermeidung der Emission des klimaschädlichen Gases Methan, das bei der Zersetzung organischen Materials anfällt. Im Rahmen des Klimaschutzes ist das zweifellos eine begrüßenswerte Maßnahme. Für die westziehenden Störche jedoch, die derzeit die Deponien als ihre wichtigsten «Nahrungshabitate» nutzen, ergeben sich daraus gravierende Folgen. Wie werden die Vögel reagieren? Werden sie zu ihrem ursprünglichen Zugverhalten zurückkehren und die Winter wieder in Afrika verbringen? Oder werden sie in

Spanien auf natürliche Nahrungsressourcen ausweichen? Eines steht außer Frage: Der erneute Wandel wird Auswirkungen auf die Gesamtpopulation der Westzieher haben. Wie deren Zunahme in den vergangenen Jahrzehnten vor allem auf das veränderte Zugverhalten zurückzuführen war, so wird das Verschwinden der Nahrungsressource Müll zumindest vorübergehend einen Bestandsrückgang bewirken. Das mag man bedauern. Aber letztlich sind die Mülldeponien nichts anderes als künstliche Futterstellen. So gesehen wäre die Rückkehr der Störche zu einem arttypischen, vom Menschen unabhängigen Zug langfristig eine echte Chance.

Als Peter Enggist mir mitteilte, dass Storch Schweiz diese spannende Phase des Übergangs mit einem erneuten Langzeitprojekt begleiten möchte, war ich mit Begeisterung dabei. SOS Storch – Storchenzug im Wandel hieß das neue Projekt. Wieder sollte dafür eine große Zahl von Weißstörchen besendert werden. Inzwischen hatte sich in der Technik vieles getan: Die sogenannten Datenlogger, in Größe und Gewicht den Satellitensendern vergleichbar, liefern auf wenige Meter genaue Koordinaten direkt per Mobilfunk. Je nach Programmierung der Logger werden die Daten einmal oder mehrmals pro Tag verfügbar. Zeitnah, sodass wir auf unseren Computern den Storchenzug gewissermaßen live beobachten können. Auch neue Software zur geographischen Darstellung der Koordinaten erleichterte inzwischen die Arbeit. Mit Google Earth zum Beispiel wurde es möglich, in hochauflösenden Satellitenbildern jeden Baum und jedes Gebäude zu erkennen und auf den Mülldeponien zu analysieren, wo genau die Weißstörche sich aufhalten. Endlich ließen sich Fragen zur Ökologie und Habitatnutzung bearbeiten, ohne vor Ort sein zu müssen. Und das nicht nur in Europa, sondern im gesamten Aktionsraum der Störche, einschließlich der abgelegensten Regionen in Afrika. Eine Entwicklung, die die Storchenforschung erneut revolutionierte.

Die Forschung geht weiter | 267

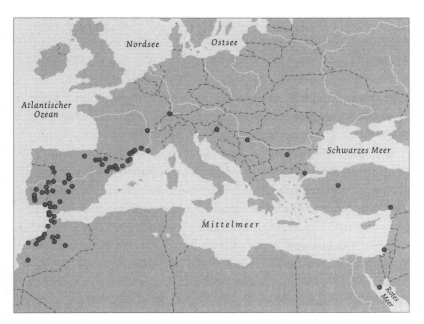

Mülldeponien auf der West- und Ostroute, die besenderten Weißstörchen regelmäßig als Rast- und Überwinterungsplätze dienen.

Fast 100 Störche hatten wir seitdem mit dieser neuen Technologie unter Kontrolle. Die endgültige Auswertung ist noch in Arbeit. Schon jetzt aber zeichnen sich spannende Erkenntnisse ab.

Dass die westziehenden Weißstörche sich häufig auf Deponien aufhalten, wussten wir aus der Zugbegleitung. Das tatsächliche Ausmaß jedoch zeigten uns erst die Datenlogger. In Spanien verbrachten unsere Senderstörche bis zu 90 Prozent ihres Tages im Müll. Und zwar nicht nur zur Nahrungssuche während des Überwinterns, sondern bereits beim Zug über die Iberische Halbinsel. Zwischen den Pyrenäen und dem Süden Andalusiens «hangelten» sich viele der Vögel gewissermaßen von Deponie zu Deponie. Mittels der Koordinaten rastender und überwinternder Störche war es möglich, eine Karte aller genutzten Mülldeponien zu erstellen. Das Ergebnis: ein flächendeckendes Netz in allen relevanten Regionen des Landes. Selbst in Marokko, wo ebenfalls viele Senderstörche überwinterten, zeigte sich, dass längere Aufenthalte ohne Ortsveränderung meist in direktem Zusammenhang mit Mülldeponien standen. Die Störche ernährten sich somit während des Zuges fast ausschließlich von Abfällen, mit Ausnahme der wenigen Wochen, in denen sie die Reisfelder am Guadalquivir aufsuchten. Erst am späten Abend, mit Einbruch der Dunkelheit, flogen die Störche zu ihren manchmal kilometerweit von den «Nahrungsgebieten» entfernten Schlafplätzen. In kleinen Wäldchen, im flachen Wasser oder an anderen geschützten Orten verbrachten sie die Nacht und kehrten am frühen Morgen zurück. Im Sahel dagegen, südlich der Sahara, nutzen die Weißstörche fast ausschließlich natürliche Nahrungsressourcen. Unsere Beobachtungen während der Westafrika-Expedition wurden somit von den neuen Loggern bestätigt. Um einen Eindruck von der Situation auf der Ostroute zu erhalten, versahen wir in Kroatien in Zusammenarbeit mit dem Zoo Zagreb ebenfalls einige Störche mit Loggern und stellten fest, dass auch die Ostzieher zunehmend Mülldeponien nutzen. Bei weitem nicht im gleichen Umfang wie die Westzieher, aber einzelne Störche bleiben auf Deponien in der Türkei, in Israel und Ägypten ebenfalls tage- bis wochenlang «hängen». Das emotional Berührendste in unserer Zusammenarbeit mit den Kroaten war die Geschichte des Storchs Lonja. Bei der Besenderung erkannte ich, dass der Vogel für sein Alter ungewöhnlich klein und viel zu leicht war. Ich befürchtete, er würde in Freiheit nicht lange überleben. Schon kurz nach der Freilassung kollidierte Lonja mit einer Stromleitung, stürzte zu Boden und war unauffindbar verschwunden. Am nächsten Tag zeigten uns die Daten, dass der Vogel den Unfall unverletzt überstanden hatte. Er flog nach Süden, verließ die normale Zugroute und erreichte schließlich Griechenland. Nach tagelangem Zögern startete er vom Peloponnes aus den Zug übers Mittelmeer und verschwand von unseren Monitoren. Wir waren überzeugt, dass Lonja ertrunken sei. Aber zwei Tage später meldete sich der Sender aus der libyschen Wüste. Die detaillierten Koordinaten der vorausgegangenen Tage zeigten, dass Lonja das offene Meer in einem 400-Kilometer-Nonstop-Flug überwunden hatte. Weltrekord, das hatte es noch nie gegeben. Lonja, der «Mickerling», hatte es allen gezeigt.

Gefahren für die ziehenden Störche lassen sich mit der neuen Technik oft schon beim Blick auf die Satellitenbilder erkennen. So zum Beispiel die gigantische Barriere aus Windkraftanlagen nahe der Südspitze Spaniens, die sich quer über den Zugkorridor erstreckt. Einer unserer Senderstörche verunglückte dort an einem Windrad. Viel auffälliger jedoch war die Feststellung, dass mehrere Senderstörche nur wenige hundert Meter nördlich dieser unübersehbaren Barriere den Zug nach Süden unterbrachen. Ob tatsächlich die Windkraftanlagen für dieses Verhalten verantwortlich sind, werden weitere Untersuchungen zeigen. Auch Strommasten können wir dank der neuen Technologie erkennen. Verluste durch Stromtod konnten häufig allein durch die Nähe des Fundorts zu Mittelspannungsmasten zugeordnet werden. Die Koordinaten toter Senderstörche in Spanien machten uns außerdem deutlich, dass die Vögel offensichtlich häufiger von Jägern getötet wurden, als wir dachten. Wie zum Beispiel auf verschiedenen Pässen in den westlichen Pyrenäen, die für die Jagd auf Tauben und andere Vögel berühmt sind. Besonders spektakulär war der Abschuss unseres in Kroatien besenderten Storchs Tesla im Libanon. Mehrere Tage lang lag der getötete Vogel auf dem Flachdach eines Bauernhauses, dann setzte er sich scheinbar wieder in Bewegung. Die Koordinaten zeigten uns, dass er in einem Fahrzeug nach Beirut transportiert wurde. Wir erfuhren später, dass die Armee wegen des Datenloggers misstrauisch geworden war. Sicherheitskräfte hatten das kleine, mit Solarzellen versehene Kästchen für ein Spionagegerät gehalten. Unsere weitere Recherche ergab, dass allein im Libanon in jedem Jahr Hunderte, wenn nicht gar Tausende Störche von schießwütigen Flintenträgern getötet werden. Unsere kroatischen Projektpartner initiierten eine Petition an den libanesischen Präsidenten, mit dem Storch Tesla als Flaggschiff. Die Regierung versicherte daraufhin, den gesetzlichen Schutz der Störche zukünftig besser durchzusetzen. Die Bejagung von Störchen – und vielen anderen Vögeln – ist vor allem in Nahost ein großes Problem. Wo politische Wirren und bürgerkriegsähnliche Zustände herrschen, gelingt es den Behörden nur langsam, die Situation zu verbessern, trotz allen Drucks durch den Naturschutz und internationale Konventionen. Vielleicht trägt ja die Kampagne um unseren Senderstorch Tesla dazu bei, die Zugroute durch den Libanon sicherer zu machen.

In mehr als 30 Jahren Forschung habe ich viel über die Weißstörche erfahren, über ihre Ökologie, ihr Verhalten und die Gefahren, denen sie ausgesetzt sind. Unter den vielen Todesursachen ragt eine besonders heraus. Von insgesamt 301 Todesfällen, die wir im Rahmen unseres Projekts SOS Storch beobachten konnten, waren 77 Prozent durch Stromtod an Mittelspannungsmasten verursacht. Sieht man ab vom Verlust der Lebensräume durch die industrialisierte Landwirtschaft und Verbauung, dann sind die Strommasten in Europa die bedeutendste Verlustursache überhaupt. Dabei könnten solche Unfälle mit relativ geringem Aufwand vermieden werden. Einfache Vorrichtungen zur Entschärfung der Masten sind längst entwickelt und könnten durch die Energieversorgungsunternehmen ohne weiteres montiert werden.

Dort, wo solche Maßnahmen vorgenommen wurden, gingen die Verluste dramatisch zurück.

Und der Klimawandel? Er beeinflusst schon heute das Verhalten zahlreicher Vogelarten. Welche Auswirkungen er auf den Weißstorch hat, ist bislang nicht geklärt. Lang anhaltende Dürreperioden in den afrikanischen Überwinterungsgebieten können zu Nahrungsmangel führen und somit den Bruterfolg der Störche beeinträchtigen. Gleiches gilt für die inzwischen in den europäischen Brutgebieten häufiger auftretenden Wetterextreme. Aufgrund von Starkregen und Kälteeinbrüchen während der Aufzuchtphase fallen nicht selten ganze Bruten aus. Andererseits hat die Erderwärmung vermutlich zur Folge, dass sich die Art im Norden Europas neue Brutareale erschließt. Ob auch bei der Verkürzung der Zugwege der Klimawandel eine Rolle spielt, wird noch diskutiert. Eines jedoch ist unbestreitbar: Das Zugverhalten der Weißstörche unterliegt einem stetigen Wandel. Dass sie dank ihrer Anpassungsfähigkeit in der Lage sind, flexibel auf ökologische Änderungen und neue Nahrungsquellen zu reagieren, kommt ihnen langfristig zugute. Allen schlechten Vorzeichen zum Trotz: Es gibt Hoffnung für die weißen Störche.

Das für dieses Buch verwendete Papier ist FSC®-zertifiziert.